普通高等教育"十一五"国家级规划教材

普通高等教育汽车类系列教材

汽 车 理 论

第 3 版

主　编　张文春　徐立友
参　编　冯　樱　常　绿　周志立
　　　　郗建国　徐延海　纪峻岭
主　审　巢凯年

机 械 工 业 出 版 社

本书从路面与轮胎的相互作用出发，以汽车整车及其部件的受力分析为基础，建立有关的动力学方程，研究汽车的使用性能——动力性、燃油经济性、制动性、操纵稳定性和行驶平顺性等，分析了各使用性能的评价指标和评价方法，讨论了汽车及其部件的结构参数对使用性能的影响，并结合最新的国家标准介绍了使用性能的试验方法。另外，本书结合汽车使用性能，介绍了近年来汽车新技术的发展，如自动变速、ABS、VSC 和 ESP等。本书为汽车设计、试验和使用提供了必要的专业基础知识。本书可作为普通高等学校面向应用型人才培养的本科汽车专业的专业教材，也可作为高职高专教材，还可供工厂、研究单位从事汽车设计、使用、试验的工程技术人员参考。

本书配有 PPT 课件，免费赠送给采用本书作为教材的教师，教师可登录 www.cmpedu.com 注册后下载，或联系编辑(tian.lee9913@163.com)索取。

图书在版编目(CIP)数据

汽车理论/张文春，徐立友主编. —3 版. —北京：
机械工业出版社，2018.3(2024.1 重印)
普通高等教育"十一五"国家级规划教材
普通高等教育汽车类系列教材
ISBN 978-7-111-59143-6

Ⅰ.①汽…　Ⅱ.①张…②徐…　Ⅲ.①汽车工程—高
等学校—教材　Ⅳ.①U461

中国版本图书馆 CIP 数据核字(2018)第 027231 号

机械工业出版社(北京市百万庄大街 22 号　邮政编码 100037)
策划编辑：宋学敏　责任编辑：李　然　王保家
责任校对：张　征　封面设计：张　静
责任印制：郜　敏

中煤（北京）印务有限公司印刷

2024 年 1 月第 3 版第 7 次印刷
184mm×260mm · 14.25 印张 · 313 千字
标准书号：ISBN 978-7-111-59143-6
定价：38.00 元

电话服务　　　　　　　　　网络服务
客服电话：010-88361066　　机 工 官 网：www.cmpbook.com
　　　　　010-88379833　　机 工 官 博：weibo.com/cmp1952
　　　　　010-68326294　　金 书 网：www.golden-book.com
封底无防伪标均为盗版　　机工教育服务网：www.cmpedu.com

普通高等教育汽车类专业
教材编审委员会

序

汽车被称为"改变世界的机器"。由于汽车工业具有很强的产业关联度，因而被视为一个国家经济发展水平的重要标志。我国汽车工业自 2009 年以来产销量连续保持全球第一，它正在成为拉动国民经济增长的动力源。汽车工业的繁荣，使汽车及其相关产业的人才需求量大幅度增长。相应地，作为人才培养主要基地的高等院校也得到了长足发展。据不完全统计，迄今全国开办汽车类专业的高等院校已达百余所。

从未来发展趋势看，打造我国自主品牌、开发核心技术是我国汽车工业的必然选择，但当前我国汽车工业还处在以技术引进、加工制造为主的阶段，这就要求在人才培养时既要具有前瞻性，又要与我国实际情况相结合。在注重培养具有自主开发能力的研究型人才的同时，应大力培养具有鲜明的"理论基础扎实，专业知识面广，实践能力强，综合素质高，有较高的科技运用、推广、转换能力"特点的应用型人才。这也意味着对我国高等教育的办学体制、机制、模式和人才培养理念等提出了全新的要求。

为了满足新形势下对汽车类高等工程技术人才培养的需求，在中国机械工业教育协会车辆工程学科教学委员会的领导下，成立了教材编审委员会，组织了多个系列的教材。其中，为了解决高等教育应用型人才培养中教材短缺、滞后等问题，组织编写了普通高等教育汽车类系列教材。

本系列教材在学科体系上适应普通高等院校培养应用型人才的需求；在内容上注重介绍新技术和新工艺，强调实用性和工程概念，减少理论推导；在教学上强调加强实践环节。此外，本系列教材将力求突出以下特点：

1）全面性。目前本系列教材包括汽车设计与制造、汽车运用与维修、汽车服务工程、物流工程等专业方向，今后还将扩展专业领域，更全面地涵盖汽车类专业方向。

2）完整性。对于每一个专业方向，今后还将继续根据行业变化对教学提出的要求填平补齐，使之更加完善。

3）优质性。在教材编审委员会的领导下，继续优化每一本教材的规划、编审、出版和修订过程，使教材的生产过程逐步实现优质和高效。

4）服务性。根据需要，为教材配备 CAI 课件和教学辅助教材，举办新教材讲习班，在相应网站开设研讨专栏等。

相信本系列教材的出版将对我国汽车类专业的高等教育产生积极的影响，为我国汽车行业应用型人才培养模式的创新做出有益的探索。由于我国汽车工业正处于快速发展阶段，对人才会不断提出新的要求，这也就决定了高等教育的人才培养模式和教材建设将处于不断变革之中。我们衷心希望更多的高等院校加入到本系列教材建设的队伍中来，使教材体系更加完善，以更好地为培养汽车类专业高等教育人才服务。

中国汽车工程学会　常务理事
中国机械工业教育协会
车辆工程学科　　　副主任

林　逸

第 3 版前言

本书自 2005 年出版以来，已数次重印。2008 年获河南高等教育省级教育教学改革成果二等奖。2009 年被确定为"普通高等教育'十一五'国家级规划教材"，出版第 2 版，又多次重印。从 10 多年的使用情况看，中国机械工业教育协会车辆工程学科教学委员会组织编写的这套"普通高等教育汽车类系列教材"面向应用型人才的培养，定位准确，受到了广大师生的欢迎。

新的高等教育形势呼唤教材的不断更新，以满足高等教育的迫切需要。根据出版社的要求，对本书进行了第 3 版修订。

根据读者建议和多年的教学体会和经验，第 3 版保持原有教材体系，对第 2 版进行如下修改：

1) 增加了一些内容，如电动汽车的动力性计算、汽车自动换档规律的确定等。

2) 为适应教学需要，制作了教学光盘。

3) 为把问题阐述得更加清晰易懂，使广大读者更容易自学，对部分内容进行改动和增删。例如在操纵稳定性中增加了稳定性的静态分析方法，而后阐述稳定性的静态评价指标，再分析汽车操纵稳定性的动态参数等。

本书由河南科技大学张文春、徐立友任主编，参加编写的有河南科技大学张文春、徐立友、周志立、郗建国，湖北汽车工业学院冯樱，淮阴工学院常绿，西华大学徐延海，黑龙江工程学院纪峻岭。河南科技大学郭占正制作了该书的教学光盘并修改插图。西华大学巢凯年教授任主审。

在编写过程中，北京航空航天大学高峰教授、扬州大学陈靖蕊教授、青岛大学刘大维教授等给予了热情指导。另外，本书还得到河南科技大学教材出版基金的资助。在此，一并表示衷心感谢。

恳切希望使用本书的广大师生和读者批评指正，可通过电子邮件(zwc@ mail.haust.edu.cn) 与我们联系。

编者
于河南洛阳

第 2 版前言

本书第 1 版自 2005 年出版以来，已数次重印，2009 年获河南高等教育省级教育教学改革成果二等奖。从使用情况看，中国机械工业教育协会机械工程及自动化学科教育委员会车辆工程学科组组织编写的这套"普通高等教育'十一五'汽车类专业（方向）系列教材"面向应用型人才的培养，定位准确，受到了广大师生的欢迎。

本书作为第 2 版，被教育部立项为"普通高等教育'十一五'国家级规划教材"。

根据读者建议和 2008 年在哈尔滨召开的机械工业教育协会车辆工程分委会二届一次会议精神，第 2 版保持原有教材体系，对第 1 版进行了如下修改：

1) 为进一步加强对学生分析问题能力的训练，在动力性、制动性、操纵稳定性和行驶平顺性等章节增加了适量例题。

2) 为了突出重点，把教材中的重点内容改为蓝色，使读者更容易学习和掌握。原教材的单色改为双色。

3) 为适应教学需要，制作了配套的教学课件。

4) 为把问题阐述得更加清晰易懂，对部分内容进行了改动和增删。例如在制动性中对发动机制动、防抱死制动装置和室内制动试验等进行了改写；在操纵稳定性中增加了影响汽车稳定响应的一些使用参数等。

第 2 版由河南科技大学张文春任主编，参加编写的有河南科技大学张文春、周志立，湖北汽车工业学院冯樱，西华大学徐延海，淮阴工学院常绿，黑龙江工程学院纪峻岭。河南科技大学郗建国制作了本书的教学课件和修改插图。西华大学巢凯年教授负责主审。

在编写过程中，北京航空航天大学高峰教授、扬州大学陈靖芯教授、青岛大学刘大维教授等给予了热情指导，得到了机械工业教育协会车辆工程分委会二届一次会议广大代表的热情支持和诸多建议。另外，本书还得到河南科技大学教材出版基金的资助。在此，一并对他们表示衷心感谢。

恳切希望使用第 2 版的广大师生和读者对书中的不足提出批评指正。并希望通过电子邮件（zwc@ mail. haust. edu. cn）与我们联系。

编　者
于河南洛阳

第1版前言

本书是根据全国普通高等教育汽车类专业(方向)教材编审委员会确定的教材规划编写的。

本书的特点是以受力分析为基础，先讨论轮胎与地面的相互作用，即汽车的工作环境，再论述汽车的使用性能，以便使学生通过本门课程的学习，较好地掌握分析汽车性能的方法。2004年4月在扬州大学召开的车辆工程专业教学指导组会议上组织讨论并确定了教材编写大纲。

在编写过程中，编者注重理论联系实际，突出基本理论、基本概念，在详细分析各使用性能评价指标、评价方法和影响因素的同时，还讨论了这些使用性能的试验方法和国家最新公布的试验法规和试验标准。

编者认为，《汽车理论》和《汽车系统动力学》应有较为明确的分工，《汽车系统动力学》和《汽车理论》的共同点都是要把汽车放在所处环境中进行研究，但《汽车系统动力学》主要是对系统在真实环境下建立动态数学模型，进行动态分析；而《汽车理论》的动态分析应相对简单一些，重点介绍汽车的基本使用性能和使用性能的分析方法。因此，本书对汽车操纵稳定性和汽车平顺性的介绍重点在基本概念、基本理论和试验方法上。

本书由河南科技大学张文春任主编并编写绪论和第七章，黑龙江工程学院纪峻岭编写第五章，湖北汽车工业学院冯樱编写第二章并任副主编，西华大学徐延海编写第一、第六章，淮阴工学院常绿编写第三、第四章。本书编写过程中得到了河南科技大学曹付义、郭占正等同志的热心帮助。

初稿完成后，由西华大学巢凯年教授负责主审；机械工业出版社在青岛召开了高等教育汽车类专业(方向)教材审稿及研讨会。会上，中国机械工业教育协会机械工程及自动化学科教学委员会车辆工程学科组的两位副组长——清华大学夏群生教授、北京理工大学王文清教授审阅了本书，提出了许多宝贵意见，在此一并表示感谢。

由于编者水平有限，且时间仓促，书中一定有错漏之处，欢迎使用该书的师生和广大读者批评指正，并希望通过电子邮件(zwc @ mail. haust. edu. cn)与我们联系。

编　者

于河南洛阳

目　　录

绪　　论

汽车理论这门课程的主要目的是：研究汽车及其机构以及汽车列车的运动学与动力学，研究汽车的使用性能，为汽车设计、评价、试验、研究和运用提供理论基础。

汽车的使用性能是评价汽车的基础。下面分类介绍汽车的主要使用性能，其中有些使用性能在各章中还要评述，此处只作扼要介绍。

和其他产品类似，汽车的使用性能大致可分为三类：对自然环境条件的适应性、技术经济性以及劳动保护性。

一、对自然环境条件的适应性

这类性能与是否能保证运输要求有关，主要有动力性、通过性、操纵性、机动性、对道路结构的破坏程度等。

1. 动力性

动力性是指汽车在水平良好路面上直线行驶时由汽车受到的纵向外力决定的、所能达到的平均行驶速度。汽车的动力性能用最高车速、加速时间和最大爬坡度来衡量（详见第二章）。

2. 通过性

通过性是指汽车能以足够高的平均速度通过各种坏路和无路地带（如松软地面、凹凸不平地面等）及各种障碍（如陡坡、侧坡、壕沟、台阶、灌木丛、水障等）的能力。通过性大致可从两方面来考虑：

（1）汽车支承通过性　在潮湿和松软地面上，汽车易发生下陷、车轮严重打滑等现象，影响汽车的正常作业。在潮湿松软地面上附着性差、滚动阻力大。当汽车的附着力小于其牵引载荷与滚动阻力之和时，汽车列车就无法作业；当附着力小于滚动阻力时，空车也无法通过。汽车在潮湿松软地面上的通过性又称为支承通过性。目前，常采用牵引系数、牵引效率及燃油利用指数来评价。

（2）汽车几何通过性　由于汽车与地面间隙不足被地面托住而无法通过的情况，称为间隙失效；当车辆中间底部的零件碰到地面而被顶住时，称为顶起失效；当车辆前端或尾部触及地面而不能通过时，则分别称为触头失效和托尾失效。与几何通过性有关的汽车整车几何尺寸，称为汽车通过性几何参数。

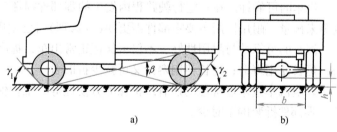

图 0-1　汽车的通过性几何参数
h—最小离地间隙　b—两侧轮胎内缘参数
γ_1—接近角　γ_2—离去角　β—纵向通过角

这些参数包括最小离地间隙 h、纵向通过角 β、接近角 γ_1、离去角 γ_2、最小转向半径 R_H 等，如图 0-1 和图 0-2 所示。

3. 操纵性

操纵性是指汽车能否按驾驶人的意图沿给定方向行驶的性能。它可用直线行驶性和最小转向半径来衡量。

直线行驶性可用不加操纵情况下直线行驶一定距离后汽车偏离原定方向的偏移量来衡量。汽车直线行驶性较差时驾驶人须经常纠正行驶方向，产生过度疲劳；转向机构因此也易磨损。

最小转向半径是指转向盘（俗称方向盘）转至极限位置时从转向

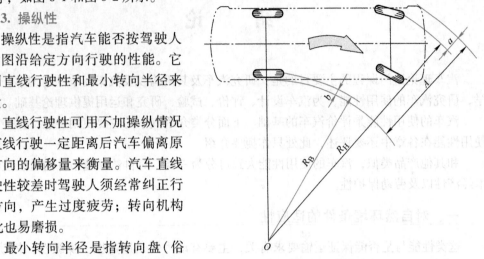

图 0-2 转向半径

中心到前外轮接地中心的距离（见图 0-2）。它是机动性的主要指标，对通过性有很大意义。因为它在很大程度上表征了汽车能够通过狭窄弯曲地带或绕开不可越过的障碍物的能力。图 0-2 中，A 为最小转弯半径时的最大转弯宽度，a、b 为突伸距。

二、技术经济性

汽车的技术经济性主要用生产率和燃油经济性来表示。而燃油经济性可用百公里油耗、折旧费、维修费等衡量。折旧费、维修费等又与可靠性和耐用性有关。

1. 生产率

汽车的生产率用单位时间内完成的运输吨公里数来表示。生产率的大小与汽车的行驶速度、装载质量和道路条件等有关。

2. 油耗

油耗包括燃油消耗和全损耗系统用油消耗。燃油消耗用满载时每公里所耗燃油量来表示，全损耗系统用油消耗常用占燃油消耗量的百分比来表示。

3. 可靠性与耐用性

汽车的可靠性用在一定行驶路程内发生的零部件损坏及故障的性质、严重程度、次数等来衡量。耐用性用主要零部件需更换（或修理）时已使用的时间来衡量。

汽车的可靠性与耐用性好，不仅可保证正常出车，提高生产率，而且可减少维修费用，延长使用寿命；延长使用寿命又可减少折旧费。

影响汽车技术经济性的还有维护保养方便性等。维护保养方便性好，则用于技术保养、零部件拆装的工时少。

三、劳动保护性

劳动保护性是指驾驶人工作的安全性和使驾驶人的身体健康不受损害的性能。它主要包括汽车的舒适性、稳定性、制动性等。

1. 舒适性

随着经济发展和社会文明进步，人们越来越关心自身工作和生活环境的质量，因而汽车舒适性问题就自然地被人们所关注。同时，从提高工作效率和降低事故发生率的要求出发，汽车乘坐及工作环境也必须具有一定的舒适性。

汽车舒适性是指为乘员提供舒适、愉快的乘坐环境和方便安全的操作条件的性能。汽车舒适性包括：汽车平顺性、汽车噪声、汽车空气调节性能、汽车乘坐环境及驾驶操作性能等。它是现代高速、高效率汽车的一个主要性能。

汽车平顺性就是保持汽车在行驶过程中乘员所处的振动环境具有一定舒适度的性能。对于载货汽车还包括保持货物完好的性能。汽车行驶时，由于路面不平等因素激起汽车的振动，振动影响人的舒适、工作效率和身体健康，并影响所运货物的完好；振动还在汽车上产生动载荷，加速零件磨损，导致疲劳失效。因此减少汽车振动是汽车平顺性研究的主要问题(详见第七章)。

汽车噪声造成环境污染，影响乘员舒适。随着环保要求日趋严格，研究汽车上主要噪声源特性、噪声传递途径、降噪措施已成为汽车理论不可缺少的内容。噪声主要用分贝值等来衡量。

汽车空气调节性能是指对车内空气的温度、湿度、粉尘浓度实现控制调节，使车室内空气经常保持使乘员舒适状态的性能。汽车空调是改善工作条件、提高工作效率的重要手段。

汽车乘坐环境及驾驶操作性能是指乘坐空间大小、座椅及操纵件的布置、车内装饰、仪表信号设备的易辨认性等。

随着现代文明的进程，汽车越来越多地介入社会的各个方面，成为与人们工作和生活紧密相关的、大众化的产品，汽车作为"活动房间"的功能日趋完善。与汽车其他性能不同，汽车舒适性各方面的评价都与人体主观感觉直接相关。

2. 稳定性

稳定性是指汽车在行驶过程中，具有抵抗改变其行驶方向的各种外界干扰，并保持稳定行驶而不失去控制，甚至翻车或侧滑的能力。稳定性好坏直接影响操纵性，因此通常统称为操纵稳定性(详见第六章)。

汽车稳定性的丧失表现为汽车的翻倾或滑移。随着翻倾或滑移的方向不同可分为纵向与横向稳定性。由于侧向力(重力的侧向分力、侧向风形成的侧向力等)的作用而发生横向稳定性破坏的可能性较大，也更为危险。图0-3所示为汽车在横向坡道上转向时的受力图。

3. 制动性

汽车的制动性是指在给定的坡道上能制动住以及在较短的距离内能制动至停车且维持行驶方向稳定的性能。如果制动性好，则汽车在

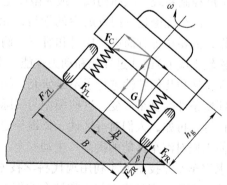

图 0-3　汽车在横向坡道上
转向时的受力图

较大坡度的道路上行驶以及在平地上进行高速行驶时皆较安全(详见第五章)。

4. 驾驶室的牢固程度

如果驾驶室的强度和刚度好,则当汽车发生翻倾事故时,仍能保证驾驶人的人身安全。因此,有些国家对驾驶室的强度和刚度都提出一定要求,驾驶室需进行撞击试验和翻车试验。

不同类型的汽车其使用性能要求是不同的,如越野车对通过性要求较高,而轿车则对最高车速等动力性要求甚高。上述各种使用性能是评价汽车的一般要求。在设计、使用和试验中,必须根据汽车的用途、工作环境等具体情况,分清主次,全面地进行衡量。

研究汽车理论的最终目的是使设计制造出的汽车具有良好的使用性能并不断提高。例如,为了提高汽车的燃油经济性,世界各汽车制造商大力开发研制有关节能技术。在整车上,美国通用公司采用减小外形尺寸来降低整车质量;而福特汽车公司则通过提高铝等轻合金以及塑料等氧化树脂材料的使用率,达到降低汽车质量的目的。在整车布置上,采用发动机前置前轴驱动方式或发动机后置后轴驱动方式等,通过直接驱动驱动轴,以提高传动效率,同时减小传动系统的质量;为了减小发动机的空间和质量,采用V形4缸机、V形6缸机。奔驰、奥迪开发的直列5缸机,日本大发开发的直列3缸机等都是针对节能问题而开发的技术措施。由此降低比质量(单位输出功率的整车质量),有效地改善了燃油经济性。再如,随着社会经济的发展,汽车保有量急剧增加,交通事故也大幅度增加。为提高汽车行驶的安全性,各汽车公司纷纷研究汽车的积极安全措施,开发安全带、安全气囊等被动安全装置。

如果说20世纪前期是发明了汽车的基本结构,那么20世纪后期直到现在,汽车的发展主要是提高性能以与人类社会的要求相协调。汽车理论学科也就随着汽车结构的改进和新形式的出现而有所发展。例如,由于铰接式汽车的出现,促使对这种具有特殊结构形式的汽车的运动学和动力学进行研究。随着汽车行驶速度的提高,以及对安全性、舒适性等问题的重视,对振动、操纵的动态稳定性进行了研究;随着电子计算机和电子技术的发展,自动变速、无级变速及自动防抱死理论与实践得到了发展。又如在发动机控制领域,开发研制出了一系列执行器,利用高的演算精度和复合判断机能实现了多自由度控制系统,从而构成了最大限度地发挥整车运动性能的复合控制系统。

汽车理论是一门发展中的学科,无论理论上还是在试验方面都仍需要做大量的工作,需要从各方面进行探讨和研究。例如:为了提高汽车在各种路面上(尤其是在潮湿松软土壤上)的通过性能和动力性能,多年来许多专家对有关车辆行驶的地面(土壤)物理特性和几何特性进行了不懈研究,探讨建立了土壤—车辆系统的诸多数学模型。但因环境条件的复杂多变,这些模型与实际状况还有一定差异,尚不能完全用于车辆的设计计算。再如,人们对舒适性、操纵稳定性等方面的研究取得了很大进展,但社会的进步使人们对汽车性能的提高、主动安全、环境保护、节能和舒适性等问题更加关注,就要求汽车专业技术人才利用现代科学技术,提出更加符合汽车实际使用状况的理论和方法,使汽车产品更加与人类社会的需求相适应。

第一章 地面—轮胎力学

轮胎是连接汽车车身与道路的唯一部件，其基本职能是支承车辆重力、传递驱动力矩和制动力矩，吸振以及保证转向稳定性。轮胎力学是研究轮胎受力、变形和运动响应之间关系的一门学问，它的主要任务是建立精确实用的数学模型，以描述轮胎的力学特性。

第一节 作用在轮胎上的力和力矩

一、轮胎坐标系

作用在轮胎上的力和力矩非常的复杂，为了分析作用在轮胎上的各种力和力矩，建立图 1-1 所示的在平直路面上行驶的汽车轮胎坐标系。轮胎胎面与路面的接触区域称为接地印迹。轮胎的中心面为垂直于轮胎的旋转轴线的平面。轮胎的中心面与路面的交线为 x 轴，规定向前为正。轮胎的旋转轴在路面上的投影线为 y 轴，规定当面向轮胎的前进方向时指向左方为正。其中 x 轴和 y 轴的交点为轮胎节点印迹中心，并以此作为原点，因此通过原点与路面垂直的轴为 z 轴，规定向上为正。

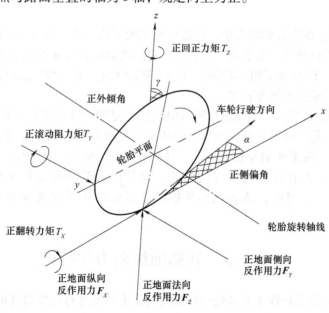

图 1-1 轮胎坐标系

二、轮胎六分力

车辆通过轮胎与路面发生力的作用。地面通过接地印迹作用在轮胎上的应力既有垂直于路面的正应力，也有沿着地面的切向应力（切应力），而切向应力又可分为沿 x 方向的纵向应力和沿 y 方向的侧向应力。如果将印迹上各点的应力向印迹中心（轮胎坐标系原点）简化，可得到沿轮胎坐标系的作用在轮胎上的力和力矩。

在轮胎坐标系中，地面作用在轮胎上的主要力和力矩包括：地面切向反作用力沿 x 轴的分量——纵向力 F_X；地面切向反作用力沿 y 轴的分量——侧向力 F_Y；地面法向反作用力 F_Z；地面反作用力绕 x 轴的力矩——翻转力矩 T_X；地面反作用力绕 y 轴的力矩——滚动阻力矩 T_Y 以及地面反作用力绕 z 轴的力矩——回正力矩 T_Z。正负符号均按照坐标系的规定。

纵向力 F_X 按照作用方向的不同或作用形式的不同可称为驱动力或制动力。驱动力来源于汽车发动机。发动机产生的有效转矩经过传动系统传到驱动轮上，因此地面作用有反作用力——驱动力在车轮上。驱动力是维持汽车行驶的外力，它与汽车的行驶方向相一致。而制动力为阻碍汽车行驶的作用在车轮上的纵向力，制动力的方向与汽车的行驶方向相反。

侧向力 F_Y 是地面作用在车轮上的切向力沿 y 轴的分量。汽车做曲线行驶时会受到离心力的作用，为了维持汽车的曲线运动，路面作用在车轮上有与离心力相平衡的力，即侧向力，也称为侧偏力。

地面的法向反作用力 F_Z 具体地反映了各个车轮所承受的轴荷大小。一般来说，作用在各个车轮上的地面法向反作用力的大小与汽车的纵向加速度、侧向加速度以及汽车的总体布置有关，同时地面的法向反作用力的大小也将影响汽车的纵向力和侧向力的大小。

翻转力矩 T_X 也称为侧倾力矩，它的大小说明了汽车将发生翻转趋势的大小。特别是汽车在做曲线行驶时，由于离心力的存在而形成翻转力矩使得汽车发生侧倾现象。

滚动阻力矩 T_Y 描述了阻碍轮胎滚动的力矩的大小。滚动阻力矩与路面的状态、轮胎的结构以及行驶的车速等有关。

回正力矩 T_Z 是在汽车做曲线行驶时使车轮恢复到直线行驶位置的力矩。汽车在曲线行驶状态下，轮胎将发生侧偏现象，因此将产生作用于轮胎上绕 z 轴的力矩。

随着现代车辆速度的不断提高，车辆的主动安全性、行驶动力性和乘坐舒适性在车辆性能中占有越来越重要的位置，而轮胎力学特性是影响车辆动力学特性的重要特性之一，因此，改善汽车性能的重点取决于更好的调节和控制各个分力的大小。

第二节 轮胎的纵向力学特性

轮胎的纵向力学特性主要从轮胎在纵向的受力情况进行轮胎特性的分析，主要研究滚动阻力、穿水阻力、转弯阻力以及前束阻力等与轮胎参数以及路面的关系。另外，驱动力和制动力将在后面的章节陆续介绍。

一、滚动阻力

汽车在路面上行驶必须克服来自地面的滚动阻力，滚动阻力是由于弹性轮胎的内摩擦、地面变形的阻尼(软路面)以及轮胎与地面间的弹性变形和局部的滑移等造成的。

虽然轮胎的迟滞损失由于轮胎的内摩擦形成，最终以热能的形式耗散到大气中。但从对轮胎的受力分析可以看到，这种损失的表现形式是一种阻碍车轮滚动的阻力偶。当车轮不滚动时，地面对车轮法向反作用力的分布是前后对称的；但当车轮滚动时，在法线 n—n' 前后相对应点 d 和 d'(见图1-2a)处变形虽然相同，但由于弹性迟滞现象，处于压缩过程的前部 d 点的地面法向反作用力就会大于处于恢复过程的后部 d' 点的地面法向反作用力，这可以从图1-2b中看出。设取同一变形 δ，压缩时的受力为 CF，恢复时的受力为 DF，而 CF 大于 DF。这样，就使地面法向反作用力的分布前后不对称，从而使它们的合力 F_z 相对于法线 n—n' 向前移动了一个距离 a(见图1-3a)，它随弹性迟滞损失的增大而变大。

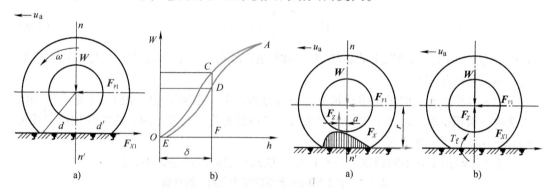

图1-2 弹性车轮在硬路面上的滚动   图1-3 从动轮在硬路面上滚动时的受力分析

图1-3所示为从动轮在硬路面上滚动时的受力分析。W 为汽车作用在车轮上的垂直载荷，F_z 为在轮胎印迹内地面法向反作用力的合力。由于 F_z 向前偏离了法线 n—n' 一个距离 a，故当轮胎在滚动时，F_z 绕车轮的中心有一个力矩 $T_f = F_z a$ 产生。由于此力矩是阻碍车轮的滚动的，故称此力矩为滚动阻力偶矩。由于该滚动阻力偶矩的存在，如果图1-3所示的从动轮需等速滚动，则必须在车轮的中心作用一个推力 F_{p1}，它与地面的切向反作用力 F_{X1} 形成一力偶矩来平衡滚动阻力偶矩，即

$$F_{p1}r = T_f \qquad (1\text{-}1)$$

$$F_{p1} = \frac{T_f}{r} = F_z\frac{a}{r} \qquad (1\text{-}2)$$

令 $f = a/r$，又 $F_z = W$，故

$$F_{p1} = Wf \qquad (1\text{-}3)$$

式中，f 为滚动阻力系数；r 为车轮半径。

从式(1-3)可以看到，滚动阻力系数是车轮在一定的滚动条件下，作用在车轮中心上的推力和车轮的垂直载荷之比，即单位汽车重力所需要的推力。因此，可以认为滚动阻力 F_f

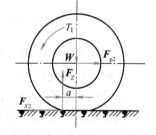

图1-4 驱动轮在硬路面上滚动时的受力分析

等于该推力，即滚动阻力等于滚动阻力系数与车轮垂直载荷的乘积，即在分析汽车车轮滚动时的阻力时，不再考虑车轮滚动时的滚动阻力偶矩，而只需根据滚动阻力系数以及车轮

的垂直载荷进行计算。滚动阻力 F_f 可表示为

$$F_f = Wf \qquad (1-4)$$

真正的滚动阻力是不存在的，它只是一种将作用在车轮上的滚动阻力偶矩等价简化而来的力，因此仅仅是一种表现形式。

驱动轮在硬路面上滚动时的受力分析如图 1-4 所示。T_t 为作用在驱动轮上的驱动力矩；F_{X2} 为路面作用于车轮上的地面切向力；F_{p2} 为驱动轴作用于车轮上的水平力；W 为车轮上的负荷大小；F_Z 为地面作用在车轮上的法向反作用力的合力。由于迟滞现象，它与法线有一个距离 a，即有滚动阻力偶矩 T_f 存在。

根据力矩平衡有

$$F_{X2}r = T_t - T_f \qquad (1-5)$$

$$F_{X2} = \frac{T_t}{r} - \frac{T_f}{r} = F_t - F_f \qquad (1-6)$$

式中，F_t 为作用在驱动轮上的驱动力。与滚动阻力 F_f 一样，驱动力也只是一种表现形式，不是具体存在的。

为了计算汽车行驶过程中车轮上滚动阻力的大小，必须知道滚动阻力系数。滚动阻力系数一般用试验来确定。滚动阻力系数与路面的种类、行驶车速、轮胎的构造以及轮胎的充气压力等因素有关。

表 1-1 给出了在不同路面上汽车以中、低速行驶时的滚动阻力系数。

表 1-1 在不同路面上滚动阻力系数 f 的数值

路 面 类 型	滚动阻力系数	路 面 类 型	滚动阻力系数
良好的沥青或混凝土路面	0.010~0.018	泥泞土路(雨季或解冻期)	0.100~0.250
一般的沥青或混凝土路面	0.018~0.020	干砂	0.100~0.300
碎石路面	0.020~0.025	湿砂	0.060~0.150
良好的卵石路面	0.025~0.030	结冰路面	0.015~0.030
坑洼的卵石路面	0.035~0.050	压紧的雪道	0.030~0.050
压紧土路：干燥的	0.025~0.035		
雨后的	0.050~0.150		

行驶速度与滚动阻力系数的关系如图 1-5 所示。图 1-5a 中为滚动阻力与行驶速度的关系。随着行驶速度的增加，滚动阻力也逐渐增大。但在行驶速度达到某一临界速度后，滚动阻力急剧增加，此时轮胎发生驻波现象，即轮胎的周缘不再是圆形而是波浪形。驻波的形成使能量损失显著增加，从而引起大量发热，并可导致轮胎破损、爆胎等事故，这就限定了轮胎安全行驶速度。

图 1-5a 同时给出了不同结构的轮胎(子午线轮胎和斜交轮胎)随着车速的变化滚动阻力的变化曲线。在相同的外部条件下，斜交轮胎的滚动阻力比子午线轮胎大。这是由于子午线轮胎的胎面变形比斜交轮胎小，迟滞损失减小的缘故。在不同的充气压力下的滚动阻力系数如图 1-5b 所示。随着充气压力的增加，轮胎的刚度变大，因此径向变形减小，弹性轮胎的迟滞损失较小，因而滚动阻力系数降低。货车轮胎的滚动阻力系数与

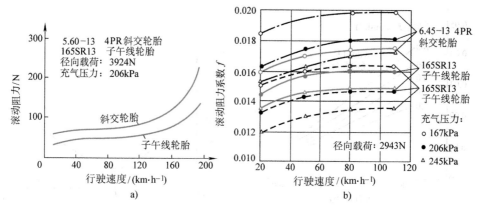

图 1-5　轿车轮胎的滚动阻力以及滚动阻力系数与行驶速度以及充气压力的关系曲线

车速的关系接近于直线，如图 1-6 所示。在进行动力性分析时，若无试验得到的准确滚动阻力系数，可利用图 1-6 中的公式大致估算。

与从动轮相比，安装在驱动轮上的轮胎，由于作用有驱动转矩，胎面相对于地面有一定程度的滑动，因而增加了轮胎滚动时的能量损失。图 1-7 所示为滚动阻力系数与驱动力系数的关系曲线。随着驱动力系数的增加，其滚动阻力系数也在增大。

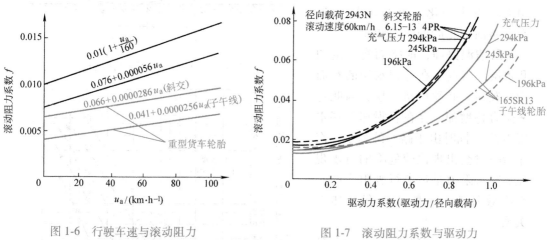

图 1-6　行驶车速与滚动阻力　　　　　　图 1-7　滚动阻力系数与驱动力
　　　系数的近似关系曲线　　　　　　　　　系数的关系曲线

为了更直观地反映充气压力对轮胎滚动阻力的影响，图 1-8 给出了充气压力以及行驶速度与滚动阻力系数的关系曲线。随着充气压力的增大，轮胎的径向刚度增大，弹性损失将减小，从而滚动阻力系数降低。而随着行驶速度的增加，滚动阻力系数增大。因此在汽车的使用中为了提高经济性需要考虑轮胎的正常气压范围。若是在松软路面上，轮胎充气压力与滚动阻力的关系如图 1-9 所示。与在硬路面上轮胎的滚动阻力系数相比，松软路面上轮胎的滚动阻力表现出了不一致性。

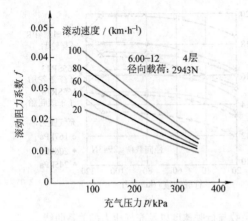

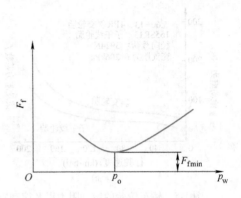

图 1-8　滚动阻力系数与充气压力的关系曲线　　　　图 1-9　在松软路面上滚动阻力
　　　　　　　　　　　　　　　　　　　　　　　　　　　与充气压力的关系曲线

二、穿水阻力

　　前面主要分析的是干路面上汽车直线行驶时的滚动阻力，而在湿路面上汽车直线行驶时的滚动阻力将发生变化。图 1-10 所示为在湿路面上轮胎的滚动状态。

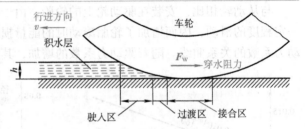

图 1-10　在湿路面上轮胎的滚动状态

　　所谓湿路面，即路面有一定的积水层。当汽车在有积水层的路面上行驶时，必须排挤水层，因此行驶阻力将增加，存在着附加的穿水阻力 F_w。同时由于路面的积水，汽车行驶时会出现比较危险的滑水现象。穿水阻力是汽车行驶阻力的一个有效补充，一般认为存在如下关系：

$$F_w = Cbu^n \qquad (1\text{-}7)$$

式中，C 为比例常数；b 为轮胎的宽度；u 为汽车的行驶车速；n 为幂指数，当水层厚度大于 0.5mm 时，幂指数近似等于 1.6。

　　单位轮胎宽度的穿水阻力与行

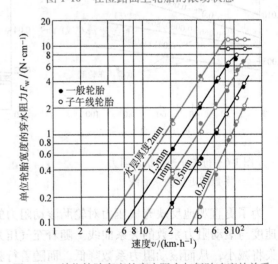

图 1-11　单位轮胎宽度的穿水阻力与行驶速度的关系

驶速度的关系如图 1-11 所示。随着水层厚度的增加，所需克服的穿水阻力也越大。

三、前束阻力

　　在进行汽车设计时，为了保证车辆直线行驶的稳定性和操纵的轻便性，一般前轮

（转向轮）都要有一定的定位角。为保证汽车稳定的直线行驶，应使转向轮具有自动回正作用，即当转向轮在偶然遇到外力（如碰到石块）作用发生偏转时，在外力消失后能立即自动回到直线行驶的位置。这种回正作用是由转向轮的定位参数来保证实现的。前轮前束就是这些定位参数中的一种。前轮前束的作用是抵消汽车在行驶过程中，两前轮遇到冲击后产生的向外张开的趋势。

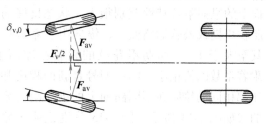

前束阻力就是由于车轮的前束角造成的。因为车轮与行驶的方向存在一定的偏角 δ 致使车轮产生附加的侧向力 $\boldsymbol{F}_{av}$，如图 1-12 所示。侧向力的大小可近似表示为

图 1-12 汽车的前束阻力

$$F_{av} = k\delta \tag{1-8}$$

故前束阻力为

$$F_{v} = 2F_{av}\sin\delta \approx 2k\delta^{2} \tag{1-9}$$

式中，k 为轮胎的侧偏刚度。

由于前束角一般较小（$<2°$），前束阻力比滚动阻力小得多，故一般可忽略不计。

四、纵向附着系数

轮胎的胎面与路面之间的摩擦机理一般可认为当胎面橡胶与凹凸不平的路面接触时，因为橡胶较软，在微观的凸部引起相当大的橡胶变形，同时发生与凸部的真实接触。轮胎在驱动力矩或制动惯性力作用下，路面产生对轮胎的纵向反作用力，此纵向力称为驱动力或制动力。纵向力与其垂直载荷的比值称为纵向附着系数，即 $\varphi_{x} = F_{X}/F_{Z}$。

与软路面相似，纵向力产生时轮胎与路面之间也存在相对滑动，常用滑动率表示轮胎相对滑动的程度。滑动率定义为

$$S = \frac{u_{w} - r_{r0}\omega_{w}}{u_{w}} \times 100\% \tag{1-10}$$

式中，u_{w} 为车轮中心的速度；r_{r0} 为没有纵向力作用在轮胎上时车轮的滚动半径；ω_{w} 为车轮的角速度。

由上式可以看到，在纯滚动时，$u_{w} = r_{r0}\omega_{w}$，滑动率 $S = 0$；在纯滑动时，$\omega_{w} = 0$，滑动率 $S = 100\%$；而边滚边滑时，滑动率 $0 < S < 100\%$。滑动率数值的大小说明了车轮运动状态——运动中滑动成分所占有的比例。

轮胎纵向附着特性数学模型是描述纵向附着系数 φ_{x} 与速度、滑动率等参数之间关系的轮胎模型。图1-13给出了纵向滑动率与纵向附着系数之间的关系曲线。

影响纵向附着特性的因素有很多，主要包括

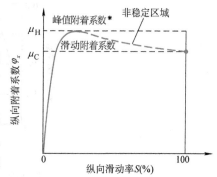

图 1-13 轮胎的纵向滑动率与纵向附着系数的关系曲线

道路的材料、路面的状态和轮胎结构、材料、胎面花纹、新旧程度、胎压、受力情况以及轮胎相对于路面的运动状态。不同轮胎在不同路面上的纵向附着特性差别很大。状态良好的轮胎在粗糙或松软的路面上，纵向附着系数接近甚至大于 1。不带防滑花纹的轮胎在冰面上，附着系数的值很小。同一型号且新旧程度和胎压都相同的轮胎在不同路面上的纵向附着系数曲线如图 1-14 所示。图 1-15 分别说明了轮胎的型号、行驶速度、路面的状态以及滑动率与轮胎的纵向附着系数的关系。为了分别说明行驶速度以及滑动率对纵向附着系数的影响，图 1-16 考虑了行驶车速为常值时的纵向附着系数与滑动率之间的关系。

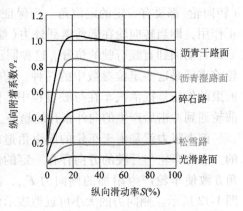

图 1-14　不同路面上的纵向附着系数曲线

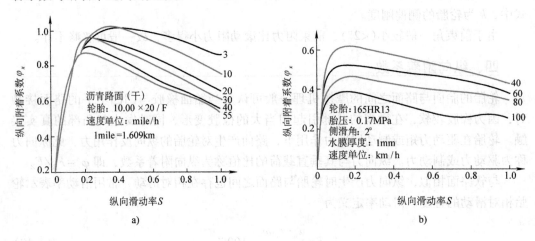

a)　　　　　　　　　　　　　b)

图 1-15　纵向附着系数与行驶车速以及纵向滑动率之间的关系

a）货车轮胎　b）轿车轮胎

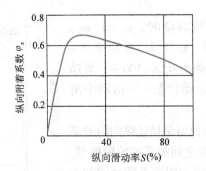

图 1-16　一定车速下纵向附着系数与滑动率的关系

第三节　轮胎的侧偏特性

一、轮胎的侧偏现象

汽车在行驶过程中，由于路面的侧向倾斜、侧向风或者在做曲线行驶时离心力的作用下，车轮中心沿 y 轴方向将作用有侧向力 F'_Y，相应的在地面上产生地面侧向反作用力 F_Y，F_Y 也称为侧偏力。

当车轮上有地面侧向反作用力时，若车轮是刚性的，则可以发生以下两种情况：

1）当地面侧向反作用力 F_Y 未超过车轮与地面间的附着极限时，车轮与地面间没有滑动，车轮仍沿其本身平面的方向行驶。

2）当地面侧向反作用力 F_Y 达到车轮与地面间的附着极限时，车轮发生侧向滑动，若滑动速度为 Δu，车轮便沿合成速度 u' 的方向行驶，偏离了车轮平面的方向。

图 1-17 所示为有侧向力作用下的刚性车轮的滚动状态。图 1-17a 为在侧向力 F'_Y 小于车轮与路面的附着极限时，即没有侧向滑移时的滚动。图 1-17b 为侧向力 F'_Y 大于车轮与路面的附着极限时，车轮出现侧向滑移时车轮的滚动状态。

实际上车轮都不是刚性的，车轮存在侧向弹性，因此，即使侧向力 F_Y 没有达到车轮与地面之间的附着极限，车轮的行驶方向也将偏离车轮平面的方向，即发生侧偏现象。

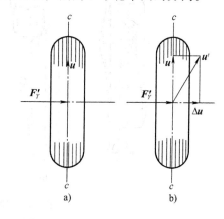

图 1-17　在侧向力作用下刚性车轮的滚动状态
a）没有侧向滑移　b）有侧向滑移

具有侧向弹性的车轮在垂直载荷为 W 的作用下，车轮中心受到侧向力 F'_Y，地面有相应的侧偏力 F_Y 时具有以下两种情况（见图 1-18）：

1）车轮静止不滚动。由于有侧向弹性，轮胎在侧向力 F_Y 的作用下发生侧向变形，轮胎胎面接地印迹的中心线 aa 不再与轮胎平面 cc 重合，即 cc 与 aa 分开一个距离 Δh，但是 aa 仍平行于 cc，如图 1-18a 所示。

2）车轮滚动。接地印迹的中心线 aa 不只是和车轮平面 cc 错开一定距离，而且不再与车轮平面 cc 平行，aa 与 cc 的夹角 α，即为车轮的侧偏角，而此时车轮沿 aa 方向滚动。

为了更清楚地说明在侧向力作用下轮胎侧偏角 α 产生的原因，可以具体分析车轮的滚动过程。

在轮胎胎面中心线上标出 A_0、A_1、A_2、A_3、…各点，随着车轮向前滚动，上述各点将依次落于地面上相应的 A'_0、A'_1、A'_2、A'_3、…各点上。从图 1-18b 可以看出，靠近地面的胎面上，A_0、A_1、A_2、A_3、…各点连线是一条斜线，因此，它们落在地面相应各点

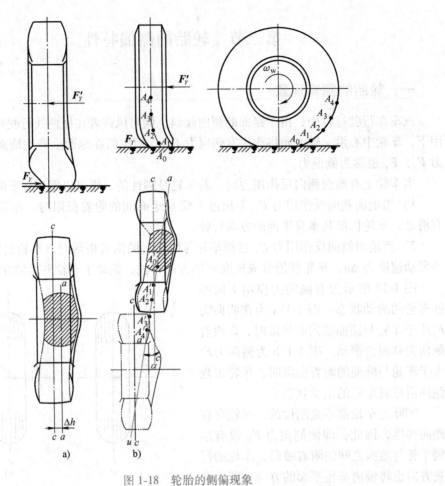

图 1-18　轮胎的侧偏现象

a）静止状态　b）滚动状态

A_0'、A_1'、A_2'、A_3'、…的连线并不垂直于车轮旋转轴线，即与车轮平面 cc 的延长线有夹角 α。当轮胎与路面没有侧向滑动时，A_0'、A_1'、A_2'、A_3'、…的连线就是接地印迹的中心线，当然也是车轮滚动时在地面上留下的痕迹，即车轮并没有按照车轮平面 cc 的方向向前滚动，而是沿着侧偏角 α 的方向滚动。显然侧偏角 α 的数值是与侧向力 F_Y' 的大小有关的。

试验显示，当轮胎侧偏角不超过 5° 时，地面侧向力 F_Y 与 α 成线性关系，可写成

$$F_Y = k\alpha \tag{1-11}$$

式中，k 称为轮胎的侧偏刚度 [N/rad 或 N/(°)]。小型轿车轮胎的 k 值在 $-28000 \sim -80000$N/rad。

在轮胎发生侧偏时，还会产生作用于轮胎绕 z 轴的力矩 T_Z。在做曲线运动时，T_Z 是使转向车轮恢复到直线行驶位置的主要恢复力矩之一，称为回正力矩。

回正力矩 T_Z 是由接地印迹内分布的微元侧向反力产生的。由图 1-19 可知，车轮在静止时受到侧向力 F_Y 后，接地印迹中心线 aa 与车轮平面 cc 平行，但错开 Δh 的距离，即印迹中心线 aa 上各点的横向变形量均为 Δh，因此可以认为地面侧向反作用力沿印迹

中心线 aa 是均匀分布的。而当车轮滚动时，接地印迹中心线 aa 不仅与车轮平面 cc 错开一定的距离 Δh，而且转动了一个角度 α（侧偏角），因而接地印迹前端离轮胎平面 cc 近，侧向变形小；接地印迹后端离轮胎平面 cc 远，侧向变形大。假设地面微元侧向反作用力的分布与变形成正比，故地面微元侧向反作用力的分布情况将如图 1-19 所示。其合力 F_Y 的大小与侧向力 F_Y' 相等，但其作用点必然在接地印迹几何中心的后面，偏离了一个距离 e。该偏离的距离 e 称为轮胎拖距。$F_Y e$ 就是回正力矩 T_Z。

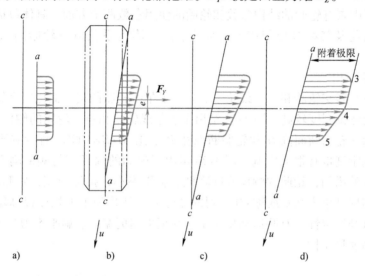

图 1-19　轮胎接地印迹内地面侧向反作用力的分布以及回正力矩的产生

当 F_Y 增加时，接地印迹内的地面微元侧向反作用力的分布情况如图 1-19d 所示。F_Y 增加到一定程度时，接地印迹后部的某些部分（图中的 4 点）便达到了附着极限，其反作用力将沿 4 3 线分布。随着 F_Y 的进一步增大，将有更多部分达到附着极限，最后直到整个接地印迹发生侧滑，因而轮胎拖距 e 会随着侧向力 F_Y 的增加而逐渐变小。图 1-20示出了在轮胎坐标系中侧向力的作用位置和方向。

图 1-21 是试验得到的回正力矩与侧偏角的关系曲线。由图可以看出，回正力矩在

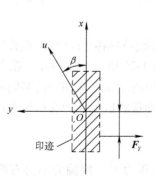

图 1-20　轮胎坐标系中侧向
力的作用位置和方向

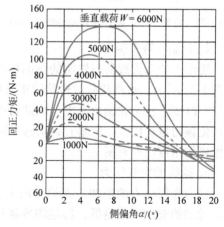

图 1-21　轮胎的回正力矩与侧偏角的关系曲线

开始时逐步增大，至侧偏角为 4°~6°时达到最大。侧偏角再增大，回正力矩下降，在 10°~16°时回正力矩为零。侧偏角再增大，回正力矩成为负值。同时，随着垂直载荷的增加，回正力矩也不断增加。

二、影响轮胎侧偏特性的主要因素

轮胎的侧偏特性主要是阐述侧偏力、回正力矩以及侧偏角之间的关系。影响轮胎侧偏特性的主要因素有轮胎的结构参数和轮胎的使用参数两个方面，具体包括侧偏角、外倾角、垂直载荷及其在接地印迹上的分布、路面附着系数以及轮胎的纵向滑移率等参数。

1. 轮胎的结构

轮胎一般有斜交轮胎和子午线轮胎之分。子午线轮胎的接地面比斜交轮胎的接地面宽，因此它的侧偏刚度较高。图 1-22 给出了子午线轮胎和斜交轮胎的侧偏特性的比较。以百分数表示的轮胎断面高 H 和轮胎断面宽 B 之比($H/B \times 100\%$)称为扁平率。扁平率对轮胎的侧偏刚度也有很大影响。图 1-23 示出了轮胎的扁平率与侧偏刚度的关系。随着轮胎扁平率的增加，轮胎的侧偏刚度降低。扁平率小，接地面宽，则侧偏刚度增大。不少轿车采用扁平率为 0.6 或称 60 系列的宽轮胎，就是为了大幅度提高轮胎的侧偏刚度，以提高行驶稳定性。有些运动型轿车，甚至采用更宽的、扁平率为 0.5 或 0.4 的轮胎，以保证高速稳定性。

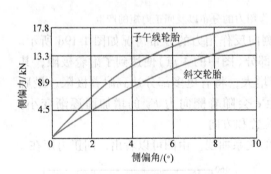

图 1-22　轮胎结构形式对其侧偏特性的影响

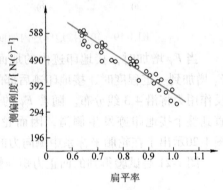

图 1-23　轮胎扁平率与侧偏刚度的关系

2. 轮胎垂直载荷

轮胎上的垂直载荷与轮胎的侧偏特性直接相关。轮胎的侧偏特性与垂直载荷的关系如图 1-24 所示。垂直载荷对轮胎回正力矩的影响如图 1-25 所示。作用在轮胎上的载荷增加，改变了整个轮胎的刚度，因此轮胎的侧偏刚度也将增加，在相同的侧偏角下，轮胎的侧偏力也将增大。但垂直载荷过大时，轮胎与地面接触区的压力变得极不均匀，使轮胎侧偏刚度反而有所减小。

3. 轮胎的充气压力

随着充气压力的增加，侧偏力增大。过高的充气压力下，侧偏力不再有明显的变化。轮胎的充气压力越低，接地印迹越长，轮胎的拖距也大，因此回正力矩也大。轮胎的充气压力对其侧偏特性以及回正力矩的影响如图 1-26 和图 1-27 所示。

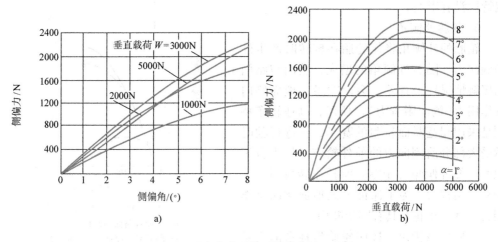

a)

b)

图 1-24　垂直载荷对轮胎侧偏特性的影响

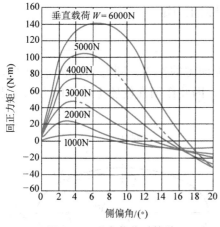

图 1-25　垂直载荷对轮胎
回正力矩的影响

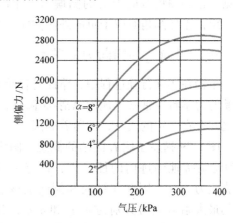

图 1-26　轮胎的充气压力对其侧偏特性的影响

4. 路面的种类以及状态

在不同的路面上轮胎的侧偏特性是不一样的。同样的路面但路面的状态不同，如干湿程度以及积水等对轮胎的侧偏特性也有较大影响。图 1-28 所示为干、湿以及不同的路面上的侧向力系数与侧偏角之间的关系。

5. 汽车的行驶速度

随着行驶速度的增大，侧偏力的最大值降低。主要原因是速度增高后，滑动摩擦因数降低。而在侧偏角较小时，汽车的行驶速度几乎对轮胎的侧

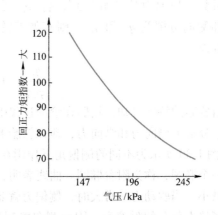

图 1-27　轮胎的充气压力对回正力矩的影响

偏特性没有影响。

6. 轮胎外倾角

轮胎的外倾角将使轮胎在旋转时产生外倾侧向力。随着外倾角的增大，胎面与路面的接触情况越来越差，会影响最大地面侧向反作用力（侧向附着力）。所以，高速轿车特别是采用超宽断面轮胎的赛车，转弯行驶时承受大部分前侧向力的前外轮应尽量垂直于地面，即外倾角等于零。摩托车转弯时，车轮外倾角很大，为了保证最大地面侧向反作用力，摩托车轮胎具有圆形断面。

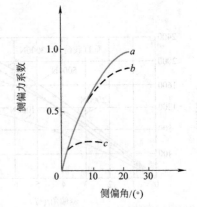

图 1-28　不同路面对轮胎侧偏特性的影响
a—干沥青路面（16.1km/h）
b—湿混凝土路面（32.2km/h）
c—湿沥青路面（14.5km/h）

最后应该指出，按照轮胎坐标系的规定可见，正侧偏角对应于负的侧偏力与正的回正力矩；正外倾角对应于负的外倾侧向力与外倾回正力矩。

三、纵向力和侧向力的关系

车辆在实际行驶过程中，路面对轮胎既有侧向力的作用，同时又有纵向力的作用，轮胎的力学特性常常表现为纵滑-侧偏复合特性，因此作用在轮胎上的侧向力以及纵向力之间存在一定的关系，即附着椭圆。

图 1-29 描述了附着椭圆的概念。图中 q 为轮胎接地印迹内的任一点，该点上的垂直应力为 q_z。因此在纵向和侧向上该点处的最大附着应力分别为 $\varphi_x q_z$ 和 $\varphi_y q_z$，其中 φ_x 和 φ_y 分别为纵向附着系数和侧向附着系数。同时与纵向轴线呈角度 θ 的方向上最大的附着应力为 φq_z，φ 为该方向上的附着系数。根据力的分解原理，将 φq_z 沿纵向和侧向分解为 q_{Cx} 和 q_{Cy}，则有如下的椭圆方程：

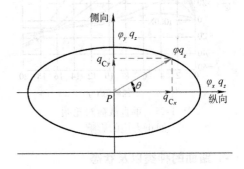

图 1-29　附着力摩擦椭圆

$$\left(\frac{q_{Cx}}{\varphi_x q_z}\right)^2 + \left(\frac{q_{Cy}}{\varphi_y q_z}\right)^2 = 1 \tag{1-12}$$

由轮胎的特性可知，轮胎在滚动过程中，地面对轮胎的切向反作用力可以按照车辆坐标系分解为侧向力和纵向力，即在轮胎上同时作用有侧向力和纵向力。

图 1-30 所示为不同的侧偏角下作用在轮胎上的地面切向力。这组曲线的包络线接近于一个椭圆，称为附着椭圆。曲线表明，在一定的驱动力下，驱动力增加时，侧偏力逐渐减小。当驱动力非常大时，侧偏力就非常小。因为此时接近附着极限，切向力已经消耗了绝大部分的附着力，因而侧向能利用的附着力就很小。同理，当作用有制动力时，侧偏力也有相似的变化。因此利用附着椭圆可以很明显地确定在一定的附着条件下

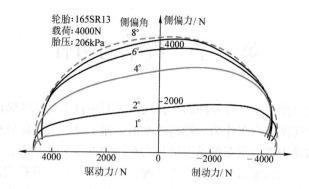

图 1-30　地面切向反作用力与
轮胎侧偏特性的关系

的极限切向力和侧偏力的关系，为进一步在汽车操纵稳定性的控制中，进行纵向力和侧向力之间的调节提供理论基础。

思考题与习题

1-1　轮胎的具体功能主要有哪些？

1-2　试分析前束阻力的产生机理。

1-3　作用在轮胎上的力和力矩有哪些？并解释具体的含义。

1-4　分别推导作用在汽车从动轮和驱动轮上的滚动阻力。

1-5　影响滚动阻力系数的主要因素有哪些？

1-6　试解释轮胎的侧偏现象。

1-7　影响轮胎侧偏特性的主要因素有哪些？

1-8　简述回正力矩的意义。

第二章　汽车动力性

　　汽车的动力性是指汽车在良好路面上直线行驶时由汽车受到的纵向外力决定的、所能达到的平均行驶速度。汽车作为一种高效率的运输工具，其运输效率之高低在很大程度上取决于汽车的动力性。汽车的动力性是汽车各种性能中最基本、最重要的性能。

　　本章将进一步研究汽车行驶时的受力情况，建立汽车行驶方程式，并以图表的形式按汽车动力性评价指标的要求确定汽车的动力性，然后深入研究影响汽车动力性的主要因素，为提高汽车的动力性提供理论基础。

第一节　汽车动力性的评价指标

　　汽车平均行驶速度是评价汽车动力性的总指标，从这一观点出发，汽车的动力性主要由汽车的最高车速 u_{amax}、汽车的加速时间 t、汽车的最大爬坡度 i_{max} 三方面的指标来评定。

　　1. 汽车的最高车速

　　汽车的最高车速是指汽车满载时在水平良好的路面（混凝土或沥青路面）上所能达到的最高行驶车速。

　　2. 汽车的加速时间

　　汽车的加速时间表示汽车的加速能力，它对平均行驶车速有着很大影响，特别是轿车，对加速时间更为重视。常用原地起步加速时间与超车加速时间来表明汽车的加速能力。原地起步加速时间是指汽车由Ⅰ档或Ⅱ档起步，并以最大的加速强度（包括选择恰当的换档时机）逐步换至最高档后到某一预定的距离或车速所需的时间。轿车常用 0~100km/h 所需的时间来表明加速能力。超车加速时间是指汽车用最高档或次高档从某一中间车速全力加速到某一高速所需要的时间。因为超车时汽车与被超车辆并行，容易发生交通事故，所以超车加速能力强，并行时间短，行驶就安全。超车加速能力较多采用最高档或次高档由 30km/h 或 40km/h 车速全力加速到某一高速所需要的时间来表明。也有用加速过程曲线即车速—时间关系曲线全面反映加速能力的。

　　3. 汽车的最大爬坡度

　　汽车的上坡能力是用最大爬坡度 i_{max} 表示的。显然，最大爬坡度是指汽车满载时用变速器最低档位在良好路面上等速行驶所能克服的最大道路坡度。轿车最高车速大，加速时间短，经常在较好的道路上行驶，一般不强调它的爬坡能力；但为了保证其良好的加速能力，发动机功率应较大，故其爬坡能力自然较强。货车要在各种地区的各种道路上行驶，因而必须具有足够的爬坡能力，一般其 i_{max} 在 30%（即 16.7°）左右。越野汽车要在坏路或无路条件下行驶，因而爬坡能力是它一个很重要的指标，它的最大爬坡度可达 60%（约为 31°）。

第二节 汽车受力分析

汽车行驶过程中，受到各种行驶阻力的作用。因此，为了保证汽车的正常行驶，必须有一定的驱动力，以克服各种行驶阻力。根据这些力的平衡关系建立汽车行驶方程式，就可以估算汽车的最高车速、加速度和最大爬坡度。

汽车的行驶方程式为

$$F_t = \sum F$$

式中，F_t 为驱动力；$\sum F$ 为行驶阻力之和。

驱动力是由发动机的转矩经传动系统传至驱动轮上得到的。行驶阻力有滚动阻力、空气阻力、加速阻力和坡度阻力。现在分别研究驱动力和这些行驶阻力，并最后将 $F_t = \sum F$ 具体化，以便研究汽车的动力性。

一、汽车的驱动力

汽车发动机产生的转矩经传动系统传至驱动轮，驱动轮便产生一个作用于地面的圆周力 F_0，地面则对驱动轮作用一个反作用力 F_t，F_t 与 F_0 大小相同，方向相反，如图 2-1 所示。F_t 即是驱动汽车的外力，称为汽车的驱动力，其数值为

$$F_t = \frac{T_t}{r}$$

式中，T_t 为作用于驱动轮上的转矩；r 为车轮半径。

作用于驱动轮上的转矩 T_t 是由发动机产生的转矩经传动系统传至车轮上的，由传动过程可知

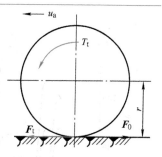

图 2-1 汽车的驱动力

$$F_t = \frac{T_{tq} i_g i_0 \eta_T}{r} \tag{2-1}$$

式中，T_{tq} 为发动机转矩；i_g 为变速器的传动比；i_0 为主减速器的传动比；η_T 为传动系统的机械效率。

下面将对式(2-1)中的发动机转矩、传动系效率以及车轮半径进行讨论，最后给出汽车的驱动力图。

1. 发动机的速度特性

求解汽车动力性的主要指标最重要的依据之一是驱动力随车速的变化关系，这一关系依从于发动机转矩与其转速的变化关系，即发动机的速度特性。如将发动机的功率 P_e、转矩 T_{tq} 以及燃油消耗率 b 与发动机曲轴转速 n 之间的函数关系以曲线表示，则此曲线称为发动机速度特性曲线。如果加速踏板位置最大，即发动机节气门全开(或高压油泵调速手柄在最大供油量位置)，则此速度特性曲线称为发动机外特性曲线；如果节气门部分开启(或部分供油量位置)，则称为发动机部分负荷速度特性曲线。

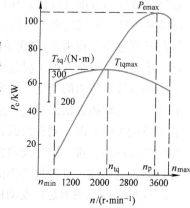

图 2-2 汽油发动机外特性曲线

图 2-2 所示为一台汽油发动机外特性中的功率与转矩曲线。n_{min} 为发动机的最小稳定工作转速，随着发动机转速增加，发动机发出的功率和转矩都在增加，最大转矩 T_{tqmax} 时的发动机转速为 n_{tq}；再增加发动机转速时，T_{tq} 有所下降，但功率继续增加，一直到最大功率 P_{emax}，此时发动机转速为 n_p；继续增加转速时，功率下降，允许的发动机最高转速为 n_{max}。

如转矩 T_{tq} 的单位为 N·m，功率 P_e 的单位为 kW，转速 n 的单位为 r/min，则功率与转矩有如下关系：

$$P_e = \frac{T_{tq}n}{9549} \tag{2-2}$$

柴油机燃料供给系统通常装有调速器。图 2-3 所示为装有全程调速器的某柴油机的外特性曲线。

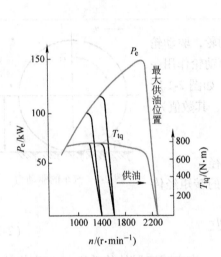

图 2-3 某柴油机的外特性曲线

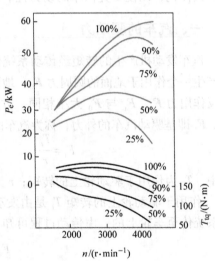

图 2-4 某汽车发动机的外特性和部分负荷特性的功率与转矩曲线

图 2-4 所示为某汽车发动机的外特性和部分负荷特性的功率与转矩曲线。曲线上的数字为节气门开度百分比，相应的曲线便是各个节气门开度下的发动机转矩与功率。由图 2-4 可见，节气门部分开启时，T_{tq}、P_e 曲线总是低于外特性的 T_{tq}、P_e 曲线；而且节气门开度越小，转矩 T_{tq} 曲线下降越快，转矩和功率的最大值对应的转速也越低。汽车运行中，节气门全开的工况是较少的，绝大部分工况中发动机是在节气门部分开度下运行。根据外界阻力的变化，驾驶人通过变换档位及节气门开度，可以控制发动机的工作转速，使发动机在最低稳定转速和最高转速之间的任何转速下运转。因此，若以 T_{tq}、n 表示发动机的工况，则在最低稳定转速和最高转速范围内，外特性转矩曲线至横坐标轴之间的范围内，都可以是发动机的实际工作点。若以 P_e、n 表示发动机的工况，则在同样的转速范围内，外特性功率曲线之下的点，都可以是发动机的实际工作点。

这里值得说明的是：发动机制造厂提供的发动机外特性曲线，是在实验室的试验台上只带发动机运转所必须的附件，而未带发电机等附件的条件下测得的。带上全部附件设备时的发动机特性曲线称为使用外特性曲线。使用外特性曲线的功率小于外特性曲线的功率。图 2-5 是某汽车发动机的外特性和使用外特性中的功率与转矩曲线。一般汽油发动机使用外特性的最大功率比外特性的最大功率约小 15%；货车柴油机的使用外特性最大功率约小 5%；轿车与轻型汽车柴油机约小 10%。

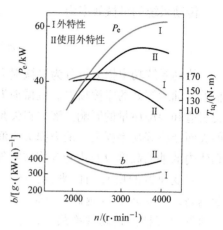

图 2-5 某汽车发动机的外特性和使用外特性

还应指出，发动机的台架试验是在发动机各种工况相对稳定（即冷却液温度、机油温度在规定的范围内），发动机转速稳定情况下测得的。而在实际使用时，发动机工况是不稳定的，驾驶人为了适应行驶工况的需要不断改变节气门开度。例如汽车在加速工况下，发动机节气门迅速增大，曲轴转速连续由低到高变化，此时发动机热状况和可燃混合气的浓度等都与台架试验时不同。这时发动机能提供的功率一般比台架试验的功率小 5%~8%。由于对变工况下发动机特性研究不够，且与稳态工况数值相差不大，所以在动力性计算中，一般仍用稳态工况时发动机台架试验所测得的使用外特性中的功率和转矩曲线。

为了便于计算，常采用多项式来描述由试验台测得的、接近于抛物线的发动机转矩曲线，即

$$T_{tq} = a_0 + a_1 n + a_2 n^2 + \cdots + a_k n^k \tag{2-3}$$

式中，系数 a_0、a_1、a_2、$\cdots$、a_k 可由最小二乘法确定；拟合阶数 k 随特性曲线而异，一般在 2、3、4、5 中选取。

例如，YC4F115—30 发动机，由试验测得的转矩特性见表 2-1。

表 2-1 试验测得的转矩特性

转速 $n/(\text{r/min})$	1000	1200	1400	1600	1800	2000	2200	2400	2600	2800	3000	3200
转矩 $T_{tq}/(\text{N}\cdot\text{m})$	198.1	222.5	284.2	293.3	296.8	296.6	298.4	301.9	294.5	287	267	249.4

可由如下五次多项式来表示：

$$T_{tq} = -54.306 - 16.061\left(\frac{n}{1000}\right) + 648.981\left(\frac{n}{1000}\right)^2 - 530.080\left(\frac{n}{1000}\right)^3 + 162.878\left(\frac{n}{1000}\right)^4 - 17.878\left(\frac{n}{1000}\right)^5$$

式中，T_{tq} 为发动机转矩（N·m）；n 为发动机转速（r/min）。

2. 传动系统的机械效率

发动机产生的功率 P_e，经传动系统传至驱动轮的过程中，必须克服传动系统各部件中的摩擦，因而消耗一部分功率，这部分损失功率称为传动系统的功率损失 P_T，P_T 由传动系统中的部件——变速器、传动轴、万向节、主减速器等的功率损失组成。其中变速器和主减速器的功率损失所占比重最大。

传动系统的机械效率为

$$\eta_T = \frac{P_e - P_T}{P_e} = 1 - \frac{P_T}{P_e} \qquad (2\text{-}4)$$

传动系统功率损失可分为机械损失和液力损失两大类。机械损失是指齿轮传动副、轴承、油封等处的摩擦损失。机械损失与啮合齿轮的对数、传递的转矩等因素有关，也受制造和装配质量的影响。液力损失是指消耗于润滑油的搅动、润滑油与旋转零件之间的表面摩擦等功率损失。液力损失与润滑油的黏度（黏度取决于润滑油的品种和温度）、箱体内的油面高度以及齿轮等旋转零件的转速有关。

对变速器的所有档位来说，档位越高，传动效率也越高。三轴式变速器直接档的传动效率最高，这是因为变速器内啮合的齿轮不传递转矩，使机械损失减小。同一档位且传递转矩不变时，转速越高效率越低。同一档位且转速不变时，机械效率随传递转矩的增加而有所提高，如图 2-6 所示。而就汽车的使用过程来说，新车走合期结束后的传动效率最高，此后随行驶里程的增

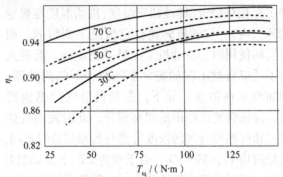

图 2-6　变速器传动效率与传递转矩、润滑油温度的关系（实线为 1500r/min，虚线为 1200r/min）

加而缓慢下降；当各部件磨损至配合间隙超过允许值后，机械效率急剧下降，经大修后可以得到提高，但因汽车修理后的技术状况不及出厂新车，故其机械效率也不及新车。

传动效率因受到多种因素的影响而有所变化，但对汽车进行一般动力性分析时，可把它看作一个常数。传动系统各部件的传动效率见表 2-2。

表 2-2　传动系统各部件的传动效率

部 件 名 称	$\eta_T(\%)$	部 件 名 称	$\eta_T(\%)$
4~6 档变速器	95	单级减速主减速器	96
副变速器或分动器	95	双级减速主减速器	92
8 档以上变速器	90	传动轴和万向节	98

传动系统效率等于各总成传动效率的乘积。一般对汽车进行动力性分析时，对采用非无级机械变速器传动系统的轿车，其传动效率可取为 0.9~0.92；货车、客车及越野汽车的传动系统有多种组合方式，可按表 2-2 推荐的数值来估算整部汽车的传动效率。

3. 车轮的半径

汽车普遍采用弹性充气轮胎，其在径向、切向和横向均有弹性，故车轮半径会因受力和运动状态的不同而不同。

（1）**自由半径**　车轮处于无载时的半径。

（2）**静力半径**　汽车静止时，车轮中心至轮胎与道路接触面间的距离，以 r_s 表示。由于径向载荷的作用，轮胎发生显著变形，所以静力半径小于自由半径。

（**3**）**滚动半径** 车轮中心到车轮运动瞬心的距离。以车轮转动圈数与实际车轮滚动距离之间的关系来换算，则可求得车轮的滚动半径为

$$r_r = \frac{S}{2\pi n_w}$$

式中，n_w 为车轮转动的圈数；S 为转动 n_w 圈时车轮滚过的距离。

显然，对汽车做动力学分析时，应该用静力半径 r_s；而做运动学分析时，应该用滚动半径 r_r。但一般不计它们的差别，统称为车轮半径 r，即认为

$$r_r \approx r_s \approx r$$

静力半径 r_s(m) 可用下式估算：

$$r_s = 0.0254\left[\frac{d}{2} + b(1-\lambda)\right]$$

式中，d 为轮辋直径(in)；b 为轮胎断面宽度(in)；λ 为轮胎变形系数，轿车 $\lambda = 0.12 \sim 0.14$，载货汽车、客车 $\lambda = 0.10 \sim 0.12$，超低压胎 $\lambda = 0.12 \sim 0.18$。

4. 汽车的驱动力图

由于发动机的转矩（或功率）随发动机转速而变化，所以在某一档位，汽车的驱动力将随其行驶速度变化。汽车驱动力 F_t 与车速 u_a 之间的函数关系曲线，即 F_t—u_a 图，称为汽车驱动力图。

在发动机的外特性曲线、传动系统的传动比、传动效率、车轮半径等参数已知后，即可利用式(2-1)，即

$$F_t = \frac{T_{tq} i_g i_0 \eta_T}{r}$$

求出各个档位的 F_t 值，再根据发动机转速与汽车行驶速度之间的转换关系求出 u_a。由此作出各个档位的 F_t—u_a 曲线。发动机转速与汽车行驶速度之间的关系式为

$$u_a \approx 0.377 \frac{rn}{i_g i_0} \tag{2-5}$$

式中，u_a 为汽车行驶速度(km/h)；n 为发动机转速(r/min)；r 为车轮半径(m)；i_g 为变速器传动比；i_0 为主减速器传动比。

在某一确定的档位下，即 i_g 为定值，由式(2-1)求出对应于不同发动机转速的 F_t 值。再由 u_a-n 的对应关系，求出该发动机转速下的 u_a 值，在 F_t-u_a 坐标系内找出对应点，将各点连接成光滑曲线，就得到汽车在该档位下的驱动力曲线。对应不同的档位，有不同的驱动力曲线。图 2-7 所示为具有五档变速器的某客车驱动力图。

由于驱动力图中的驱动力是根据发动机外特性求得的，因此它是使用各档

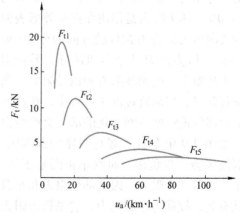

图 2-7 具有五档变速器的某客车驱动力图

位时驱动力最大值随车速变化的规律。实际行驶中，发动机常在节气门部分开启下工作，相应的驱动力要比它小。因此驱动力曲线下的范围内，都可以是汽车运行的实际状态点。

二、汽车的行驶阻力

汽车在水平道路上直线等速行驶时，必须克服来自地面的滚动阻力和来自空气的空气阻力。滚动阻力以符号 F_f 表示，空气阻力以符号 F_w 表示。当汽车在坡道上直线上坡行驶时，还必须克服重力沿坡道的分力，称为坡度阻力，以符号 F_i 表示。汽车直线加速行驶时，还需要克服加速阻力，以符号 F_j 表示。因此，汽车行驶的总阻力为

$$\sum F = F_f + F_w + F_i + F_j$$

上述各阻力中，滚动阻力和空气阻力始终作用于行驶的汽车上，坡度阻力和加速阻力仅在相应行驶条件下存在。在水平道路上等速行驶时就没有坡度阻力和加速阻力。汽车下坡时，F_i 为负值，这时汽车重力沿路面方向的分力已不是汽车的行驶阻力，而是动力。汽车减速行驶时，惯性作用力是使汽车前进的力，此时 F_j 也为负值。

1. 滚动阻力

滚动阻力 F_f 是当车轮在路面上滚动时，由于两者间的相互作用力和相应变形所引起的能量损失的总称。由第一章可知，汽车在水平路面上直线行驶的滚动阻力可写成下式

$$F_f = Gf \tag{2-6}$$

式中，G 为汽车重力（N）；f 为滚动阻力系数。汽车在某些路面上以中、低速行驶时，滚动阻力系数的大致数值见表 1-1。

2. 空气阻力

汽车是在空气介质中行驶的。汽车相对于空气运动时，空气作用力在行驶方向上的分力称为空气阻力。

空气阻力分为摩擦阻力与压力阻力两部分。摩擦阻力是由于空气的黏性在车身表面产生的切向力的合力在行驶方向的分力。摩擦阻力与车身表面质量有关，占空气阻力的 8%~10%。压力阻力是作用在汽车外形表面上的法向压力的合力在行驶方向的分力（见图 2-8）。压力阻力又分为四部分：形状阻力、干扰阻力、内循环阻力和诱导阻力。当汽车行驶时，气流流过汽车过程中，在汽车表面局部气流速度急剧变化的部位会产生涡流，如图 2-9 中车身后部有明显的涡流区，在涡流区会产生负压，而汽车正面是正压，由于压力差产生阻力，因这部分阻力和车身形状有关，故称为形状阻力，它是压力阻力中最大的一部分。干扰阻力是车身表面凸起

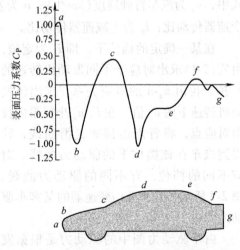

图 2-8　车身表面的法向压力分布

物(如后视镜、门把、引水槽、悬架导向杆、驱动轴等)引起的阻力。发动机冷却系统、车身通风等所需空气流经车体内部时构成的阻力，即为内循环阻力。诱导阻力是空气升力在水平方向的分力。在一般轿车中，这几部分阻力的大致比例为：形状阻力占 58%，干扰阻力占 14%，内循环阻力占 12%，诱导阻力占 7%，摩擦阻力占 9%。

一般进行汽车动力性计算时，认为空气阻力为一完整的阻力，作用于风压中心。风压中心与汽车的质心不重合。风压中心离地高度 h_w 对汽车高速行驶的稳定性有很大影响。

在汽车行驶范围内，空气阻力的数值通常都总结成与气流相对速度的动压力成正比例的形式，即

$$F_w = \frac{1}{2} C_D A \rho u_r^2$$

式中，C_D 为空气阻力系数，量纲为一的系数，主要取决于车身形状，其物理意义是单位动压力($\rho u_r^2/2$)在每 m^2 迎风面积上产生的空气阻力；ρ 为空气密度，一般 $\rho = 1.2258\ N \cdot s^2 \cdot m^{-4}$；$A$ 为迎风面积，即汽车行驶方向的投影面积(m^2)；u_r 为相对速度，在无风时即为汽车的行驶速度(m/s)。

本章只讨论无风条件下汽车的运动，u_r 即为汽车行驶速度 u_a。如 u_r 以 km/h、A 以 m^2 计，则空气阻力为

$$F_w = \frac{C_D A u_a^2}{21.15} \tag{2-7}$$

式(2-7)表明，空气阻力是与 C_D 及 A 值成正比的。A 值受到乘坐使用空间的限制不易进一步减少，所以降低 C_D 值是降低空气阻力的主要手段。C_D 值的大小和汽车外形的关系极大，即和车头与车尾的形状及其组合有很大关系。试验结果指出，完全圆形的车头代替风窗玻璃倾角为 45°的阶梯形状，对减小汽车空气阻力并没什么改善，但比较陡的风窗玻璃使空气阻力系数 C_D 显著增加。若车尾形状越细长，则空气阻力系数越小(见图2-9)。当然要与较好的车头形状配合才能得到最低的 C_D 值。

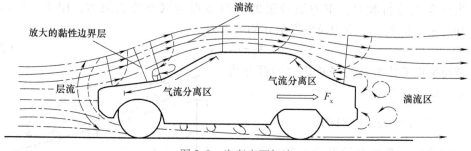

图 2-9 汽车表面气流

完全从空气动力学观点来看，最理想的车身外型应是：对车身侧面来说，应尽量降低车身总高；减小离地间隙；使前脸扁平，后端处理应尽量使阻力降低；发动机罩和顶盖也应尽量扁平；为确保方向稳定性加尾翼。对车身正面来说，应呈宽而低的扁平形；采用无棱角的扁平和圆形过渡；当驾驶室要求有必要的棱角时，在腰线部位可装倾斜的侧翼，使其圆滑过渡。

根据上述原则，现在多采用下述方法改善汽车空气动力特性：把车身设计成楔形或折背式，车前端尽量压低，俯视图多呈半圆形，前风窗与发动机罩、顶盖与侧面的过渡部分圆滑光顺，前风窗与水平面的夹角一般在25°~33°之间；汽车设置前、后扰流板等空气动力学附加装置；车身底面平滑化，或加设光滑底板；车身外表面尽量减少凹凸面和突起物，如门把手平滑化，窗玻璃、门玻璃尽量与框平齐，隐蔽式流水槽，车轮加外护罩，外后视镜加流线型护罩；控制发动机冷却气流，强制空气处于有利于流动状态，提高冷却性能，减少行驶阻力；车身细部外形最优化，通过反复修改外形，达到最佳气动外形设计。目前，不少轿车的 C_D 值已降到 0.3 甚至更低一点。

迎风面积 $A(m^2)$ 常用汽车的轮距 B 与汽车高度 H_a 之乘积近似表示，即 $A=BH_a$。对小客车而言，此近似值通常较实测值大 5%~10%，对货车则又常小 5%~10%。表 2-3 列出了部分汽车的空气阻力系数和迎风面积。

表 2-3 部分汽车的空气阻力系数和迎风面积

车　　型	A/m^2	C_D
小型运动车	1.7~2.1	0.23~0.45
轿车	1.8~2.2	0.30~0.55
载货汽车	3~7	0.40~0.60
公共汽车	4~7	0.50~0.80
一汽红旗 CA7220	2.10	0.30
上海大众帕萨特 1.8GLi	2.23	0.28
一汽奥迪 100C3GP	2.10	0.30
东风富康 988EX	2.01	0.31
天津夏利 2000 世纪广场	2.19	0.29
本田雅阁 LXi	1.98	0.32
标致 406	2.05	0.32
宝马 750iL	2.16	0.32
梅赛德斯-奔驰 560SEL	2.22	0.35
福特 Explorer(吉普车)	3.06	0.43

3. 坡度阻力

当汽车上坡行驶时，重力沿坡道的分力表现为汽车坡度阻力，用 F_i 表示，如图 2-10 所示。F_i 与汽车重力及坡度角 α 的关系为

$$F_i = G\sin\alpha \tag{2-8}$$

道路坡度常用坡高与底长之比的百分数来表示，即

$$i = \tan\alpha = \frac{h}{s} \times 100\%$$

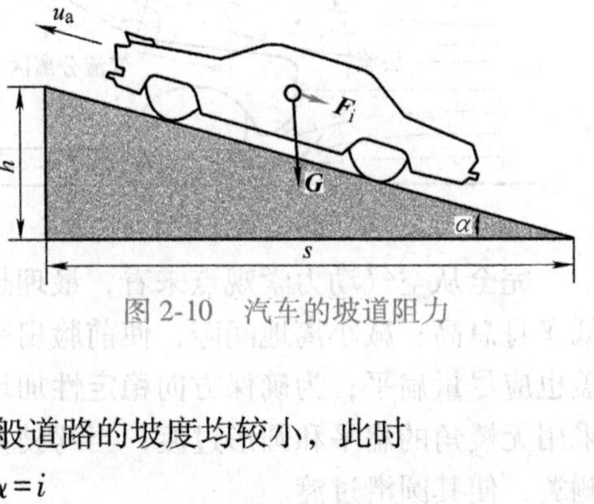

根据我国的公路路线设计规范，高速公路平原微丘区最大纵坡为 3%；山岭重丘区为 5%；一级汽车专用公路平原微丘区最大坡度为 4%，山岭重丘区为 6%；一般四级公路平原微丘区为 5%，山岭重丘区为 9%。所以，一般道路的坡度均较小，此时

图 2-10　汽车的坡道阻力

$$\sin\alpha \approx \tan\alpha = i$$

故
$$F_i \approx Gi \tag{2-9}$$

在坡度大时，近似等式有一定误差，坡度阻力应按式(2-8)计算。

上坡时垂直于坡道路面的汽车重力分力为 $G\cos\alpha$，故汽车在坡道上行驶时的滚动阻力为 $F_f = Gf\cos\alpha$。

由于坡度阻力与滚动阻力均属于与道路有关的阻力，而且均与汽车重力成正比，故可把这两种阻力合在一起称为道路阻力，以下式表示，即

$$F_\psi = F_f + F_i = G(f\cos\alpha + \sin\alpha)$$

令
$$f\cos\alpha + \sin\alpha = \psi$$

ψ 称为道路阻力系数，表示单位车重的道路阻力。当 α 较小时，$\psi = f + i$。

$$F_\psi = G\psi \tag{2-10}$$

4. 加速阻力

汽车加速行驶时，需要克服其质量加速运动时的惯性力，就是加速阻力 F_j。汽车的质量分为平移质量和旋转质量两部分。加速时，不仅要克服汽车平移质量在加速过程中产生的惯性力 F_{j1}，同时还要克服旋转质量产生的惯性力偶矩。为了便于计算，一般把旋转质量的惯性力偶矩转化为平移质量的惯性力 F_{j2}。汽车加速时的阻力为

$$F_j = F_{j1} + F_{j2} = \delta m \frac{du}{dt} \tag{2-11}$$

式中，δ 为汽车旋转质量换算系数，$\delta > 1$；m 为汽车质量（kg）；du/dt 为行驶加速度（m/s^2）。

加速时，汽车平移质量惯性力为

$$F_{j1} = m \frac{du}{dt}$$

汽车上的旋转部件包括：发动机的飞轮带离合器、变速器轴及齿轮、万向节及传动轴、主减速器、半轴及车轮等。一般进行汽车动力性计算时，汽车的旋转质量只考虑发动机飞轮和车轮，其他旋转质量的影响都很小。

如果以 I_f 和 $\sum I_w$ 分别表示发动机飞轮转动惯量及所有车轮转动惯量之和；ε_f 和 ε_w 分别表示发动机飞轮和车轮的角加速度，那么，汽车加速时，发动机飞轮与全部车轮产生的惯性力偶矩分别为 $I_f\varepsilon_f$ 和 $\sum I_w\varepsilon_w$，它们转化到车轮边缘的力之和为

$$F_{j2} = \frac{I_f \varepsilon_f i_g i_0 \eta_T + \sum I_w \varepsilon_w}{r}$$

由于 $\varepsilon_f = \varepsilon_w i_g i_0$，$\varepsilon_w = \frac{1}{r}\frac{du}{dt}$，则

$$F_{j2} = \frac{I_f i_g^2 i_0^2 \eta_T + \sum I_w}{r^2}\frac{du}{dt}$$

加速总阻力为

$$F_j = F_{j1} + F_{j2} = \left(m + \frac{I_f i_g^2 i_0^2 \eta_T + \sum I_w}{r^2}\right)\frac{du}{dt} = \delta m \frac{du}{dt}$$

$$\delta = 1 + \frac{I_f i_g^2 i_0^2 \eta_T + \sum I_w}{mr^2}$$

δ 的数值可根据试验测出旋转部件的转动惯量后进行计算而得到，主要与车型有关。在进行动力性初步计算时，由于对一般汽车满载时 $\frac{I_f i_0^2 \eta_T}{mr^2}$ 和 $\frac{\sum I_w}{mr^2}$ 为 0.03 ~ 0.05，取其平均值，则 δ 值可用下式计算

$$\delta \approx 1.04 + 0.04 i_g^2$$

三、汽车行驶方程式

将驱动力与各种行驶阻力的表达式代入行驶方程式，则汽车行驶方程式为

$$\frac{T_{tq} i_g i_0 \eta_T}{r} = fG\cos\alpha + \frac{C_D A u_a^2}{21.15} + G\sin\alpha + \delta m \frac{du}{dt} \qquad (2\text{-}12)$$

即

$$F_t = F_f + F_w + F_i + F_j$$

汽车行驶方程式说明了汽车的结构参数与使用参数的内在联系，概括了汽车直线行驶时，驱动力与行驶阻力之间的数量关系，是研究汽车动力性的基本依据，同时也为汽车燃油经济性等分析奠定了基础，应用很广泛。理解此方程式时，必须明确有些项并不是真正作用在汽车上的外力，如滚动阻力是以滚动阻力偶的形式作用在车轮上的，如图 2-11 所示；驱动力只是为分析问题方便起见提出来的；真正作用在汽车重心上的惯性力只能是 $m \frac{du}{dt}$，而不是加速阻力 F_j；$\delta m \frac{du}{dt}$ 只是在进行汽车动力分析时，考虑汽车平移质量惯性力和旋转质量惯性力偶矩对汽车运动影响总效应的一个数值。

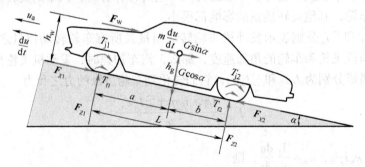

图 2-11 汽车上坡加速行驶受力图

四、汽车行驶条件

汽车要想开动，保持行驶，必须有加速能力。根据汽车行驶方程式

$$\delta m \frac{du}{dt} = F_t - (F_f + F_w + F_i) \geq 0$$

即
$$F_t \geqslant F_f + F_w + F_i \qquad (2\text{-}13)$$

式(2-13)称为汽车的驱动条件。

汽车的驱动力越大,加速能力越好,爬坡能力也越强。不过这个结论只在轮胎和路面间有足够大的驱动力时才能成立。在附着性能差的路面上,从发动机传来的大驱动力可能引起车轮在路面上急剧加速滑转,地面切向反作用力并不很大,动力性也未必进一步提高。由此可见,地面作用在驱动轮上的切向反力,受地面附着条件的限制,并不能随意增大。汽车行驶除满足驱动条件外,还要满足地面附着条件,汽车才能正常行驶。

地面对轮胎切向反作用力的极限值称为附着力 F_φ,在硬路面上它与驱动轮法向反作用力 F_Z 成正比,常写成
$$F_{X\max} = F_\varphi = \varphi F_Z$$

式中,φ 为附着系数,它是由路面和轮胎决定的。在良好、干燥的沥青、混凝土路面上,φ 为 $0.7 \sim 0.8$。

地面对驱动轮的切向反力不能大于附着力,即对于 4×2 型后轮驱动的汽车,行驶的附着条件为
$$F_{X2} \leqslant F_{\varphi 2}$$
$$\frac{T_t - T_f}{r} \leqslant \varphi F_{Z2}$$

或
$$F_t - F_f \leqslant \varphi F_{Z2}$$
$$F_t \leqslant \varphi F_{Z2} + f F_{Z2}$$

附着系数 φ 比滚动阻力系数 f 大很多,故可略去 f,上式可近似写为
$$F_t \leqslant \varphi F_{Z2} \qquad (2\text{-}14)$$

将式(2-13)和式(2-14)连起来写,得
$$F_f + F_w + F_i \leqslant F_t \leqslant \varphi F_{Z2} \qquad (2\text{-}15)$$

式(2-15)表示了汽车直线行驶的必要和充分条件,称为汽车行驶的驱动与附着条件。

汽车附着力的大小取决于地面作用于驱动轮的法向反作用力和附着系数。而驱动轮的地面法向反作用力与汽车轴荷分配、行驶工况和道路条件有关。因此,有必要研究汽车在不同行驶条件下作用于驱动轮的地面法向反作用力的变化情况。

图 2-11 为一横置发动机后轮驱动汽车加速上坡时的受力图,图中的坡度阻力和加速阻力都被认为作用在汽车的质心上,空气阻力则作用在汽车的风压中心上。

将作用在汽车上的诸力对前、后轮与路面接触面中心点分别取力矩,可得
$$F_{Z1} = \frac{Gb\cos\alpha - Gh_g\sin\alpha - mh_g\dfrac{du}{dt} - \Sigma T_j - F_w h_w - Gfr\cos\alpha}{L}$$

$$F_{Z2} = \frac{Ga\cos\alpha + Gh_g\sin\alpha + mh_g\dfrac{du}{dt} + \Sigma T_j + F_w h_w + Gfr\cos\alpha}{L}$$

式中，$\Sigma T_j = T_{j1} + T_{j2} + T_{je}$ 且当曲轴旋转与车轮旋转方向一致时 T_{je} 取 "+" 号。

从上式可以看出，前、后轮地面法向反作用力由两个部分构成。

(1) 静态轴荷的法向反作用力 即汽车重力分配到前、后轴的分量产生的地面法向反作用力。它们分别为

$$F_{Zs1} = \frac{Gb\cos\alpha - Gh_g\sin\alpha}{L}$$

$$F_{Zs2} = \frac{Ga\cos\alpha + Gh_g\sin\alpha}{L}$$

由上式可见，随着坡度的增加，前轮的法向反作用力减少，而后轮的法向反作用力增加。

(2) 动态分量 即在汽车行驶或加速过程中产生的滚动阻力、空气阻力和惯性力所造成的分配到前、后轮后产生的地面法向反作用力。它们分别为

$$F_{Zd1} = \frac{-mh_g\dfrac{du}{dt} - \Sigma T_j - F_w h_w - Gfr\cos\alpha}{L}$$

$$F_{Zd2} = \frac{mh_g\dfrac{du}{dt} + \Sigma T_j + F_w h_w + Gfr\cos\alpha}{L}$$

由上式可见，前轮地面法向反作用力的动态分量会使前轮的载荷减小，后轮地面法向反作用力的动态分量会使后轮的载荷增加。

因此，为了较好地利用地面法向反作用力来提高汽车的附着性能，商用汽车、高速跑车以及高档轿车均采用后轮驱动的形式。要进一步提高汽车的附着能力，需充分利用所有的地面法向反作用力，可采用四轮驱动的形式。应当指出，只有当汽车前、后轮驱动力的分配比值刚好等于其前、后轴地面法向反作用力的分配时，四轮驱动的汽车才能充分利用所有由地面法向反作用力产生的附着力。

例 2-1 一轿车的具体参数：总质量为 1600kg，空气阻力系数与迎风面积之积为 1.5m^2，发动机的最大转矩为 140N·m，各档的传动比为 3.85、2.13、1.33、1 和 0.86，主减速器的减速比为 4.08，传动效率为 0.9，车轮半径为 0.3m，滚动阻力系数为 0.013。当汽车用直接档以 70km/h 的速度匀速爬 4% 坡度时，求此时发动机的转速和输出转矩。

解：
$$F_t = F_f + F_w + F_i + F_j$$

匀速爬坡 $F_j = 0$。

上式可写为

$$\frac{T_{tq}i_g i_0 \eta_T}{r} = fG\cos\alpha + \frac{C_D A u_a^2}{21.15} + G\sin\alpha$$

$$i = 4\%, \quad \cos\alpha \approx 1, \quad \sin\alpha \approx i$$

$$T_{tq} = \left(fG + \frac{C_D A u_a^2}{21.15} + Gi\right)\frac{r}{i_g i_0 \eta_T}$$

$$T_{tq} = \frac{\left(0.013 \times 1600 \times 9.8 + \dfrac{1.5 \times 70^2}{21.15} + 1600 \times 9.8 \times 0.04\right) \times 0.3}{1 \times 4.08 \times 0.9} \text{N} \cdot \text{m}$$

$$= 1178.56 \times \frac{0.3}{3.672} \text{N} \cdot \text{m}$$

$$= 96.29 \text{N} \cdot \text{m}$$

由

$$u_a = 0.377 \frac{nr}{i_g i_0}$$

得

$$n = \frac{u_a i_g i_0}{0.377 r} = \frac{70 \times 1 \times 4.08}{0.377 \times 0.3} \text{r/min} = 2525 \text{r/min}$$

解得发动机此时的工作转速为 2525r/min，输出转矩为 96.29N·m。

第三节　动力性的评价方法——驱动力—行驶阻力平衡图

一、驱动力—行驶阻力平衡图

根据汽车行驶方程式

$$F_t = F_f + F_w + F_i + F_j$$

或

$$\frac{T_{tq} i_g i_0 \eta_T}{r} = fG\cos\alpha + \frac{C_D A u_a^2}{21.15} + G\sin\alpha + \delta m \frac{du}{dt}$$

当初步确定发动机的速度特性、变速器的传动比、主减速比、传动效率、车轮半径、空气阻力系数、汽车迎风面积以及汽车质量等后，便可利用此式分析在良好路面（混凝土、沥青路面）上的动力性指标，即确定汽车在节气门全开时可能达到的最高车速、加速能力和爬坡能力。

为了清晰而形象地表明汽车行驶时的受力情况及其平衡关系，一般是将汽车行驶方程式用图解法来进行分析的。

在 F_t—u_a 图上画出汽车各档的驱动力图（画法前面已有叙述），再将滚动阻力和空气阻力叠加，以同样坐标及比例尺画在同一图上，便得到该车的驱动力和行驶阻力平衡图（见图2-12）。从图2-12上可以清楚地看出不同车速时驱动力和行驶阻力之间的关系，十分方便地求解汽车动力性指标。

图 2-12 所示为某装有五档变速器客车的驱动力—行驶阻力平衡图。作该图时，认为汽车驱动力图是已知的。设汽车在良好的水平路

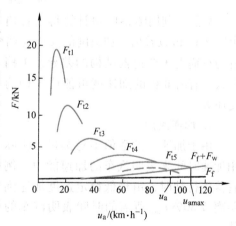

图 2-12　汽车驱动力和行驶阻力平衡图

面上行驶。F_f—u_a 曲线的形状，取决于滚动阻力系数 f 随 u_a 变化。由于汽车在一定道路上以较低速度行驶时，f 变化不大，故 F_f—u_a 在图上为平行于横坐标轴的一条直线；当车速较大后，f 增长较快，F_f—u_a 曲线略有上升。F_w—u_a 曲线，对于一定的车型（C_D、A 已知），在不同的速度下，可利用公式 $F_w = \dfrac{C_D A u_a^2}{21.15}$ 计算出不同车速对应的 F_w 值。在驱动力图上，先画出 F_f—u_a 曲线，再将 F_w—u_a 曲线叠加在 F_f—u_a 曲线的上方，就得到汽车的等速行驶阻力（F_f+F_w）—u_a 曲线。

利用该图可以求解汽车动力性评价主要指标。

（一）确定汽车的最高车速 u_{amax}

汽车以最高档行驶时的最高车速，可以直接在图上找到。显然，F_{t5} 曲线与 F_f+F_w 曲线的交点便是 u_{amax}。因为此时驱动力和行驶阻力相等，汽车处于稳定的平衡状态。图 2-12 中的最高车速为 110km/h。

从图 2-12 中还可以看出，当车速低于最高车速时，驱动力大于行驶阻力。这样，汽车就可以利用剩余的驱动力加速或爬坡或牵引挂车。当汽车需要以低于最高车速的速度等速行驶时，驾驶人可以关小节气门开度，此时发动机只用部分负荷特性工作，相应地得到虚线所示驱动力曲线，它将和行驶阻力达到新的平衡。

如果在最高档位发动机限制转速所对应的限制车速小于 u_{amax}，则驱动力曲线终止较早，此时驱动力曲线与等速行驶总阻力曲线不相交，$F_t > F_f + F_w$。这时的最高车速就是限制车速。

（二）确定汽车的加速能力

1. 汽车的加速度

汽车的加速能力可用它在水平良好路面上行驶时能产生的加速度来评价。由汽车行驶方程式得

$$\frac{\mathrm{d}u}{\mathrm{d}t} = \frac{g}{\delta G}\left[F_t - (F_f + F_w) \right]$$

显然，利用图 2-12 可计算得出各档节气门全开时的加速度曲线，如图 2-13 所示。由图 2-13 可以看出，加速度的大小与档位和行驶速度 u_a 有关。低档时的加速度最大，有的车辆由于变速器结构的差异，Ⅰ档 δ 值甚大，有时Ⅱ档的加速度可能比Ⅰ档的加速度还大。

2. 加速时间

由于加速度的数值不易测量，实际中常用加速时间来表明汽车的加速能力。例如用直接档行驶时，由最低稳定速度加速到一定距离或 80%u_{amax} 所需的时间表明汽车的加速能力。

根据加速度图可以进一步求得由某一车速 u_1 加速至另一较高车速 u_2 所需的时间。

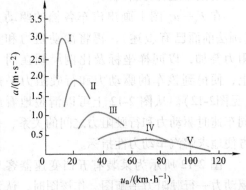

图 2-13　汽车加速度曲线

由运动学可知

$$dt = \frac{1}{a}du$$

$$t = \int_0^t dt = \int_{u_1}^{u_2} \frac{1}{a}du = A$$

即加速时间可用计算机进行积分计算或用图解积分法求出。用图解积分法，将加速度与车速曲线，即 a—u_a 曲线（见图 2-13）转换成 $\frac{1}{a}$—u_a 曲线（见图 2-14a）。曲线下两个速度区间的面积就是通过此速度区间的加速时间。例如求最高档的加速时间，常将速度区间分为若干间隔，通过确定面积 Δ_1、Δ_2、…来计算总加速时间（见图 2-14b）。

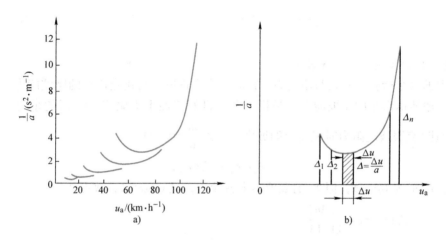

图 2-14　汽车加速度倒数曲线

$$t_1 = \frac{\Delta_1}{3.6ab}, \quad t_2 = \frac{\Delta_2}{3.6ab}, \quad t_3 = \frac{\Delta_3}{3.6ab}, \quad \cdots, \quad t_n = \frac{\Delta_n}{3.6ab}$$

从 u_1 到 u_2 的总加速时间　　　　$t = t_1 + t_2 + \cdots + t_n$

注：在坐标图上用 amm 表示 1km/h，用 bmm 表示 $1s^2/m$，（1km/h）×（$1s^2/m$）= $1s/3.6$。

同理可以求出自Ⅰ档开始连续换档加速至最高档的加速时间图。原地起步加速时间和换档时机的选择有关。加速过程中的换档时刻可根据各档的 $\frac{1}{a}$—u_a 曲线来确定。若Ⅰ档与Ⅱ档的加速度曲线有交点，为了获得最短加速时间，应在交点对应车速由Ⅰ档换入Ⅱ档。若Ⅰ档与Ⅱ档加速度曲线不相交，则应在Ⅰ档加速行驶至发动机转速达到最高转速时换入Ⅱ档，其他各档间的换档时刻也按此原则来确定。即由Ⅰ档起步、连续换档加速至最高档的加速时间为图 2-15 中阴影面积所对应的时间。至于换档过程所经历的时间，则常忽略不计。计算起步加速时间，一般忽略原地起步时的离合器打滑过程，即假设在最初时刻，汽车已具有起步档位的最低车速来计算。图 2-16 所示为某汽车Ⅱ档原地起步的换档加速时间曲线。

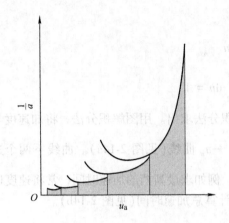

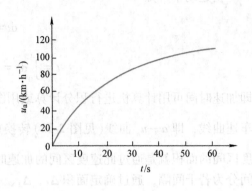

图 2-15 汽车加速度倒数曲线不相交的换档图　　图 2-16 汽车Ⅱ档原地起步的换档加速时间曲线

（三） 确定汽车的上坡能力

根据汽车行驶方程式与驱动力—行驶阻力平衡图，可确定汽车的爬坡能力。

一般所谓汽车的爬坡能力，是指汽车在良好路面上克服 F_f+F_w 后的余力全部用来（即等速）克服坡度阻力时能爬上的坡度，所以 $\dfrac{du}{dt}=0$。且

$$F_i=F_t-(F_f+F_w)$$

式中，F_f 应为 $Gf\cos\alpha$，但 F_f 的数值本来就较小，且 $\cos\alpha\approx1$，故可认为

$$F_f+F_w=Gf+\frac{C_DAu_a^2}{21.15}$$

由上式得

$$\alpha=\arcsin\frac{F_t-(F_f+F_w)}{G}$$

利用图 2-12 即求出汽车能爬上的坡道角，相应地根据 $\tan\alpha=i$ 可求出坡度值，图 2-17为爬坡度曲线。其中，汽车最大爬坡度 i_{max} 为Ⅰ档时的最大爬坡度。最高档最大爬坡度也应引起注意，因为汽车经常是以最高档行驶的，如果该档的最大爬坡能力过小，迫使汽车在

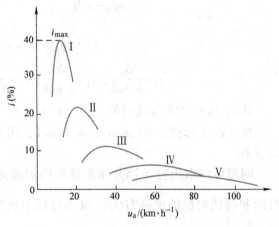

图 2-17 汽车爬坡度曲线

遇到稍大的阻力时经常换档，这样就影响了行驶的平均车速。

二、动力特性图

利用汽车的驱动力—行驶阻力平衡图，可以确定一辆汽车的最高车速、加速能力和上坡能力，可以评价同一类型汽车的动力性。但它不便于评价不同类型汽车的动力性。因为车的道路阻力和加速阻力均与汽车重力成正比，空气阻力则与汽车外形等因素有

关，所以不能单纯根据汽车驱动力的大小，简单地判定汽车的动力性。

因此，需要有一个既考虑驱动力又包括汽车重力和空气阻力的综合性参数。这个参数为动力因数。

将汽车行驶方程

$$F_t = F_f + F_w + F_i + F_j$$

两边除以汽车重力并整理如下

$$\frac{F_t - F_w}{G} = \psi + \frac{\delta}{g}\frac{du}{dt}$$

令 $\dfrac{F_t - F_w}{G}$ 为汽车的动力因数并以符号 D 表示，则

$$D = \psi + \frac{\delta}{g}\frac{du}{dt} \tag{2-16}$$

由式(2-16)可知，无论汽车的重量等参数有什么不同，只要有相等的动力因数，便能克服同样的道路阻力和坡度阻力，同时拥有同样的加速能力，因此把动力因数作为表征汽车动力特性的指标比较合理。同时利用动力因数及其特性图来分析汽车的动力性能不仅有其全面性，而且也较简便。因此在评定汽车动力性能时得到广泛使用。

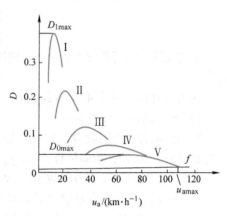

图 2-18　汽车动力特性图

汽车的动力特性图是指在各档下的动力因数与车速的关系曲线(见图 2-18)。将汽车滚动阻力系数 f 随车速 u_a 变化关系曲线，以同样比例尺画在动力特性图上，就可以方便地求解汽车动力性评价指标。

1. 汽车最高车速的确定

由于汽车的最高车速是汽车在良好水平路面上，满载等速行驶达到的最高车速，这时 $\psi = f$，$\dfrac{du}{dt} = 0$。将其代入式(2-16)得

$$D = f$$

因此，D—u_a 曲线与 f—u_a 曲线交点所对应的车速，就是汽车的最高车速。

2. 汽车加速能力的确定

评定汽车加速能力，是汽车在良好水平路面条件下进行加速，这时 $i = 0$，则式(2-16)为

$$D = f + \frac{\delta}{g}\frac{du}{dt}$$

则

$$\frac{du}{dt} = \frac{g}{\delta}(D - f)$$

因此，$D—u_a$ 曲线与 $f—u_a$ 曲线间距离之 $\dfrac{g}{\delta}$ 倍就是汽车各档的加速度。

3. 汽车爬坡能力的确定

汽车的上坡能力用汽车在良好路面上等速行驶的最大爬坡度评价，此时，$\dfrac{du}{dt}=0$，
则式（2-16）为

$$D=\psi=f\cos\alpha+\sin\alpha=f\sqrt{1-\sin^2\alpha}+\sin\alpha$$

解此方程得

$$\alpha=\arcsin\frac{D-f\sqrt{1-D^2+f^2}}{1+f^2}$$

然后按 $\tan\alpha=i$，可求出坡度值。若将 I 档最大动力因数 D_{1max} 和滚动阻力系数 f 代入上式，就可直接求出最大爬坡度 i_{max}。

如果只是粗略估算汽车上坡能力，则可认为 $\cos\alpha\approx1$ 和 $\sin\alpha\approx\tan\alpha=i$，有

$$D=\psi\approx f+i$$

即

$$i\approx D-f$$

也就是说动力特性图上，$D—u_a$ 曲线与 $f—u_a$ 曲线间的距离粗略地表示了汽车的上坡能力。

动力特性图上几个重要参数如下：

1）水平路面上最高车速 u_{amax}。

2）I 档最大动力因数 D_{1max} 代表了最大的上坡能力。例如：如果 $D_{1max}=0.32$，好路上低速行驶时取 $f\approx0.02$，粗略估算，$i=D_{1max}-f=0.3$，则可得最大爬坡能力 $i_{max}\approx30\%$。

3）最高档的最大动力因数 D_{0max} 也能说明汽车以最高档行驶时上坡和加速能力。

4）为了使汽车拥有足够的后备功率，对大中型载货汽车在第一档时，应保证其动力因数 $D_{1max}=0.32\sim0.40$，使之能克服较大的坡度阻力。当用直接档时，其动力因数 D_{0max} 应为 $0.05\sim0.06$，而用超速档时动力因数应为 $0.03\sim0.035$，以免经常换档，降低高档的利用率，反而使经济性下降。各类汽车的 I 档和直接档最大动力因数见表 2-4。

表 2-4　各类汽车的 I 档和直接档最大动力因数

汽车类型			I 档最大动力因数	直接档最大动力因数
货车总质量 m_a/t	微　型	<2	0.30~0.40	0.10~0.14
	轻　型	2~4	0.30~0.40	0.06~0.10
	中　型	6~14	0.30~0.35	0.04~0.06
	重　型	>14	0.30~0.35	0.04~0.06
客车总质量 m_a/t	小　型	<4	0.20~0.35	0.05~0.08
	中大型	4~18	0.20~0.35	0.04~0.06
	铰接式	>18	0.12~0.15	0.03~0.04
轿车发动机排量/L	微　型	<1	0.30~0.40	0.07~0.10
	轻　型	1~2	0.30~0.45	0.08~0.12
	中　级	2~4	0.30~0.50	0.10~0.15
	高　级	>4	0.30~0.50	0.14~0.20

例 2-2 *汽车在空车、满载时动力性有无变化？为什么？*

解： 空车、满载时汽车的动力性有变化。

动力因数为一个既考虑驱动力又包括汽车重力和空气阻力的综合性参数。

动力因数

$$D = \frac{F_t - F_w}{G}$$

空车、满载时汽车驱动力和空气阻力无变化，但汽车重量增加，动力因数减小，动力性变差。

第四节 汽车的功率平衡

汽车行驶与其他物体的运动一样，不仅作用在汽车上的外力存在着平衡关系，同时也遵循能量守恒定律。就是说，在汽车行驶的每一瞬间，发动机发出的功率始终等于机械传动损失功率与全部运动阻力所消耗的功率之和。

将汽车行驶方程式两边乘以行驶车速 u_a，并经单位换算整理出汽车功率平衡方程式

$$P_e = \frac{1}{\eta_T}\left(\frac{Gfu_a}{3600} + \frac{C_D A u_a^3}{76140} + \frac{Giu_a}{3600} + \frac{\delta m u_a}{3600}\frac{du}{dt}\right) \tag{2-17}$$

或

$$P_e = \frac{1}{\eta_T}(P_f + P_w + P_i + P_j)$$

式中，P_e 为发动机输出的有效功率；η_T 为传动系统传动效率；P_f 为克服滚动阻力所消耗的功率；P_w 为克服空气阻力所消耗的功率；P_i 为克服坡度阻力所消耗的功率；P_j 为克服加速阻力所消耗的功率。该式称为汽车的功率平衡方程式。

与力的平衡处理方式相同，功率平衡方程式可用图解法表示。在以汽车行驶速度为横坐标，以功率为纵坐标的坐标系内，将发动机功率 P_e 及汽车在平直良好路面上等速行驶所遇到的阻力功率 $\frac{P_f + P_w}{\eta_T}$ 与车速的关系曲线绘出，即得汽车功率平衡图。图 2-19 所示为某汽车的功率平衡图。

发动机功率与行驶车速的关系曲线 P_e—u_a，可根据发动机外特性及公式 $u_a = 0.377 rn/i_g i_0$，将发动机转速转换成车速绘得。可见对应于汽车变速器的每一个档位，

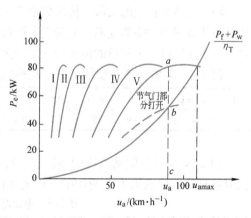

图 2-19 汽车功率平衡图

都可绘出一条发动机功率 P_e-u_a 曲线。变速器有几个档位，便有几条发动机功率曲线。在不同档位下，各条曲线的起始点、终点及峰值的发动机功率 P_e 是一致的，但各档发动机功率曲线所对应的车速位置不同，低档时车速低，所占速度变化区域窄；高档时车速高，所占变化区域宽。

P_f-u_a 曲线在低速范围内为一斜直线，在高速时由于滚动阻力系数 f 随车速 u_a 而增大，所以 P_f 随 u_a 以较快的速率加大；P_w 则是车速 u_a 的三次函数。二者叠加后，得到阻力功率曲线 $\dfrac{P_f+P_w}{\eta_T}$-u_a。它是一条斜率越来越大的曲线。高速行驶时，汽车主要克服空气阻力。对轿车来说，当车速达到 100km/h 时，空气阻力约占总阻力的 70%。

图 2-19 中发动机在 V 档的功率曲线与阻力功率曲线相交点处对应的车速便是在良好水平路面上汽车的最高车速 u_{amax}。

如果需要汽车以低于最高车速的速度 u_a 等速行驶时，驾驶人应减小节气门的开度，发动机以部分负荷速度特性工作，其功率曲线如图中虚线所示，以维持汽车等速行驶。

对应于某一车速 u_a 下的 $P_e-\dfrac{1}{\eta_T}(P_f+P_w)$ 称为汽车的后备功率。相当于图 2-19 中 P_e 与 $\dfrac{1}{\eta_T}(P_f+P_w)$ 两曲线间的距离 $\overline{ab}$，可用来加速或爬坡。在一般情况下维持汽车等速行驶所需的发动机功率并不大，发动机节气门开度较小。当需要爬坡或加速时，驾驶人加大节气门开度，使汽车的全部或部分后备功率发挥作用。因此，汽车的后备功率越大，汽车的动力性越好。利用后备功率也可具体地确定汽车的爬坡能力或加速度。

利用汽车的功率平衡定性地分析设计与使用中汽车的有关动力性问题较为清晰和简便；另外，从汽车的功率平衡图中可以清楚地看出汽车行驶时发动机负荷率的变化，这对于以后进行汽车的燃油经济性分析也是有用的。

第五节　电动汽车的动力性计算

随着经济和社会的发展，传统燃油汽车在给人类生活带来极大便利的同时，也带来了严重的环境污染和能源危机，电动汽车被看成是能够解决环保与节能两大问题的重要途径之一。下面通过一个简单的纯电动汽车的例子来说明纯电动汽车的动力性计算方法。

例 2-3　某电动轿车使用的电动机性能如下：

转速/(r·min⁻¹)	0	1000	2000	3000	3600	4000	5000	6000	7000	8000	9000
转矩/(N·m)	150	150	150	150	150	135.0	108.0	90.0	77.2	67.5	60.0

图 2-20 所示为驱动电机的外特性，可见驱动电机在低转速区可获得恒定最大转矩，同时在高转速区获得恒定的功率。该电动轿车整车的基本参数见表 2-5。

表 2-5　电动轿车整车的基本参数

参数	数值	参数	数值
整车满载总质量/kg	1650	旋转质量换算系数 δ	1.05
迎风面积 A/m2	1.955	电动机及其控制器效率 η_{mc}	0.90
空气阻力系数 C_D	0.29	主减速比 i_0	4.266
滚动阻力系数 f	0.015	变速器速比 i_g	1.842
车轮滚动半径 r/m	0.283	蓄电池组总能量 E_B/(kW·h)	40
传动系统总效率 η_T	0.92	蓄电池的平均放电效率 η_q	0.95

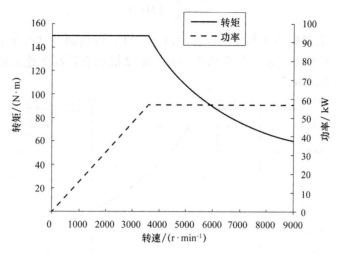

图 2-20 驱动电机的外特性

要求：

1）绘制驱动力—行驶阻力平衡图。

2）计算最高车速、最大爬坡度和 0~50km/h 的加速时间。

3）计算充满电后，按照 60km/h 匀速行驶的续驶里程（按照蓄电池组总能量放出的 70% 计算）。

解： 与前面讨论的汽车动力性计算不同的是电动机特性，其他方面计算相同。驱动力为

$$F_t = \frac{T_m i_g i_o \eta_T}{r} = \frac{T_m \times 1.842 \times 4.266 \times 0.92}{0.283} = 25.545 T_m$$

行驶速度

$$U_a = 0.377 \frac{n_m r}{i_g i_m} = 0.377 \frac{n_m \times 0.283}{1.842 \times 4.266} \times 0.01358 n_m$$

式中，u_a 为车速（km/h）；n_m 为电动机转速（r/min）。

行驶阻力计算如下：

滚动阻力

$$F_f = Gf = 1650 \text{kg} \times 9.8 \text{N/kg} \times 0.015 = 242.55 \text{N}$$

空气阻力

$$F_w = \frac{C_D A u_a^2}{21.15} = \frac{0.29 \times 1.955 u_a^2}{21.15} = 0.0268 u_a^2$$

动力因数

$$D = \frac{F_t - F_w}{G} = \frac{25.545 T_m - 0.0268 u_a^2}{1650 \times 9.8} = 1.580 \times 10^{-3} T_m - 1.657 \times 10^{-6} u_a^2$$

爬坡度

$$i = \tan \left[\arcsin \left(\frac{D - f\sqrt{1 + f^2 - D^2}}{1 + f^2} \right) \right]$$

加速度
$$\frac{du_a}{dt} = \frac{g}{\delta}(D-f)$$

1）驱动力—行驶阻力平衡图。同普通汽车一样，可绘制电动汽车的驱动力—行驶阻力平衡图，如图 2-21 所示。与发动机一样，电动机也有最高车速的限制，得到汽车的最高车速为 122km/h。

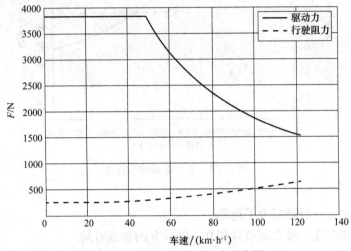

图 2-21　驱动力-行驶阻力平衡图

2）最大爬坡度。爬坡度曲线如图 2-22 所示，在 20km/h 下的最大爬坡度为 22.7%。

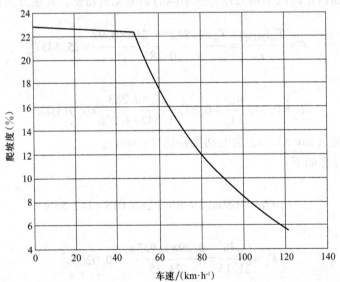

图 2-22　爬坡度曲线

3）加速时间计算。加速度曲线如图 2-23 所示，加速度倒数曲线如图 2-24 所示，加速时间曲线如图 2-25 所示。加速性能如下：0~50km/h 为 6.88s；0~80km/h 为 12.70s；0~100km/h 为 18.72s。

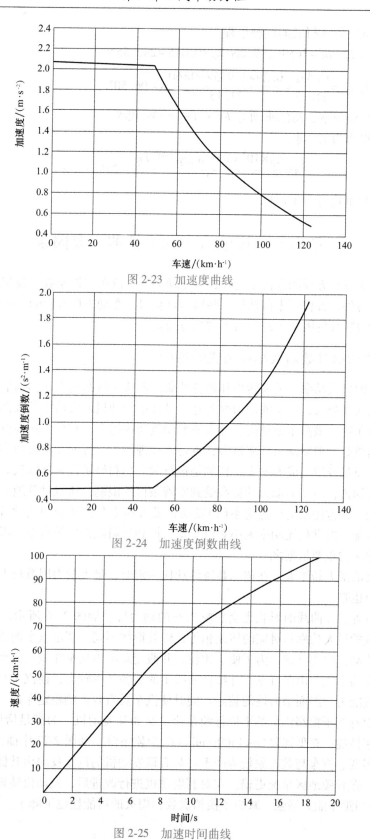

图 2-23　加速度曲线

图 2-24　加速度倒数曲线

图 2-25　加速时间曲线

4）60km/h 匀速行驶的续驶里程

滚动阻力 $F_f = Gf = 1650kg \times 9.8N/kg \times 0.015 = 242.55N$

空气阻力 $F_w = \dfrac{C_D A u_a^2}{21.15} = \dfrac{0.29 \times 1.955 \times 60 \times 60}{21.15}N = 96.50N$

匀速行驶情况下，总的驱动力 $F = F_f + F_w = 339.05N$

设续驶里程为 s，则

$$s = \frac{E_B \times 10^3 \times 3600 \eta_{mc} \eta_T \times 0.7 \eta_q}{F} = 266.85km$$

所以续驶里程为 233.85km。

第六节　影响汽车动力性的主要因素

从对汽车行驶方程的分析中得知，汽车动力性与汽车结构参数、载荷以及道路条件密切相关。另外，方程所未包括的一些因素也会对汽车动力性有影响。在此，将决定和影响汽车动力特性的因素大致分为下列几方面。

一、发动机参数对汽车动力性的影响

发动机的最大功率、最大转矩和外特性曲线形状对汽车动力性影响最大。

发动机功率越大，汽车的动力性越好。设计中发动机最大功率的选择必须保证汽车预期的最高车速。最高车速越高，要求的发动机功率越大，其后备功率也大，加速和爬坡能力必然较好。但发动机功率过大，也是不合理的，一方面发动机功率过大会导致发动机尺寸、质量及制造成本增大，特别是运行时的燃料经济性显著降低。另一方面，从前面的分析知道，汽车驱动力的提高受到附着条件的限制，所以过分地增大发动机功率也是无益的。通常用发动机比功率（即发动机最大功率与汽车总重力之比）衡量汽车发动机功率匹配。发动机比功率大小对汽车动力性和燃料经济性等有很大影响，是选择汽车发动机功率的重要依据之一。

发动机的最大转矩大，在传动系统传动比一定时，最大动力因数较大，汽车的加速和上坡能力也强。

发动机外特性曲线的形状也会影响汽车的动力性。如图 2-26 所示，两台发动机的外特性曲线的最大功率和对应的转速相等，但其形状不同。假定汽车的总质量、空气动力特性、传动比均为已知，为了便于比较，并假定总阻力功率曲线与两台发动机功率曲线交于最大功率点，由图可见，外特性曲线 1 的后备功率较大，使汽车具有较大的加速能力和上坡能力，因而动力性能较好。同时使汽车具有较低的稳定车速，换档次数可以减少，因而有利于提高汽车的平均行驶车速。又如某发动机，为满足增压与排放要求，牺牲了低速性能，在低速段（$n < 1500r/min$）T_{eq} 急剧下降，如图 2-27 中曲线 1。由于我国道路条件多变、汽车超载现象较为严重。装有该发动机的汽车反映出其低速加速、爬坡性能较差，在丘陵地区情况更糟。在对其发动机进行改进后，发动机转矩曲线变为曲线 2，汽车各档跟车能力增强、减少了换档次数，熄火的可能性也下降了。

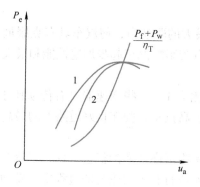

图 2-26　发动机外特性不同时
的汽车功率平衡图

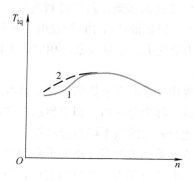

图 2-27　发动机的转矩曲线

二、传动系统参数对汽车动力性的影响

1. 传动效率 η_T

传动损失功率可表示为 $P_t = P_e - P_e \eta_T$，可见传动效率越高，传动损失功率越小，发动机有效功率将更多地转变为驱动力，汽车动力性越好。目前可采用提高加工精度、在润滑油中加入减磨添加剂和选用黏度适当且受温度影响小的润滑油等措施，以提高传动效率。

2. 主减速器传动比

变速器处于直接档时，主减速器传动比将直接影响汽车动力性。对于变速器无超速档的汽车，主减速器传动比将决定汽车最高车速和汽车在良好路面上克服行驶阻力的能力。

图 2-28 表示其他条件相同而主减速器传动比不同时的功率平衡图，其中 $i_0' > i_0'' > i_0'''$。分析该功率平衡图可知，当汽车以最高车速行驶消耗的功率等于发动机的最大功率时，即采用 i_0'' 的汽车可以得到最大的最高车速。当其他条件不变时，无论使主减速器传动比增大或减小，都使汽车行驶的最高车速降低。在这些情况下，$(P_f +$

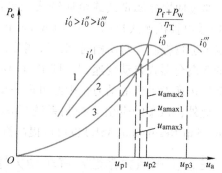

图 2-28　主减速器传动比不同时的功率平衡图

$P_w)/\eta_T$—u_a 曲线与发动机外特性曲线不能相交于发动机输出最大功率处，最大功率不能利用来提高汽车车速。

由图 2-28 还可看出，采用 i_0'' 汽车的后备功率大于 i_0' 或 i_0''' 的汽车，表明 i_0'' 汽车具有更好的加速性和爬坡能力。三者中采用 i_0''' 的汽车无论最高车速还是后备功率均为最小，动力性严重恶化。可见，一般情况下，提高主传动比 i_0，可改善汽车的动力性，但 i_0 过大，使传动系统速比与发动机外特性匹配失调，反而将导致动力性的下降。因此，综合考虑主减速器对汽车动力性影响时，选择主减速器传动比接近 i_0'' 或稍大些。

3. 变速器传动比及档数对汽车动力性的影响

汽车以最低档（Ⅰ档）行驶时，必须保证具有最大的驱动力，使汽车具有克服最大行驶阻力的能力。如其他条件相同，Ⅰ档的传动比直接影响汽车起步加速性能和最大爬坡能力。

现代大多数汽车仍然保持变速器的最小传动比为1，一些变速器设有传动比小于1的档位，称为超速档，利用超速档的目的主要是提高汽车行驶在良好道路上的最高车速和高速行驶时的汽车燃料经济性。

变速器档数增多，增加了发动机发挥最大功率附近高功率的机会，提高了汽车的加速能力和爬坡能力。档位的增加，使得汽车在加速或行驶阻力改变的过程中，发动机的转速和功率就在接近于最大功率的较狭小范围内改变着，因而就可以提高汽车的动力性，因此无级变速可使发动机后备功率利用程度最高，加速性和爬坡能力也相应提高。

由液力变矩器和行星齿轮变速器组成的液压式自动变速器，由于机械式变速器的传动比 i_g 仅可取几个有限的档位，所以液力变矩器和机械变速器联合工作时（总速比为二者速比的乘积），只能在一定档位之间实现自动无级变速。当阻力变化过大时，还需通过驾驶人操作或电控手段换档以实现功率平衡。自动变速器的其他优点：无需切断发动机动力就可以进行变速，不会错档，操作轻便，安全性高；低速时驱动力大，坡道起步能力强，最大爬坡能力大；发动机转矩传递平稳，起步冲击小，可缓和动力传动系统的振动。它的缺点是最高车速略有下降，燃油消耗率也有所上升，购车成本较大。目前高级轿车较多采用，并有向中级轿车上推广的趋势。

4. 使用先进的自动变速器

通过使用金属带式或金属链式无级自动变速器（Continuously Variable Transmission，CVT）或电控机械式自动变速器（Automated Mechanical Transmission，AMT）对发动机的运行状态进行控制，对换档时刻进行调节，从而提高汽车的动力性。特别是使用近年来出现的双离合器式自动变速器，即DCT（Dual Clutch Transmission）。它能在换档过程中不间断地传递发动机的动力，因此可进一步提高汽车的动力性。

此外，汽车的牵引力控制系统（Traction Control System，TCS），或称防滑调节系统（Anti-Slip Regulation，ASR）也可以提高汽车的动力性能。

三、空气阻力系数对汽车动力性的影响

空气阻力系数 C_D、迎风面积 A 及车速决定着汽车空气阻力的大小。空气阻力在汽车低速行驶时，对汽车动力性影响较小；而在汽车高速行驶时，空气阻力和车速平方成正比，因而其在汽车行驶阻力总值中占很大比例，对汽车动力性影响较大。因此改善汽车流线形状，减少空气阻力，对高速行驶汽车提高动力性是非常必要的。

四、汽车质量对汽车动力性的影响

汽车质量对汽车动力性影响很大，因除空气阻力外，其他行驶阻力都与汽车总重力成正比。其他条件相同，动力因数与汽车总重力成反比。因此，随汽车总重力的增加（汽车使用中装载变化很大，常出现这种现象），其动力性变差，汽车行驶的平均速度显

著下降。如果能减轻汽车的自重，可成比例地减小汽车行驶的滚动阻力、上坡阻力和加速阻力，使汽车动力性得到改善，且使其燃料经济性变好。

五、轮胎尺寸与形式对汽车动力性的影响

汽车的驱动力与滚动阻力以及附着力都受轮胎的尺寸与形式的影响，故轮胎的选用对汽车的动力性影响较大。

当其他条件相同时，驱动力与轮胎半径成反比，而汽车的行驶速度与轮胎半径成正比。这就是说，轮胎半径对与动力性有关的驱动力和车速是矛盾的。现在，良好路面上行驶的汽车，轮胎尺寸有减小的趋势。首先，汽车在良好的路面上行驶时，附着力较大，允许用小直径的轮胎，可得到较大的驱动力。车速的提高可以用减小主减速器传动比来解决。轮胎尺寸和主减速器传动比减小，使汽车重心高度降低，从而提高了汽车行驶稳定性，为汽车高速化提供了有利条件。软路面上行驶的汽车，车速不高，要求轮胎半径大一些，主要是为了增加轮胎与路面间的附着系数。

轮胎形式、花纹和气压对汽车动力性也有影响。为提高汽车动力性应尽量减少汽车轮胎的滚动阻力，同时增加道路与轮胎间的附着力。根据这一原则，硬路面上行驶的汽车，用子午线胎，小而浅的花纹，较高的轮胎气压，这对提高汽车的动力性有一定作用；在软路面上行驶的汽车用大而深的花纹、较低的轮胎气压，这对提高汽车动力性和通过性有良好的作用。

六、使用因素对汽车动力性的影响

使用因素时刻影响汽车动力性。一辆本来具有良好动力性的汽车，若使用、保养和调整不当，发动机发不出应有的功率，底盘部分机械传动阻力也会很大，其动力性就不能充分发挥出来。使用因素对汽车动力性影响的主要方面有发动机技术状况、汽车底盘技术状况、驾驶技术和汽车行驶条件等。

发动机的技术状况是保证汽车动力性的关键。需要正确维护和调整的有混合气的浓度、点火时间、润滑油的选择和更换、冷却液的温度和气门间隙等。只有保持发动机应有的输出功率和转矩，才能保证汽车的动力性不下降。

汽车底盘的技术状况直接影响传动系统的机械效率。传动系各部轴承紧度、制动器、离合器和前轮定位角等调整不当，润滑油品种、质量、数量和温度不当，都会增加传动系统的功率损失，使机械效率下降，影响汽车动力性的正常发挥。

使用条件主要指道路条件、气候条件及海拔高度等。道路的附着系数大、滚动阻力系数小、弯道少，汽车的动力性就好。如汽车行驶在坏路和无路的条件下，由于路面与轮胎间的附着系数减小、滚动阻力增加，因而使汽车动力性变坏。另外，风、雨、雪、高温、严寒等气候条件均不利于汽车的动力性。在高原地区行驶的汽车，由于海拔高，气压低，使发动机充气量下降。从而导致发动机有效功率下降。试验证明：在海拔 4000m 的高原地区，发动机功率比原来降低 40%~45%。提高驾驶技术，有利于发挥汽车的动力性。如加速时能适时迅速地换档，可减少加速时间。换档熟练、合理冲坡，有助于提高汽车的爬坡能力。

第七节 汽车动力性试验

汽车的性能试验在汽车技术中占有极重要的位置。不但即将投产的汽车需要做鉴定试验，考验汽车的各种使用性能是否达到设计要求，改装和修理后的汽车也要进行试验，检验能否符合使用要求。为了比较不同类型、不同厂家的汽车性能，有时还要做对比试验。因此，汽车性能试验对汽车的研究、设计、制造及使用管理都有重要的意义。

汽车动力性试验包含动力性评价指标和驱动力、行驶阻力及附着力的测量。动力性试验可在道路或室内进行。路上试验主要是测定最高车速、加速能力、最大爬坡度等评价指标和滚动阻力系数。在室内可测量汽车的驱动力和各种阻力。

一、道路试验

一般而言，路上试验应在混凝土或沥青路面的直线路段上进行。路面要求平整、干燥、清洁，纵向坡度在 0.1% 之内。试验时应是无雨无雾天气，相对湿度小于 95%，气温应在 0~40℃ 之间，风速不大于 2m/s。测试汽车应处于良好的技术状况，且汽车的载荷为满载。轮胎充气压力符合汽车技术条件的规定，误差不超过 10kPa。测量仪器为五轮仪或相应的车速、行程记录装置，精度不低于 0.5%。

1. 测定汽车的最高速度

在符合试验条件的道路上，设置 200m 长的测量路段，并在两端选定充足的加速区间，使汽车在到达测量路段以前，在最高档已达到稳定的最高车速 u_{amax}，此时节气门全开。测定汽车以最高速度等速行驶通过 200m 路段所需的时间，便可算出 u_{amax} 值。测定时间可采用秒表或光电测时仪。试验往返进行，并尽量使用道路的相同路径，取各次测得的最高速度的平均值作为汽车的最高速度。

2. 汽车的加速性能试验

在试验道路上，选取合适长度的路段，作为加速性能试验路段，在两端各放置标杆作为记号。

原地起步加速性能试验：一般轿车为 Ⅰ 档，货车为 Ⅱ 档。汽车停于试验路段之一端，变速器置入该车的起步档位，迅速起步并将加速踏板快速踩到底，使汽车尽快加速行驶。当发动机达到最大功率时，力求迅速无声地换档，换档后立即将节气门全开，直至最高档最高车速的 80% 以上，对于轿车应加速到 100km/h 以上。

最高档和次高档加速性能试验：汽车在变速器预定档位，以预定的车速（从稍高于该档最低稳定车速起，选 5 的整数倍之速度如 20、25、30、35、40km/h）等速行驶，用五轮仪监测初速度，当车速稳定后（偏差 ±1km/h），驶入试验路段，迅速将加速踏板踩到底，使汽车加速行驶至该档最大车速的 80% 以上，对于轿车应加速到 100km/h 以上。

用五轮仪测定汽车加速行驶的全过程，往返各进行一次，往返试验的路段应重合。

加速性能试验测得的数据，经处理后绘出相应的加速曲线，即速度—时间或速度—行程曲线。根据这些曲线可以评定汽车的加速性能。

3. 汽车爬坡能力试验

为了测定汽车的最大爬坡度，应有一系列不同坡度的坡道，其长度应大于汽车长度的2~3倍。试验时汽车使用传动系统最低档，以临界车速驶至坡前，随即迅速将节气门全开，直至试验终了。这样汽车满载所能通过的最陡坡道，便是汽车的最大爬坡度。如果没有合适坡度的道路，则可采用增、减载荷和变换档位的办法进行试验，然后按下式折算出最大爬坡度

$$\alpha_{max} = \arcsin\left(\frac{G_a i_{gI}}{G\,i_{ga}}\sin\alpha_a\right)$$

式中，α_{max} 为折算出的最大爬坡度；α_a 为试验时的实际爬坡度；G 为额定载荷时的汽车总重力(N)；G_a 为试验时的汽车总重力(N)；i_{gI} 为变速器头档传动比；i_{ga} 为试验时变速器所用档位传动比。

4. 滑行试验

所谓滑行是指汽车以某一稳定行驶车速为初速度，脱档利用其动能继续行驶直至停车的过程。滑行试验中，通常测定汽车的滑行距离与滑行阻力。

滑行试验方法为在长约1000m的试验路段两端立上标杆作为滑行区段，汽车驶入滑行区段前，驾驶人将变速器置于空档(松开离合器踏板)，汽车开始滑行。当汽车的车速为50km/h时(汽车应进入滑行区段)，用五轮仪进行记录，直至汽车完全停止为止。滑行过程中驾驶人不得转动转向盘。记录滑行初速度(应为50km/h±0.3km/h)和滑行距离。试验至少往返各滑行一次，往返试验的路段应重合。显然，滑行时汽车的滚动阻力与空气阻力之和为

$$F_f + F_w = \delta_c m\,\frac{du}{dt} - \frac{T_r}{r}$$

式中，δ_c 为滑行时的汽车旋转质量换算系数；T_r 为滑行时传动系统加于驱动轮的摩擦阻力矩与从动轮的摩擦阻力矩之和，一般忽略不计。

滑行时汽车的运动只决定于 $F_f + F_w$ 和汽车的质量参数，因此可以根据滑行中的减速度、滑行时间、滑行距离等求得汽车行驶阻力。

二、室内试验

室内的动力性试验主要包括驱动力的测量、传动系统机械效率、轮胎滚动阻力系数及汽车空气阻力系数的测量等。

1. 汽车测功器

汽车的驱动力由汽车测功器来测量。图2-29所示为一种单鼓式的汽车测功器，常被称为转鼓试验台。汽车的两个驱动轮放在两个转鼓上，驱动

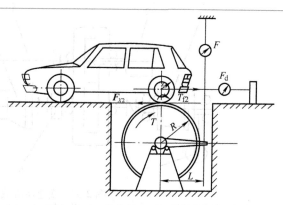

图2-29 汽车测功器——转鼓试验台

轮的中心应与转鼓的中心在同一垂直平面内。转鼓轴端装有液力或电力测功器。当驱动轮转动时，转鼓以与驱动轮成比例的转速转动，汽车的行驶速度即可根据转鼓的转速测定。测功器能产生不同的阻力矩以调节试验中转鼓的转速，也就是调节了试验汽车的车速。由测功器测出作用于转鼓的力矩 T 值。汽车后部用钢索或拉杆固定在支柱上，并串联一个拉力计，以测定汽车的挂钩牵引力 F_d。为了固定汽车，应有钢丝绳拉住试验汽车。从装在钢丝绳中的拉力表可读出汽车的挂钩拉力 F_d。根据测功器测出的力矩 T、拉力计读数 F_d 及 r、R 便可计算出驱动力 F_t 值。

显然

$$T = FL, \quad F_d = F_{X2}$$

式中，F 为拉力表测出的、作用于测功器外壳长臂上的拉力；L 为测功器外壳长臂的长度。

根据汽车驱动轮和转鼓的力矩平衡，有

$$T_t = F_{X2}r + T_{f2}$$
$$T = F_{X2}R - T_{f2}$$

由此可得驱动轮上的驱动力矩 T_t 为

$$T_t = F_{X2}r + F_{X2}R - T$$
$$= F_d(r+R) - FL$$

故汽车的驱动力为

$$F_t = \frac{T_t}{r} = \frac{F_d(r+R) - FL}{r}$$

在各个档位、各种车速下测得的节气门全开时的 F_d 与 F 值，即能得表征汽车动力性的驱动力图。

现代多采用电力测功器，利用电子调节装置调节汽车负荷，以模拟加速过程的全部阻力，包括滚动阻力、空气阻力和加速阻力，实现用汽车测功器测试汽车加速性。利用汽车测功器不仅能进行汽车动力性的试验，还能做汽车燃油经济性及排气污染等多种试验。汽车测功器已成为用途广泛的、基本的汽车试验设备。

2. 变速器机械效率试验台

变速器机械效率试验台的原理如图 2-30 所示。两个被测变速器 4 和齿轮箱 5 及传

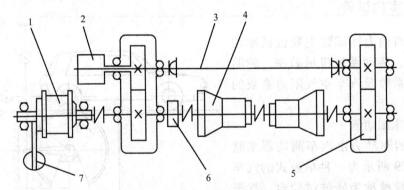

图 2-30 变速器机械效率试验台

1—电力测功机 2—液压马达 3—传动轴 4—变速器 5—齿轮箱 6—传感器 7—力平衡臂

动轴 3 构成封闭驱动系统。由液压马达 2 向系统加载,在转矩传感器 6 上测出变速器输入轴转矩 T。由电力测功器 1 提供的转矩为 T_1。作为对比,把变速器拆下,换上一根传动轴,这时电力测功器提供的转矩为 T_2。$(T_1 - T_2)$ 即为两个变速器克服传动损失所需转矩,由此可求得效率为

$$\eta_T = \sqrt{\frac{T - (T_1 - T_2)}{T}}$$

3. 轮胎试验台

在轮胎试验台上可以测量轮胎的滚动阻力系数。图 2-31 所示为一种转鼓轮胎试验台。由电力测功机驱动的试验轮胎放在转鼓上,轮胎加载垂直载荷 W,转鼓轴连接着作为制动装置的测功器。试验中测出驱动轮胎的转矩 T_d,则滚动阻力系数 f 为

$$f = \frac{T_t R - T_d}{W R r}$$

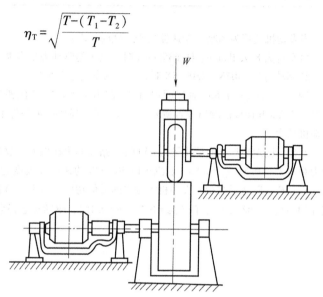

图 2-31 轮胎试验台

式中,T_t 为驱动轮转矩;T_d 为转鼓制动力矩;R 为转鼓的半径;r 为轮胎的动力半径。

要准确地测出汽车的空气阻力系数必须采用风洞试验。所谓汽车风洞试验就是在能产生空气流的风洞设施中,以不动的汽车模型或整车经过做强迫流动的空气流来模拟汽车在道路上行驶时所受到空气流作用的试验。因为缩小比例的汽车模型风洞很难完全满足相似理论所要求的试验条件,从而使测量误差增大,所以汽车模型风洞逐渐被大型整车风洞所取代,在整车风洞上对汽车实物进行风洞试验,进行空气动力学的研究。

思考题与习题

2-1 为提高汽车的动力性,4×2 型汽车发动机前置时采用前轮驱动好还是后轮驱动好?为什么?

2-2 绘出汽车直线行驶于下列条件下的整车受力图:1)平路等速行驶;2)平路滑行;3)上坡加速行驶;4)下坡等速行驶。

2-3 超车时该不该换入低一档?

2-4 何谓汽车的动力因数 D?如何利用动力特性图,找出汽车的最高车速和最大爬坡度?

2-5 什么是后备功率?如何根据汽车的功率平衡图确定汽车的动力性?

2-6 已知汽车的若干参数:$m = 3800\text{kg}$,$f = 0.3$,$C_D A = 2.5\text{m}^2$,它在下一坡度为 16.6% 的坡道时,某一时刻加速度为 1m/s^2,车速为 40km/h。求:此时汽车的驱动力为多大?(汽车质量换算系数 $\delta = 1.003$)

2-7 一前轮驱动的双轴汽车在水平砂地上起步,$m = 4000\text{kg}$,质心至前轴距离 $a = 1368\text{mm}$,轴距 $L = 2830\text{mm}$,$f = 0.15$,$\varphi = 0.45$,为顺利起步,驱动力 F_t 应控制在什么范围?

2-8 一双轴后轮驱动汽车,轮胎半径 $r = 0.367\text{m}$,传动系统由变速器、传动轴、主减速器、驱动

桥组成。主减速器传动比 $i_0 = 5.83$，变速器各档传动比分别为6.09、3.09、1.71、1，传动系统效率 $\eta_T = 0.85$。已知发动机80%负荷时的若干工况如下：

$T_{tq}(N \cdot m)$	106.62	147.55	169.84	174.95	169.73
$n(r \cdot min^{-1})$	600	1000	1500	2000	3000

当发动机负荷为80%，变速器处于三档时，求：

1)车速为8.732km/h、41.635km/h时，汽车的驱动力是多少？

2)驱动力为3407N、4309.5N时，汽车的车速是多少？

2-9 一辆具有1.8m² 迎风面积和空气阻力系数为0.32的轿车，以100km/h的速度行驶。如果车辆遇到35km/h速度的顺风或者逆风，试求顺风、逆风两种条件下的空气阻力和克服空气阻力所需的发动机功率。

2-10 已知某汽车的总质量为8500kg，路面的滚动阻力系数为0.01，汽车迎风面积为3m²，空气阻力系数 $C_D = 0.8$，$\eta_1 = 0.85$。若汽车以30km/h的速度在坡度为 $\alpha = 15°$ 的山坡上等速行驶，求：1) F_f、F_w、F_i、F_j 各是多少？发动机需输出的最低功率是多少？2)若汽车后轮驱动，其在坡道上的法向反作用力 $F_z = 5.88 \times 10^4 N$，问在 $\varphi = 0.7$ 及 $\varphi = 0.1$ 时，驱动轮是否会滑转？

第三章 汽车的燃油经济性

在保证动力性的条件下，汽车以尽量少的燃油消耗量完成运输工作的能力，称为汽车的燃油经济性。

在汽车运输成本中，燃油费用占有一定比例。燃油经济性好，可以降低汽车的使用费用。

汽车排出的尾气中含有碳氢化合物（HC）、一氧化碳（CO）、氮氧化物（NO$_x$）等有害物质，严重影响了人体的健康。发动机的燃油消耗率与排放污染是有密切关系的，降低汽车发动机的燃油消耗率，改善汽车的燃油经济性，是保护环境，保证汽车发动机排放达到有关法规要求的有力措施之一。

由于节约燃料、保护环境已成为全球关注的重大事件，汽车燃油经济性受到各国政府、汽车制造企业与汽车使用者进一步的重视。

第一节 汽车燃油经济性的评价指标

汽车的燃油经济性常用一定运行工况下汽车行驶百公里的燃油消耗量或一定燃油量能使汽车行驶的里程来衡量。

在美国、英国等一些国家则用 MPG（mile/gal）表示法作为汽车燃油经济性的指标，即用每消耗 1 加仑的燃油汽车行驶的英里数来表示（1mile = 1.6093km，1 美加仑（US gal）= 3.785L，1 英加仑 = 4.546L）。相同载质（客）量的汽车，该数字越大，说明该车的燃油经济性越好。

在我国及欧洲，燃油经济性指标的单位为 L/100km，即汽车每行驶 100km 所消耗的燃油升数。其数值越大，表明汽车燃油经济性越差。相同载质（客）量的汽车，百公里油耗数字越小，说明该车的燃油经济性越好。

一、等速行驶百公里燃油消耗量

汽车百公里油耗可以用下面的表达式表示。

$$Q_s = \frac{100q}{s}$$

式中，Q_s 为百公里油耗（L/100km）；q 为汽车通过测试路段的燃油消耗量（mL）；s 为测量路段长度（m）。

汽车运输企业还常用完成每百吨公里或千人公里运输工作量的燃油消耗量来表示汽车的燃油经济性，该指标便于比较不同装载量汽车的燃油经济性。表示方法如下：

$$Q_t = \frac{100q}{W \times s} \quad \text{或} \quad Q_P = \frac{1000q}{N \times s}$$

式中，Q_t 为汽车百吨公里油耗[L/(100t·km)]；W 为汽车载质量(t)；q 为汽车通过测试路段的燃油消耗量(mL)；s 是汽车行驶里程(m)；Q_P 是汽车千人公里油耗[L/(kp·km)]；N 是载客量[p(人)]。

等速百公里燃油消耗量，是常用的一种评价指标，指汽车在一定的载荷下(GB/T 12545.1—2008)，以最高档在水平良好路面上等速行驶 100km 的燃油消耗量。通常是测出每隔 10km/h 速度间隔的等速百公里燃油消耗量，然后在图上连成曲线，称为等速百公里燃油消耗量曲线，用它来评价汽车的燃油经济性，如图3-1所示。表 3-1 为几种车型的汽车 90km/h 等速百公里油耗量。

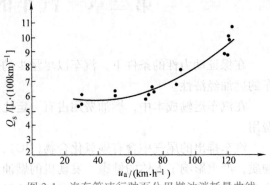

图 3-1　汽车等速行驶百公里燃油消耗量曲线

表 3-1　几种车型的汽车 90km/h 等速百公里油耗量

车　型	别克GL8	神龙富康988EX	赛欧SL	夏利2000	宝来1.8L-MT	波罗ALi	奥迪A4-3.0
90km/h 等速油耗/[L·(100km)$^{-1}$]	8.6	≤6.5	5.3(手动变速) 5.7(自动变速)	≤5	6.4	5.8	9.7

二、循环工况行驶百公里燃油消耗量

等速行驶工况不能全面反映汽车的实际运行情况，特别是在市区行驶时频繁出现的急速停车、加速、减速等行驶工况。因此，在对实际行驶车辆进行跟踪测试统计的基础上，世界各国都制定了一些典型的循环行驶试验工况来模拟实际汽车运行状况，并以百公里燃油消耗量或 MPG 来评定相应行驶工况的燃油经济性。

我国制定了乘用车工况循环燃料消耗量试验方法(GB/T 12545.1—2008)和商用车工况循环燃料消耗量试验方法(GB/T 12545.1—2008)，它们的具体计算方法请参见本章第二节内容，具体试验方法请参见本章第四节内容。

图 3-2 给出了联合国欧洲经济委员会、美国法定的测定汽车燃油经济性的循环行驶工况图。

欧洲经济委员会(ECE)规定，要测量车速为 90km/h 和 120km/h 的等速百公里燃油消耗量和按 ECE-R.15 循环工况的百公里燃油消耗量，并各取 1/3 相加作为混合百公里燃油消耗量来评定汽车燃油经济性。

L/100km 计的"1/3 混合油耗"为

$$\frac{1}{3}\text{混合} = \frac{1}{3}\text{ECE} + \frac{1}{3} \times 90\text{km/h} + \frac{1}{3} \times 120\text{km/h}$$

美国环境保护局(EPA)规定，要测量城市循环工况(UDDS)及公路循环工况(HW-FET)的燃油经济性(单位为每加仑燃油汽车行驶英里数)，并按下式计算综合燃油经济性(单位为 mile/gal)，即

欧洲城市：2×ECE-R 15 循环
2.026km

等速：2km

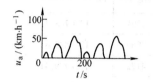

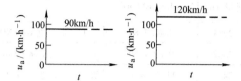

热起动，在汽车测功器上试验，

在汽车测功器或在路上试验

以 L/100km 计的"1/3 混合油耗"为 $\frac{1}{3}$ 混合 $= \frac{1}{3}$ ECE $+ \frac{1}{3} \times 90$km/h $+ \frac{1}{3} \times 120$km/h

美国城市：UDDS,17.85km

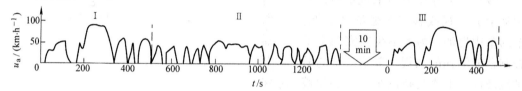

Ⅰ 为冷起动，Ⅲ 为热起动，在汽车测功器上试验

公路：HWFET,16.4km

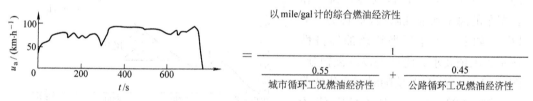

以 mile/gal 计的综合燃油经济性 $= \dfrac{1}{\dfrac{0.55}{\text{城市循环工况燃油经济性}} + \dfrac{0.45}{\text{公路循环工况燃油经济性}}}$

图 3-2 测定汽车燃油经济性的循环行驶工况

综合燃油经济性 $= \dfrac{1}{\dfrac{0.55}{\text{城市循环工况燃油经济性}} + \dfrac{0.45}{\text{公路循环工况燃油经济性}}}$

以它作为燃油经济性的综合评价指标。

循环工况规定了车速—时间行驶规范，例如何时换档、何时制动以及行车的速度和加速度等数值。在路上进行循环工况燃油经济性试验比较困难，一般多规定在室内汽车底盘测功机上进行测试；而规定在路上进行试验的循环工况均很简单。

1997 年《Autocar》杂志给出的一些轿车的 EPA 循环工况油耗值见表 3-2。

表 3-2 部分轿车的 EPA 循环工况油耗值

	车 型	发动机排量/cm³	EPA 城市/公路 Q_s/[L·(100km)⁻¹]		车 型	发动机排量/cm³	EPA 城市/公路 Q_s/[L·(100km)⁻¹]
经济型轿车	福特 ESCORT LX	1859	7.84/6.36	硬顶吉普	吉普 GRAND CHEROKEE 5.9 LIMITED	5898	18.09/14.70
	本田 CIVIC DX	1493	6.72/5.88		路虎 DISCOVERY SE9	3942	16.80/13.84
	丰田 COROLLA DX	1585	8.71/6.92				

（续）

车　型	发动机排量/cm³	EPA 城市/公路 Q_s/[L·(100km)$^{-1}$]	车　型	发动机排量/cm³	EPA 城市/公路 Q_s/[L·(100km)$^{-1}$]
本田 ACCORD	2254	9.40/7.84	庞蒂克 GRAND	3791	13.07/8.71
尼桑 ALTIHA	2382	9.80/7.59	雷克萨斯 GS400	3969	12.38/9.41
斯巴鲁	2457	11.20/8.71	奥迪 A8 4.2	4172	13.84/9.41
宝马 528i	2793	13.07/9.05	凯迪拉克 GLS	4565	14.70/9.41
别克 CENTURY	3146	11.76/8.11	林肯	4601	13.84/9.80

（左侧车型均为"中高级轿车"，右侧车型均为"中高级轿车"）

　　1973 年发生世界石油危机后，各国都十分重视改善汽车燃油经济性，节约车用燃油，为此不少国家制定了控制燃油消耗的法规。美国汽车的燃油经济性，主要是指汽车厂商必须遵守的所产汽车平均燃油经济性指标，即每个汽车厂每年销售的各种轿车和轻型车的总平均油耗限值（简称为 CAFE）。如果一家车厂平均燃油经济性达不到限值要求，将被处以巨额罚款。图 3-3 所示为 CAFE 值随时间变化的曲线。到 1989 年，要求 CAFE 值为 27.5mile/US gal，此后 CAFE 值再没有明确的规定。欧洲至今没有规定燃油经济性限值的法规。

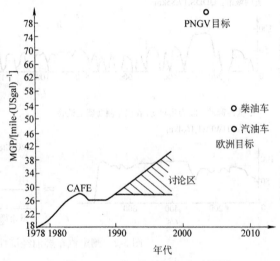

图 3-3　CAFE 值的逐年变动情况

　　现在，世界各国正在研制新一代超经济型轿车，其油耗指标达到 3L/100km。美国于 1993 年在联邦政府的支持下，成立了"新一代汽车伙伴关系"（Partnership for A New Generation of Vehicles，PNGV）。PNGV 是由美国政府有关机构、国家实验室、大学、汽车协会、三大汽车公司及有关配套厂商参加，联合开发和研制美国新一代汽车的合作组织。PNGV 汽车计划的目标是要求三大公司在 2004 年提供新一代汽车的生产型样车（Production Prototype）。样车的基本要求是在当今典型轿车（指 1994 年型克莱斯勒 Concord、福特 Taurus、雪佛兰 Lumina 三种轿车）的价格与各方面性能的基础上，将其按 EPA 循环工况测得的燃油经济性指标提高 3 倍，即由 26.6mile/gal 提高到 80mile/gal。生产型样车是指其加工方法、应用材料、部件都符合大量生产要求的样车。

　　由国家质量监督检验检疫总局和国家标准化管理委员会联合发布，中国汽车行业首个油耗强制性国家标准《乘用车燃料消耗量限值》（GB 19578—2004）于 2005 年 7 月 1 日实施，该标准按照整车整备质量对乘用车燃料消耗量的限值提出了要求。具体要求见表 3-3。例如一辆整车整备质量为 1.3t 的乘用车在第一阶段的燃料消耗限值是

9.5L/100km，第二阶段是 8.6L/100km。目前，我国执行第三阶段油耗限值标准
GB 19578—2014《乘用车燃料消耗量限值》，对于新认证车辆，执行日期为 2016 年 1
月 1 日；对在生产车辆，执行日期为 2018 年 1 月 1 日，届时没有达到标准的车辆将被
禁止生产和销售。同时在《乘用车燃料消耗量评价方法及指标》（GB 27999—2014）中
公布了第四阶段目标值，从 2016 年开始导入，直至 2020 年我国乘用车新车平均燃料消
耗量水平下降至 5L/100km 左右，对应二氧化碳排放约 120g/km，见表 3-3。

表 3-3 整车整备质量对乘用车燃料消耗量的限值及执行阶段对应关系表 （单位：L/100km）

整车整备质量（CM）/kg	第一阶段	第二阶段	第三阶段	第四阶段
$CM \leqslant 750$	7.2	6.2	5.2	4.3
$750 < CM \leqslant 865$	7.2	6.5	5.5	4.3
$865 < CM \leqslant 980$	7.7	7.0	5.8	4.3
$980 < CM \leqslant 1090$	8.3	7.5	6.1	4.5
$1090 < CM \leqslant 1205$	8.9	8.1	6.5	4.7
$1205 < CM \leqslant 1320$	9.5	8.6	6.9	4.9
$1320 < CM \leqslant 1430$	10.1	9.2	7.3	5.1
$1430 < CM \leqslant 1540$	10.7	9.7	7.7	5.3
$1540 < CM \leqslant 1660$	11.3	10.2	8.1	5.5
$1660 < CM \leqslant 1770$	11.9	10.7	8.5	5.7
$1770 < CM \leqslant 1880$	12.4	11.1	8.9	5.9
$1880 < CM \leqslant 2000$	12.8	11.5	9.3	6.2
$2000 < CM \leqslant 2110$	13.2	11.9	9.7	6.4
$2110 < CM \leqslant 2280$	13.7	12.3	10.1	6.6
$2280 < CM \leqslant 2510$	14.6	13.1	10.8	7.0
$2510 < CM$	15.5	13.9	11.5	7.3

第二节 汽车燃油经济性的计算

在汽车设计与开发工作中，常常需要根据发动机台架试验得到的万有特性图与汽车
功率平衡图，对汽车燃油经济性进行估算。本节将分别介绍等速行驶工况、等加速行驶
工况、等减速行驶工况和怠速停车工况等行驶工况燃油消耗量计算方法，在此基础上计
算整个循环工况的百公里燃油消耗量。

一、等速行驶工况燃油消耗量的计算

图 3-4 给出了一组某汽油发动机的万有特性曲线。在万有特性图上有等燃油消耗率
曲线。根据这些曲线，可以确定发动机在一定转速 n、发出一定功率 P_e 时的燃油消耗

率 b。

计算时，将发动机转速 n 按汽车等速行驶时的最高档转换成行驶车速，并画在横坐标上。同时计算出等速行驶时为克服滚动阻力与空气阻力，汽车发动机应提供的功率 $\dfrac{1}{\eta_{\mathrm{T}}}(P_{\mathrm{f}}+P_{\mathrm{w}})$。

根据等速行驶车速 u_{a} 及阻力功率 P，在万有特性图上可确定相应的燃油消耗率 b，对没有落在图 3-4 中万有特性曲线上的点可用相邻两万有曲线用插值法求得。这样就可以计算出该汽车等速行驶时单位时间内的燃油消耗量(kg/h)。

目前，发动机在额定工况下比油耗及其有效热效率的范围见表 3-4。汽车用发动机一般为四冲程汽油机或高速柴油机。

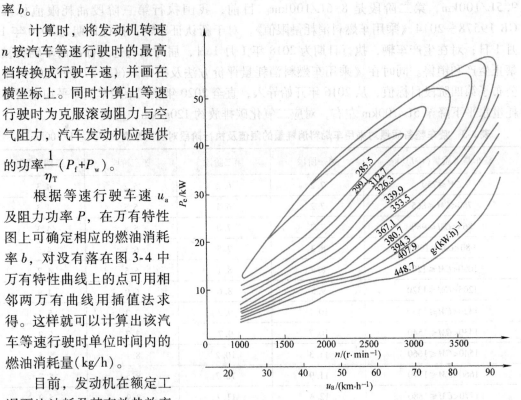

图 3-4 某汽油发动机的万有特性曲线

表 3-4 发动机在额定工况下的比油耗及其有效热效率范围统计

项 目 发动机类型	燃油消耗率 $b/$ $[\mathrm{g}\cdot(\mathrm{kW}\cdot\mathrm{h})^{-1}]$	有效热效率 η_{e}	备 注
低速柴油机	190~225	0.45~0.38	较低的值均属废气涡轮增压的四冲程和二冲程柴油发动机
中速柴油机	195~240	0.43~0.36	
高速柴油机	215~285	0.40~0.30	
四冲程汽油机	270~410	0.30~0.20	
二冲程汽油机	410~545	0.20~0.15	

等速行驶工况燃油消耗量按以下方法计算：

等速行驶时单位时间内的燃油消耗量(g/h)为

$$Q_{\mathrm{t}}'=Pb$$

把 $Q_{\mathrm{t}}'(\mathrm{g/h})$ 换算成 $Q_{\mathrm{t}}(\mathrm{mL/s})$ 为

$$Q_{\mathrm{t}}=\frac{Pb}{367.1\rho g} \tag{3-1}$$

式中，Q'_t 为单位时间内的燃油消耗量(g/h)；$P = \dfrac{1}{\eta_T}(P_f + P_w)$，单位为 kW；$b$ 为燃油消耗率 [g/(kW·h)]；ρ 为燃油的密度(kg/L)；g 为重力加速度(m/s^2)；汽油的 ρg 可取为 6.96~7.15N/L，柴油可取为 7.94~8.13N/L。

整个等速过程行经 s(m)行程的燃油消耗量(mL)按以下方式计算：

行驶车速为 u_a(km/h)，行程为 s(m)所需时间 t(s)为

$$t = \frac{\dfrac{s}{1000}}{u_a} \times 3600 = \frac{3.6 \times s}{u_a}$$

结合式(3-1)计算，得到行程为 s(m)的燃油消耗量(mL)为

$$Q = \frac{Pbs}{102 u_a \rho g}$$

式中，Q 为燃油消耗量(mL)；s 为行经行程(m)；u_a 为行驶车速(km/h)；ρ 为燃油的密度(kg/L)。

折算成等速百公里燃油消耗量(L/100km)为

$$Q_s = \frac{Pb}{1.02 u_a \rho g}$$

式中，Q_s 为等速百公里燃油消耗量(L/100km)。

二、等加速行驶工况燃油消耗量的计算

在汽车加速行驶时，发动机还要提供为克服加速阻力所消耗的功率。若加速度为 $\dfrac{du}{dt}$(单位为 m/s^2)，则汽车的阻力功率 P(kW)应为

$$P = \frac{1}{\eta_T}\left(\frac{Gfu_a}{3600} + \frac{C_D A u_a^3}{76140} + \frac{\delta m u_a \, du}{3600 \, dt}\right)$$

式中，P 是功率(kW)；G 为汽车总重力(N)；u_a 是汽车行驶速度(km/h)；A 是汽车迎风面积(m^2)；m 是汽车总质量(kg)。

显然，汽车在正常工作时，发动机应提供的功率在数值上等于此时汽车的阻力功率。现在要计算汽车由 u_{a1} 以等加速度加速行驶至 u_{a2} 的燃油消耗量，参见图 3-5。可以把加速过程分隔为若干区间，例如按速度每增加 1km/h 为一个小区间，每个区间的燃油消耗量可根据其平均的单位时间燃油消耗量与行驶时间之积来求得。

各区间起始或终了车速所对应

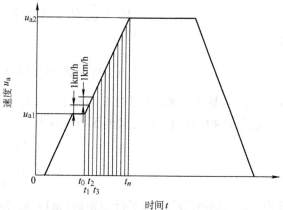

图 3-5　等加速度过程的燃油消耗量计算

时刻的单位时间燃油消耗量 Q_t(mL/s)，可根据相应的发动机发出的功率与燃油消耗率求得，即

$$Q_t = \frac{Pb}{367.1\rho g}$$

如以 1km/h 为分隔区间，汽车行驶速度每增加 1km/h 所需时间(s)为

$$\Delta t = \frac{1}{3.6\dfrac{\mathrm{d}u}{\mathrm{d}t}}$$

式中，Δt 为汽车行驶速度增加 1km/h 所需时间(s)；$\mathrm{d}u/\mathrm{d}t$ 为在这期间汽车的加速度($\mathrm{m/s}^2$)。

汽车以行驶初速度 u_{a1} 加速至(u_{a1}+1km/h)所需燃油量(mL)为

$$Q_1 = \frac{1}{2}(Q_{t0} + Q_{t1})\Delta t$$

式中，Q_{t0} 为汽车行驶初速度 u_{a1} 时，即 t_0 时刻的单位时间燃油消耗量(mL/s)；Q_{t1} 为车速为(u_{a1}+1km/h)时，即 t_1 时刻的单位时间燃油消耗量(mL/s)。

同理可知，车速由(u_{a1}+1km/h)再加速至(u_{a1}+2km/h)所需的燃油量(mL)为

$$Q_2 = \frac{1}{2}(Q_{t1} + Q_{t2})\Delta t$$

式中，Q_{t2} 为车速为(u_{a1}+2km/h)时，即 t_2 时刻的单位时间燃油消耗量(mL/s)。

依此类推，其他各个区间的燃油消耗量为

$$Q_3 = \frac{1}{2}(Q_{t2} + Q_{t3})\Delta t$$
$$\vdots$$
$$Q_n = \frac{1}{2}(Q_{t(n-1)} + Q_{tn})\Delta t$$

式中，Q_{t3}、Q_{t4}、$\cdots$、Q_{tn} 分别为 t_3、t_4、$\cdots$、t_n 各个时刻的单位时间燃油消耗量(mL/s)。

整个加速过程的燃油消耗量(mL)为

$$Q_a = \sum_{i=1}^{n} Q_i = Q_1 + Q_2 + \cdots + Q_n$$

或

$$Q_a = \frac{1}{2}(Q_{t0} + Q_{tn})\Delta t + \sum_{i=1}^{n-1} Q_{ti}\Delta t$$

式中，Q_a 为整个加速过程的燃油消耗量(mL)。

整个加速区段内汽车行驶的距离(m)为

$$s_a = \frac{u_{a2}^2 - u_{a1}^2}{25.92\dfrac{\mathrm{d}u}{\mathrm{d}t}}$$

式中，s_a 为加速区段内汽车行驶距离(m)；u_{a2} 为汽车加速终了时的行驶速度(km/h)；u_{a1} 为汽车加速开始时的行驶速度(km/h)；$\mathrm{d}u/\mathrm{d}t$ 为汽车加速度($\mathrm{m/s}^2$)。

三、等减速行驶工况燃油消耗量的计算

减速行驶时，节气门松开（关至最小位置）并进行轻微制动，发动机处于强制怠速状态，其油耗量即为正常怠速油耗。减速工况燃油消耗量应等于减速行驶时间与怠速油耗的乘积。

减速时间 $t(\mathrm{s})$ 为

$$t = \frac{u_{a2} - u_{a3}}{3.6 \dfrac{\mathrm{d}u}{\mathrm{d}t}}$$

式中，t 为减速时间(s)；u_{a2}、u_{a3} 分别为起始及减速终了的车速(km/h)；$\mathrm{d}u/\mathrm{d}t$ 为减速度($\mathrm{m/s^2}$)。

所以减速过程燃油消耗量(mL)可按下式计算：

$$Q_d = \frac{u_{a2} - u_{a3}}{3.6 \dfrac{\mathrm{d}u}{\mathrm{d}t}} Q_i$$

式中，Q_d 为减速过程燃油消耗量(mL)；Q_i 为怠速状态下单位时间的燃油消耗量(mL/s)。

减速区段内汽车行驶的距离(m)为

$$s_d = \frac{u_{a2}^2 - u_{a3}^2}{25.92 \dfrac{\mathrm{d}u}{\mathrm{d}t}}$$

四、怠速停车时的燃油消耗量

若怠速停车时间为 $t_s(\mathrm{s})$，则燃油消耗量(mL)应等于怠速停车时间与怠速油耗的乘积，即

$$Q_{id} = Q_i t_s$$

五、整个循环工况的百公里燃油消耗量

对于由等速、等加速、等减速、怠速停车等行驶工况组成的循环，如 ECE-R15 和我国货车六工况法等，其整个试验循环的百公里燃油消耗量(L/100km)可按下式计算：

$$Q_s = \frac{\sum Q}{s} \times 100$$

式中，Q_s 为整个循环工况的百公里燃油消耗量(L/100km)；$\sum Q$ 为所有过程油耗量之和(mL)；s 为整个循环的行驶距离(m)。

发动机在一定转速 n，发出一定功率 P_e 时的燃油消耗率 b 也可以用发动机台架试验得到的负荷特性求得。下面通过一个例题来说明利用发动机负荷特性进行汽车等速百公里油耗的计算方法。

例 3-1　图 3-6 是某轻型货车装用的汽油发动机的负荷特性，负荷特性曲线的拟合公式为

$$b = B_0 + B_1 P_e + B_2 P_e^2 + B_3 P_e^3 + B_4 P_e^4$$

式中，b 为燃油消耗率 $[g/(kW \cdot h)]$；P_e 为发动机净功率（kW）。

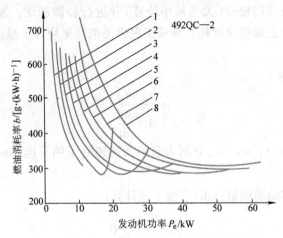

图 3-6　汽油发动机的负荷特性图

1—815r/min　2—1207r/min　3—1614r/min　4—2012r/min

5—2603r/min　6—3006r/min　7—3403r/min　8—3804r/min

表 3-5 为拟合公式的系数。

表 3-5　拟合公式的系数

$n/(\text{r} \cdot \text{min}^{-1})$	B_0	B_1	B_2	B_3	B_4
815	1326.8	−416.46	72.379	−5.8629	0.17768
1207	1354.7	−303.98	36.657	−2.0553	0.043072
1614	1284.4	−189.75	14.524	−0.51184	0.0068164
2012	1122.9	−121.59	7.0035	−0.18517	0.0018555
2603	1141.0	−98.893	4.4763	−0.091077	0.00068906
3006	1051.2	−73.714	2.8593	−0.05138	0.00035032
3403	1233.9	−84.478	2.9788	−0.047449	0.00028230
3804	1129.7	−45.291	0.7111	−0.00075215	−0.000038568

其他有关汽车参数如下。

轻型货车的有关数据：

装载质量	2000kg
整车整备质量	1800kg
总质量	3800kg
车轮半径	0.367m
传动系统机械效率	$\eta_T = 0.85$
主减速器传动比	$i_0 = 5.83$
滚动阻力系数	$f = 0.013$
空气阻力系数×迎风面积	$C_D A = 2.77\text{m}^2$

试绘制该汽车等速百公里油耗曲线（直接档）。

解：

汽车等速行驶时百公里燃油消耗量 Q_s（L/100km）为

$$Q_s = \frac{Pb}{1.02u_a\rho g}$$

取

$$\rho g = \frac{6.96+7.15}{2}N/L = 7.06N/L$$

发动机转速 $n_1 = 815r/min$ 时，汽车车速为

$$u_{a1} = 0.377\frac{n_1 r}{i_g i_0} = 0.377 \times \frac{815 \times 0.367}{1 \times 5.83}km/h = 19.34km/h$$

发动机发出的功率为

$$P_{e1} = \frac{1}{\eta_T}(P_f + P_w)$$

上式也可以写成

$$P_{e1} = \frac{1}{\eta_T}\left(\frac{Gfu_{a1}}{3600} + \frac{C_D A u_{a1}^3}{76140}\right)$$

把相关数据代入上式，解得

$$P_{e1} = 3.437kW$$

又因为

$$b_1 = B_0 + B_1 P_e + B_2 P_e^2 + B_3 P_e^3 + B_4 P_e^4$$

把相关数据代入上式，解得

$$b_1 = 537.16g/(kW \cdot h)$$

等速百公里油耗为

$$Q_{s1} = \frac{3.437 \times 537.16}{1.02 \times 19.34 \times 7.06}L/100km = 13.26L/100km$$

同理，也可求出其他各车速下的等速百公里油耗，列于表 3-6。

根据计算结果绘制汽车直接档等速百公里油耗曲线，如图 3-7 所示。

表 3-6　各车速下的等速百公里油耗计算结果

$n/$ $(r \cdot min^{-1})$	$u_a/$ $(km \cdot h^{-1})$	$P_e/$ kW	$b/$ $[g \cdot (kW \cdot h)^{-1}]$	$Q_s/$ $[L \cdot (100km)^{-1}]$
815	19.34	3.44	537.16	13.26
1207	28.64	5.64	481.26	13.15
1614	38.30	8.60	438.50	13.67
2012	47.75	12.38	383.23	13.80
2603	61.78	20.08	334.74	15.11
3006	71.34	27.08	319.91	16.86
3403	80.76	35.60	314.31	19.24
3804	90.28	46.09	305.66	21.67

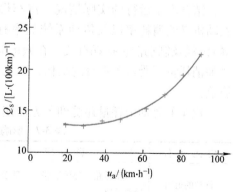

图 3-7　汽车直接档等速百公里油耗曲线

计算时若用车速换算得到发动机转速，则转速值与台架试验时的转速可能不一致，此时，计算发动机燃油消耗率 b 可用相邻二转速下的燃油消耗率插值求得。

第三节　影响汽车燃油经济性的因素

由汽车燃油经济性的计算可知，汽车等速百公里燃油消耗量为

$$Q_s = \frac{Pb}{1.02 u_a \rho g} \tag{3-2}$$

因为汽车阻力功率 P 正比于行驶阻力，由式(3-2)可知，等速百公里燃油消耗量正比于等速行驶时的行驶阻力与燃油消耗率。

分析影响汽车燃油经济性的因素，还可以从能量(功率)的流向入手分析。发动机工作时，燃油燃烧产生热量为 Q_1，经发动机工作循环，转变成 W_i 的指示功，它们之间的关系为

$$W_i = Q_1 \eta_i$$

式中，W_i 为指示功；Q_1 为燃油燃烧产生的循环加热量；η_i 为指示热效率。

W_i 经曲柄连杆机构等传递到发动机曲轴上的有效功率为 P_e，它们之间的关系为

$$P_e = P_z \eta_m$$

式中，P_e 为有效功率；P_z 为指示功率；η_m 为机械效率。

有效功率为 P_e 经汽车传动系统传至驱动轮，用来克服工作阻力做功。

$$P = P_e \eta_T$$

式中，$P = \frac{1}{\eta_T}(P_f + P_w + P_i + P_j)$，$P_f$、$P_w$、$P_i$、$P_j$ 分别为滚动阻力功率、空气阻力功率、坡度阻力功率、加速阻力功率；η_T 为汽车传动系统的机械效率。

从能量(功率)的流向可以看出，任何影响 η_i、η_m、η_T 的因素均会影响汽车燃油经济性。

实际上，发动机的燃油消耗率，一方面取决于发动机的种类、设计制造水平；另一方面又与汽车行驶时发动机的负荷率有关。从汽车发动机万有特性图上可知，发动机负荷率低时，b 值显著增大。

结合汽车运行的实际情况，汽车燃油消耗除与行驶阻力(滚动阻力与空气阻力)、发动机燃油消耗率以及传动系统效率有关之外，还同停车怠速油耗、汽车附件(空调等)消耗及制动能量损耗有关。在城市循环工况中，后三个因素的影响相当大。汽车的燃油消耗量还受汽车本身的结构、工艺水平、调整状况以及使用的燃油的规格等因素的影响。

汽车的燃油消耗量还受到各方面使用因素的影响。表 3-7 列出了这些使用因素。

表 3-7　影响燃油经济性的使用因素

使 用 条 件	影 响 因 素	使 用 条 件	影 响 因 素
行驶的道路	城市道路、郊区道路、一般公路、高等级公路	驾驶习惯	平均车速、加速度与制动减速度、节气阀的使用情况
交通情况	路上行人及车辆的密集程度	气候状况	气温、风、雨、冰雪等

下面分别从汽车使用与汽车结构两个方面讨论影响汽车燃油经济性的因素，从而可以看出提高燃油经济性的一些途径。

一、使用方面

1. 行驶车速

首先应该正确选用行车速度，从图 3-1 可以看出，汽车在接近于低速的中等车速行驶时是最经济的，速度过高或过低都会使燃油消耗量增加。速度过低时，尽管阻力小，但发动机负荷率低，有效燃油消耗上升，百公里油耗也有所增加。在高速行驶时，虽然发动机的负荷率较高，但汽车的行驶阻力增加很多而导致百公里油耗增加。

2. 档位选择

在一定道路上，汽车用不同档位行驶，燃油消耗量是不一样的。显然，在同一道路条件与车速下，虽然发动机发出的功率相同，但档位越低，后备功率越大，发动机的负荷率越低，燃油消耗率越高，百公里燃油消耗量就越大，而使用高档时的情况则相反。因此要尽可能用高档行驶。最经济的驾驶方法是高档的行驶可能性未用尽前，不应换低档。换档时要快，动作要迅速准确。

在保证行车安全的前提下，利用汽车的惯性滑行，使汽车的动能得以充分利用，这是减少汽车油耗的一种驾驶方法。

3. 挂车的应用

交通运输企业中普遍拖带挂车。这是提高运输生产率和降低成本，包括降低燃油消耗量的一项有效措施。拖带挂车后，阻力增加，发动机负荷率增加，使燃油消耗率 b 下降，虽然汽车总的燃油消耗量增加了，但由于运货量增加，汽车列车的装载质量与整车装备质量之比较大，以 100t·km 计的油耗却下降了，即分摊到每吨货物上的油耗下降了，运输成本降低，生产率提高。如解放 CA10B 汽车经常拖挂 4.5~5t 挂车，行驶于坡度小于 8%、最大坡度小于 11% 的道路上，生产率可提高 30%~50%，油耗可降低 20%~30%（以 100t·km 计）。此外，合理组织运输，减少空车往返，也能提高燃油经济性。

4. 正确地保养与调整

汽车的调整与保养会影响发动机的性能与汽车行驶阻力，对百公里油耗有相当影响，所以，正确的技术保养与调整，对改善汽车燃油经济性有很大影响。

首先对发动机要保持良好的技术状况。对供油系统进行保养与检查，防止漏油，清除滤清器中的沉淀及杂质，空气滤清器不畅通时，油耗将增加 3% 左右。要及时清除燃烧室、活塞、进气管上的胶质与积炭，在清除积炭前后，耗油量相差不小。要保持发动机冷却系统的正常温度，防止因温度过低而增加机油的黏度以及降低燃油在进气管内的挥发性。冷却液温度过低会使燃油消耗量增加。当冷却液温过高时，发动机易产生爆燃，充气系数降低，功率下降，油耗增加。要正确地保养和检查点火系统，保持火花塞的清洁及正确的电极间隙和断电器触点间隙。火花塞电极间隙一般情况下应适当偏大，这样可提高点火系统电极电压，增加点火能量，对提高发动机的经济性是有利的。要根据燃油品种与工作地区，选择点火提前角。调整点火正时，它不仅影响燃烧压力、速度，对热效率也有明显影响。点火正时的调整是与发动机混合气的浓度有关的，混合气越稀，越需要将点火适当提前。分电器真空提前失效、离心提前失灵等故障都会使油耗大大增加。要检查和防止气缸漏气，保持正常的气缸压力，气缸压缩压力越大，表明气缸、活塞环、气门、气门座、气缸垫等状况良好，发动机做功行程瞬时产生的有效压力越大，混合气点火燃烧速度就快，热损失小，可使发动机得到较高的动力性和经济性。所有这些，都对节约燃油有较大的作用。

在汽车底盘方面，要加强对各总成的保养与调整，以保持适当的滑行能力，减少燃油消耗量。汽车的滑行能力常用滑行距离来评价，滑行距离的多少可以用来检查底盘的技术状况。当汽车的前轮定位正确，制动器摩擦片与制动鼓有正常的间隙，轮胎气压正常，各相对运动零部件滑磨表面光洁、间隙恰当并有充分的润滑油时，底盘的行驶阻力减小，滑行距离便大大增加。阻力较小的装载质量为 2.5t 的汽车，在良好水平道路上以 30km/h 的车速开始摘档滑行，滑行距离应达 200~250m。当滑行距离由 200m 增至 250m 时，油耗可降低 7%。汽车的前轮定位，制动器的间隙调整，轮胎气压，各部轴承的紧度，运动摩擦部分间隙以及润滑质量都会对汽车的运动阻力有很大影响，必须按照规定进行调整和保养。前轮前束失调时，轮胎在滚动时产生滑移，增加滚动阻力，引起前轮发摆，使油耗增大。当轮胎气压低于标准时，轮胎变形增大，滚动阻力增加，会增加燃油消耗。轮毂轴承过紧，制动器过紧，都会增加行驶阻力，使油耗增加。底盘传动系统各配合副配合不良，使传动效率降低，增加发动机的有效功率的消耗。润滑油使用不当，油耗也会增加，冬季使用夏季油，油耗将增加 4%。此外，离合器打滑，会引起发热，增加发动机转速，使油耗增加。变速器跳档，会增加换档次数与中间档的使用时间，也会增加燃油消耗。这些都必须及时排除故障，进行正确的调整。

美国佐尔顿研究中心为了研究保养对油耗的影响，曾在室内汽车测功器上对 Vauxhall Victor 轿车按 ECE 热起动循环（ECE15）进行试验，试验中故意制造出制动过紧、分电器真空提前失效、离心提前失灵、混合气浓度不正常等故障，然后测定循环油耗，结果如图 3-8 所示。由图可见，技术状况不正常，燃油经济性由 19.3mile/gal 下降到 11.9mile/gal，相当于油耗由 14.6 L/100km 增至 23.7L/100km。

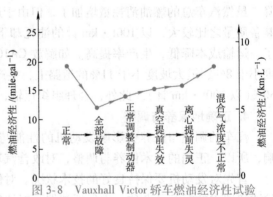

图 3-8 Vauxhall Victor 轿车燃油经济性试验

二、汽车结构方面

1. 汽车尺寸和质量

汽车尺寸和质量增加，会加大滚动阻力、空气阻力、坡道阻力和加速阻力，为了保证汽车的高动力性，需装用大排量发动机，但这样汽车在正常行驶中负荷率较低。所以，又大又重的豪华型轿车比小而轻的轻型、微型轿车的油耗要大得多，因此广泛采用轻型、微型轿车是节约燃油的有效措施。

汽车总质量为整备质量与装载质量之和，整备质量为汽车经整备后在完备状态下的自身质量，即指汽车在加满燃料、润滑油、工作油液（如制动液等）及发动机冷却液并装备（随车工具及备胎等）齐全后但未载人、载货时的总质量。装载质量为最大货运质量与最大客运质量之和。汽车总质量影响到汽车的滚动阻力、坡度阻力、惯性阻力和加速阻力，对汽车的燃油经济性影响很大。根据美国 1978 年进行的统计表明，整备质量为 1360kg 的汽车，当汽车总质量减少 10% 时，油耗降低 8.8%。因此，在汽车上广泛采用轻质材料，减轻汽车自重，是提高汽车燃油经济性的一个主要方向。

为了减小质量，轿车选用材料中的铝与复合材料的比例日益增加。在 20 世纪 90 年代初，北美每辆轿车铝材的用量平均为 79kg，日本为 61kg，欧洲为 53kg。现在这一数字已经大幅度增加。豪华轿车奥迪 A8 采用全铝承载式车身，质量减小 15%，百公里油耗降低 5%~8%。

复合材料在汽车上的用量也在逐年增加。20 世纪 90 年代初，大量使用复合材料的所谓"复合材料汽车"，在西欧的销量为 25 万辆左右。预计这种轿车在西欧的产量，今后将以每年 25% 的速度增长。

对货车而言，货车的质量利用系数影响燃油经济性。货车的质量利用系数即装载质量与整车装备质量之比。质量利用系数越大，有效运输质量比重增加，运输中的单位油耗与成本都将降低。随着生产技术水平的提高，质量利用系数正在逐步提高。

2. 发动机

由前面的分析可知，发动机是对燃油经济性最有影响的部件。影响的因素主要有压缩比、燃料供给、功率利用率等。发动机中的热损失与机械损耗占燃油化学能的 65% 左右。显然，发动机是对汽车燃油经济性最有影响的部件。

目前看来提高发动机经济性的主要途径如下：

1）提高现有汽油发动机的热效率与机械效率。

2）扩大柴油发动机的应用范围。

3）增压化（目前常提供选用的增压汽油机，采用增压的柴油机已很普遍）。

4）广泛采用电子计算机控制技术。

5）采用稀薄燃烧和缸内直接喷射技术（汽油机）。

发动机压缩比越大，则其有效效率越高。因此在容许范围内提高压缩比，汽车的燃油经济性可以得到改善。

发动机的形式对汽车燃油经济性的影响也是很大的。柴油机由于压缩比比汽油机要高得多，因此柴油机比汽油机的油耗要低得多。试验和使用证明，一般装备柴油发动机的轿车比装备汽油发动机的轿车节油 18% 左右，柴油发动机载货汽车比汽油发动机载货汽车节油 30% 左右。目前世界各国正在积极推行轻型货车和轿车的柴油化进程，在总质量为 2~5t 的载货汽车中，德国有 95% 左右已用柴油机，日本约为 90%。因此，扩大柴油机的应用范围是改善汽车燃油经济性的主要途径之一。

发动机的功率及其利用率，对燃油经济性有很大影响。在负荷率为 80%~90% 时比油耗最低，经济性最高，低负荷和全负荷时比油耗都将增加。目前的汽车在平路上以常用速度行驶时，发动机的负荷率为 20% 左右，发动机在比油耗较高的范围内工作。因此为了节约燃油，在行驶条件许可的情况下，不必追求汽车装备大功率的发动机以增加负荷率。

增压化、广泛采用电子计算机控制技术，将使燃油经济性得到进一步的提高。稀薄燃烧和缸内直接喷射技术是汽油机改善燃油经济性的一个方向。

此外，燃油的汽化、雾化及其与空气的混合，对促进燃烧、提高热效率关系也很大。因此改进喷射系统、燃烧室、进排气系统等的设计，保证燃油的良好汽化与雾化以及与空气的均匀混合是很重要的。

3. 传动系统

汽车传动系统对燃油消耗的影响，取决于传动系统效率、变速器档数与传动比。

传动系统效率越高，则损失于传动系统的能量越少，因而燃油经济性也越好。

变速器的档位与传动比对燃油经济性也有影响。虽然汽车行驶时所需的发动机功率与变速器档位无关，但发动机转速随所接合的档位的改变而变化。在汽车行驶速度不变的情况下，接合高档时，传动比小，发动机的转速低；而接合低档时，由于传动比加大，发动机转速较高。在发动机负荷相同的情况下，转速越低，发动机的单位燃油消耗量越少。因此，在一定行驶条件下，传动系统的传动比越小，汽车的燃油经济性越好。现代汽车常采用超速档，可以减小传动系统的总传动比。在良好的道路条件下采用超速档，可以更好地利用发动机功率，提高汽车燃油经济性。

变速器的档数增加，增加了选用合适档位使发动机处于经济工作状况的机会，使发动机可以经常保持在经济工况下工作，档数越多，越容易选择保证发动机以最经济工况工作的转速，汽车的经济性越好。因此，近年来轿车手动变速器已基本采用 5 档，也有采用 6 档的。大型货车有采用更多档位的趋势，如装载质量为 4t 的五十铃货车装用了 7 档变速器。由专职驾驶员驾驶的重型汽车和牵引车，为了改善动力性和燃油经济性，变速器的档位可多至 10~16 个。但不能为了提高燃油经济性而过多地增加有级式变速器的档数。因为这将使传动系统过于复杂，而且也不便于操作者选用。

当变速器的档数为无限时，即为无级变速，采用无级变速器，在任何条件下都提供了使发动机在最经济工况下工作的可能性。

下面介绍发动机的最经济工况——"最小燃油消耗特性"曲线的作图方法。

图 3-9 所示为发动机的负荷特性，图中虚线为发动机不同转速时燃油耗油率 b 与有效功率 P_e 的关系曲线，这些曲线的包络线（图中实线）是发动机提供一定功率时的最低燃油消耗率曲线。利用此图可以找出发动机提供一定功率时的最经济工况（转速与负荷）。把各功率下最经济工况运转的转速与负荷率标明在外特性曲线图上，便得到"最小燃油消耗特性"曲线，即图 3-9b 中的粗实线。

有了发动机的"最小燃油消耗特性"曲线，可进一步确定无级变速器的调节特性。无级变速器的传动比 i' 与发动机转速 n 及汽车行驶速度之间有如下关系：

$$i' = 0.377 \frac{rn}{i_0 u_a}$$

对某一汽车而言，r、i_0 均为常数，不妨设

$$A = 0.377 \frac{r}{i_0}$$

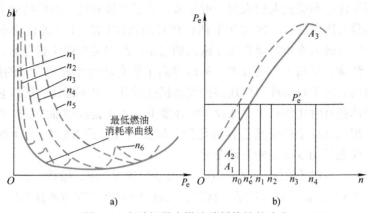

图 3-9　发动机最小燃油消耗特性的确定

则有

$$i' = A\frac{n}{u_a} \tag{3-3}$$

　　现在假设汽车在某道路阻力系数为 ψ 的道路上以 u_a' 速度行驶，需要发动机提供功率 P_e'。如图 3-9b 所示，这时发动机可以在 n_0、n_e'、n_1、n_2、…等无数种转速及相应的负荷率工作，但只有在 P_e' 水平线与曲线 A_2A_3 的交点处工作，即转速为 n_e' 和大致为 90% 负荷率工作时，燃油消耗率 b 最小。此时，

$$P_e' = \frac{P_\psi + P_w}{\eta_T}$$

把 u_a' 和 n_e' 代入式(3-3)，即得无级变速器应有的传动比 i'。

　　依照上面的方法，在同一 ψ 值的道路上，把汽车在不同车速时无级变速器应有的 i' 连成曲线，便得到了无级变速器的调节特性，如图 3-10 所示。

　　图 3-10 中，AB 为变速器最大传动比，ED 为最小传动比。BC 表示发动机转速为最大功率转速时 i' 与车速的关系曲线。AE 表示发动机最低转速时 i' 与车速的关系曲线。AE 与 BCD 曲线间所包含的曲线区域，表示的是在不同道路阻力系数 ψ 下无级变速器的调速特性。

　　若无级变速器能维持较高的机械效率，则汽车的燃油经济性将显著提高。目前，在轿车上得到广泛应用的无级变速器是自动液力变速器。不过，由于液力变矩器的传动效率较低，汽车装用自动液力变速器后，燃油经济性均有所下降。但由于它具有起步平稳、操作简便、

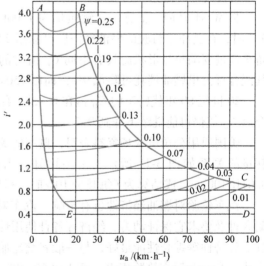

图 3-10　无级变速器的调节特性

乘坐舒适性好等优点而受到人们欢迎。近年来，为了节油和进一步提高动力性，自动液力变速器的档数有所增加，一般为四个档；在有的档位（如三档）进行功率分流，即较大部分功率不经过液力变矩器而直接经输出轴输出；高档装有锁止离合器，当离合器锁止时滑转完全消除，提高了传动效率，从而提高了装有液力变速器汽车的燃油经济性。据有些数据表明，由于自动液力变速器使发动机在较佳工况下运转，所以装有自动液力变速器汽车的油耗有时比装有手动变速器时还要低。为了提高燃油经济性而又具有便于驾驶的优点，现在有将手动变速器自动化的。例如，五十铃 NAVI—5 计算机控制 5 档自动变速器，既能手动变速又能自动变速。

因为追求高效率和低油耗，人们一直在研究能传递大功率，维持高效率、高寿命的机械无级变速器（CVT）。由于设计制造、材料、润滑油及微机控制方面技术的进步，CVT 有了很大进展。20 世纪 80 年代在微型、小型轿车上开始采用电脑控制的钢带式无级变速器（ECVT），90 年代，装有 3.3L V6 发动机的克莱斯勒 "Voyager" 厢式旅行车上也采用钢带式 P884CVT。

近年来出现了与液力变矩器共同工作的双模式（Dual Mode）无级变速器。液力变矩器在一般行驶中处于脱离状况，只在起步时工作。双模式无级变速器不仅起步性能良好，汽车燃油经济性也得到进一步改善。

4. 汽车外形与轮胎

汽车外形对燃油经济性有影响，主要表现在高速行驶时的空气阻力。因此，改善车身流线型，降低空气阻力系数 C_D，可以提高燃油经济性。

为克服空气阻力而消耗的发动机功率与汽车行驶速度的立方成正比。汽车速度不高时，空气阻力对汽车的燃油消耗影响不大，因此在城区，由于行驶车速低，对油耗影响较小。但当车速超过 50km/h 时，空气阻力对汽车燃油经济性的影响逐步明显。减少空气阻力主要是通过减小汽车的空气阻力系数来实现，汽车制造厂通过整车的风洞试验研究使汽车外形接近最优化。

据 W. H. Hucho 估算，一辆质量为 1.06t 的轿车，空气阻力系数 C_D 值由 0.5 降到 0.3 时，在公路上行驶的燃油经济性可提高 22%，在城区对油耗影响较小。奥迪 100 型轿车通过变动车身形状而具有不同 C_D 值时的试验结果：当 C_D 值由 0.42 降到 0.3 时，其混合百公里燃油消耗可降低 9%，而以 150km/h 等速行驶的油耗则可降低 25% 左右。

20 世纪 60 年代轿车的 C_D 值在 0.45 左右，现在不少轿车的 C_D 值已降到 0.3 左右，今后 C_D 值仍可能继续下降到 0.2。

美国通用公司试验场资料表明，典型的美国汽油发动机小汽车，滚动阻力与燃油消耗量的关系如图 3-11 所示。由图可知，当滚动阻力减小 1N 时，燃油消耗量减少 0.01L/100km，或估算为 f 每减少 10% 时，可节省燃油达 0.6%~1.2%。

汽车轮胎对燃油经济性也有影响。汽车对轮胎提出了各种要求，如强度、耐磨性、耐久性及要求它保证动力、经济等各种使用性能。现在公认子午线轮胎的耐磨性、动力性、经济性等综合性能最好，与一般斜交轮胎相比，燃油经济性较好。由于它的滚动阻力小，与一般斜交轮胎相比，可节油 6%~8%。图 3-12 所示为东风 5t 载货汽车 EQ—140 装用不同轮胎时的等速百公里燃油消耗量曲线。

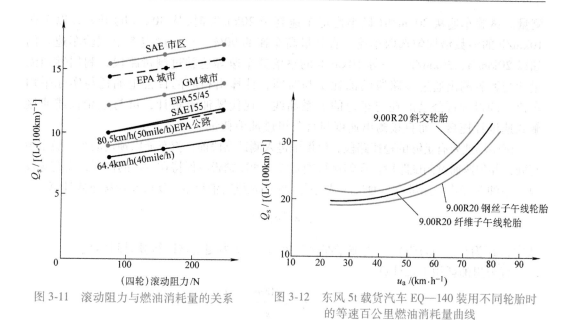

图 3-11 滚动阻力与燃油消耗量的关系　　图 3-12 东风 5t 载货汽车 EQ—140 装用不同轮胎时的等速百公里燃油消耗量曲线

第四节　汽车燃油经济性试验

汽车燃油消耗量的大小是评价燃油经济性好坏的标志。燃油经济性试验是测量汽车在一定条件下的燃油消耗。试验在道路上或实验室内进行。

按试验方法，汽车燃油经济性试验可分为等速行驶燃料消耗量试验、加速行驶燃料消耗量试验、多工况燃料消耗量试验、限定条件下的平均使用燃料消耗量试验和不限定条件的平均使用燃油消耗量试验等。

燃料消耗量试验要考虑几个主要因素，一是装载质量，二是测量路段距离，三是行驶工况及操作规程，四是车速规定。不同国家试验标准中对这些因素的规定不尽相同。

在做燃油经济性试验时，为了与汽车实际使用情况接近，GB/T 12545.1—2008《汽车燃料消耗量试验方法　第 1 部分:乘用车燃料消耗量试验方法》规定车辆试验质量为整车整备质量加上 180kg，当车辆的 50%载质量大于 180kg 时，则车辆试验质量为整车整备质量加上 50%的载质量(包含测量人员和仪器的质量)。

燃油经济性评价指标用行驶单位里程(如 100km)的燃料消耗量来表示，即百公里油耗(L/100km)，也有用汽车单位燃料消耗量的行驶里程来表示的，即每升燃油的行驶里程(km/L)。

一、等速行驶燃料消耗量试验

等速行驶百公里油耗试验是一种早就广泛采用的、最简单的路上循环试验。试验路段设在路面良好、平直的道路上，长度不少于 2000m(GB/T 12545.1—2008 规定)。汽车变速器置于常用档位，一般是最高档;使用自动变速器的车辆，采用高档测量。试验车速从 20km/h(最小稳定车速高于 20km/h 时,从 30km/h)开始,以车速 10km/h 的整数倍均匀选取车速,直到最高车速的 90%,至少测定 5 个试验车速。例 如以 20km/h、30km/h、…等 10km/h 的整倍数车速等速驶过测量路段,利用燃油流量计与秒表测出通过该路段的油耗量与时间,计算出相应的百公里油耗与实际平均车速,即得到百公里油耗与车速的关系曲线。现代燃油流量计,可与五轮仪或非接触式速度计连接,而直接测出速度与百公里燃油消耗量。

试验场地要有足够的稳速路段,以保证进入测试路段前,汽车能以预定的车速稳定地行驶,并匀速通过测试路段。在匀速行驶阶段,加速踏板应保持在一定的位置,要避免反复"泵油"操作。测量汽车通过测试路段的时间及燃料消耗量。实际车速按下式计算

$$u_a = \frac{s}{t} \times 3.6$$

式中,u_a 为车速(km/h);s 为测量路段长度(m);t 为测量路段行驶时间(s)。

百公里油耗用下式计算

$$Q_s = \frac{100q}{s}$$

式中,Q_s 为百公里油耗(L/100km);q 为汽车通过测试路段的燃料消耗量(mL);s 为测量路段长度(m)。

为了提高测量准确度,在每一车速下,至少要在往、返方向各测量两次,并对测量结果进行重复性检验和计算置信区间,试验结果校正为标准状态下的数值。

根据测量出的各车速下百公里油耗数据,用最小二乘法拟合出油耗特性曲线。图 3-13 所示为某汽车直接档等速行驶燃料消耗量特性曲线。

油耗试验结果见表 3-8。

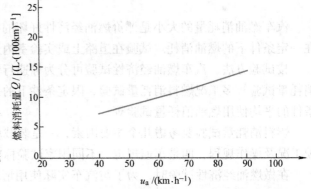

图 3-13 某汽车直接档等速行驶燃料消耗量特性曲线

对等速行驶燃料消耗经济性评价,要注意三个方面的特征,一是经济车速,二是最低燃料消耗量,三是高速油耗相对于最低油耗的增量(%)。

表 3-8 直接档等速行驶燃料消耗量试验结果

车速/(km·h⁻¹)	40	50	60	70	80	90
油耗/(L·100km⁻¹)	7.4	8.4	9.6	11.0	12.5	14.0

二、加速行驶燃料消耗量试验

加速行驶燃料消耗量试验是对汽车加速工况燃料消耗的测量,以评价汽车加速时的

油耗水平。一般用直接档节气门全开加速500m的方法来测量。

试验时，汽车挂直接档(没有直接档可用最高档)，在稳速段以(30±1)km/h的车速匀速行驶，从测量路段的起点开始，把加速踏板踩到底，加速通过测试路段，测量并记录通过测试路段的加速时间、燃料消耗量和汽车到达测试终点的车速。

三、多工况燃料消耗量试验

汽车在实际使用中工作状态的变化非常复杂，尤其是在城市行驶中，车辆经常碰到红灯、频繁停车、低速行驶、经常制动、减速等工况。为了测量出反映汽车实际使用特点的燃料消耗量，人们针对不同车型，对大量的行驶工况进行了统计和分析，制定出了一套针对不同车型按不同的行驶工况运行的燃料消耗量试验方法，我国的《汽车燃料消耗量试验方法　第1部分:乘用车燃料消耗量试验方法》(GB/T 12545.1—2008)采用GB 18352.3—2005规定的市区运转工况循环燃料消耗量试验方法;我国的《商用车辆燃料消耗量试验方法》(GB/T 12545.2—2001)规定了六工况法和四工况法。

市区运转工况循环燃料消耗量试验按表3-9的操作规程进行。它模拟市区交通流量相当大时的使用工况。

表3-9　市区运转工况试验循环

操作序号	操作	工况	加速度/$(m \cdot s^{-2})$	速度/$(km \cdot h^{-1})$	每次时间 操作/s	每次时间 工况/s	累计时间/s	手动换档时所使用档位
1	怠速	1			11	11	11	$6s \cdot PM + 5s \cdot K_1$
2	加速	2	1.04	0~15	4	4	15	1
3	等速	3		15	8	8	23	1
4	减速	4	-0.69	15~10	2	5	25	1
5	减速/离合器脱开		-0.92	10~0	3		28	K_1
6	怠速	5			21	21	49	$16s \cdot PM + 5s \cdot K_1$
7	加速	6	0.83	0~15	5	12	54	1
8	换档				2		56	
9	加速		0.94	15~32	5		61	2
10	等速	7		32	24	24	85	2
11	减速	8	-0.75	32~10	8	11	93	2
12	减速/离合器脱开		-0.92	10~0	3		96	K_2
13	怠速	9			21	21	117	$16s \cdot PM + 5s \cdot K_1$
14	加速	10	0.83	0~15	5	26	122	1
15	换档				2		124	
16	加速		0.62	15~35	9		133	2
17	换档				2		135	
18	加速		0.62	35~50	8		143	3

（续）

操作 序号	操作	工况	加速度/ $(m \cdot s^{-2})$	速度/ $(km \cdot h^{-1})$	每次时间		累计时间/s	手动换档时所 使用档位
					操作/s	工况/s		
19	等速	11		50	12	12	155	3
20	减速	12	0.52	50~35	8	8	163	3
21	等速	13		35	13	13	176	3
22	换档				2		178	
23	减速	14	-0.86	32~10	7	12	185	2
24	减速/离合器脱开		-0.92	10~0	3		188	K_2
25	怠速	15			7	7	195	7s·PM

注： 1. PM 指变速器置于空档，离合器接合。
2. K_1、K_2 指变速器挂 1 档或 2 档，离合器脱开。

六工况法按表 3-10 的操作规程。六工况法适用于城市客车及双层客车以外的车辆。

表 3-10　六工况试验循环

工 况 序 号	运转状态/$(km \cdot h^{-1})$	行程/m	累计行程/m	时间/s	加速度/$(m \cdot s^{-2})$
1	40	125	125	11.3	—
2	40~50	175	300	14.0	0.20
3	50	250	550	18.0	—
4	50~60	250	800	16.3	0.17
5	60	250	1050	15.0	—
6	60~40	300	1350	21.6	0.26

四工况法按表 3-11 的操作规程进行。四工况法适用于城市客车和双层客车（包括城市铰接式客车）。

表 3-11　四工况试验循环

工况序号	运转状态/$(km \cdot h^{-1})$	行程/m	累积行程/m	时间/s	变速器档位及换档车速/$(km \cdot h^{-1})$	
					档　位	换 档 车 速
1	0~25 换档加速	5.5	5.5	5.6	Ⅱ~Ⅲ	6~8
		24.5	30	8.8	Ⅲ~Ⅳ	13~15
		50	80	11.8	Ⅳ~Ⅴ	19~21
		70	150	11.4	Ⅴ	
2	25	120	270	17.2	Ⅴ	
3	(30) 25~40	160	430	(20.9) 17.7	Ⅴ	
4	减速行驶	270	700		空档	

注： 1. 对于 5 档以上变速器采用 Ⅱ 档起步，按表中规定循环试验；对于 4 档变速器 Ⅰ 档起步，将 Ⅳ 档代替表中 Ⅴ 档，其他依次代替，则按表中规定试验循环进行。

2. 括号内数字适用于铰接式客车及双层客车。

多工况燃料消耗量试验在实际道路上进行时是比较困难的，为了模拟实际汽车运行状况以进行汽车排放污染物与燃油消耗的测量，多工况燃油消耗试验基本上都在室内底盘测功机——转鼓试验台上进行，如图 3-14 所示。测试汽车固定于转鼓试验台上，从动轮置于固定台面，驱动轮置于转鼓上。起动发动机挂档后，汽车便驱动转鼓（及与其相连接的旋转质量与电力测功器）旋转。

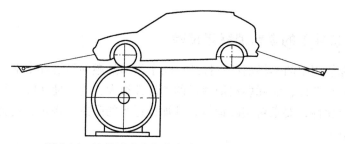

图 3-14 转鼓试验台与停在它上面进行测试的汽车

用室内转鼓试验台进行燃油经济性试验时，需要知道被测试汽车在行驶中遇到的空气阻力与滚动阻力，它们是通过路上滑行试验求得的。固定在转鼓试验台上的汽车还可以在室内进行多工况燃油消耗试验与排放试验、等速百公里油耗试验及动力性的各种试验。

图 3-15 所示为 1997 年原山东工程学院在其自己研制的转鼓试验台上为 CA1026—BH 货车进行六工况油耗测试的结果。图上给出了六工况要求的"车速—行程"过程及其允许的公差带。图上较粗的连续曲线是试验时实际的车速—行程过程。图上还有求得的折算百公里油耗值。

显然，在试验室内还应配备燃油量测定的仪器。

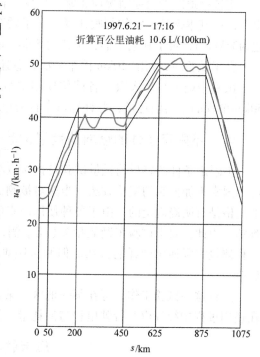

图 3-15 货车在转鼓试验台上进行六工况油耗测试的结果

四、碳平衡法计算燃料消耗量试验方法

GB/T 19233—2008 规定了汽车在模拟城市和市郊工况循环下，通过测定排放的二氧化碳（CO_2）、一氧化碳（CO）、碳氢化合物（HC），用碳平衡法计算燃料消耗量的试验方法，计算方法如下：

1）对于装汽油机的车辆

$$FC = \frac{0.1154}{D}[(0.866 \times HC) + (0.429 \times CO) + (0.273 \times CO_2)]$$

2）对于装柴油机的车辆

$$FC = \frac{0.1155}{D}[(0.866 \times HC) + (0.429 \times CO) + (0.273 \times CO_2)]$$

上面两式中，FC 为燃料消耗量（L/100km）；D 为动力因数；HC 为测得的碳氢化合物（HC）排放量（g/km）；CO 为测得的一氧化碳（CO）排放量；CO_2 为测得的二氧化碳（CO_2）排放量。

五、限定条件下的燃料消耗量试验

汽车在实际使用中的燃料消耗直接地反映了汽车的燃油经济性水平，但是由于汽车实际使用条件的复杂性，实际燃料消耗量的离散性很大，为了使实际运行条件下的测试结果有一定的可比性，要求对实际运行条件加以适当的限制和规定，这就是限定条件下的燃料消耗量试验。

试验时，测试路段应设在三级以上的平原干线公路上，试验路段长度不小于 50km。

所选择道路的交通情况应正常。试验车辆在保证交通安全和遵守交通法规规定的前提下，应基本保持一定的行驶速度。对于轿车，车速为 60km/h；对于铰接式客车，车速为35km/h；对于其他车辆，车速为 50km/h。各车速下速度偏差为±2km/h。

客车试验时，每隔 10km 停车一次，怠速运转 1min 后重新起步。

试验中记录制动次数、各档位使用次数、行驶时间和里程、停车时间等，要测量 50km 单程的燃料消耗量，并计算汽车百公里油耗和平均车速。

六、不限定条件的燃料消耗量试验

不限定条件的燃料消耗量试验是指对汽车行驶道路、交通情况、驾驶习惯、周围环境等因素不加控制的试验方法。当然对被测试车辆的维护、调整规范及所用燃料、润滑油规格是有明确规定的。由于各种使用因素的随机变化，要获得分散度小的数据是很困难的。为此，要求试验车辆数量多（几十辆以上）、行驶里程长（10000～15000km），是一种测量实际使用油耗的方法。但测量困难，同时需要很长时间，是一种较少采用的试验。

进行这一试验工作，可在某一地区、某汽车使用单位，把试验车辆投入实际使用，在使用过程中统计汽车行驶里程与油耗量，最后确定平均燃油消耗量。

思考题与习题

3-1　什么是汽车的燃油经济性？其评价指标有哪些？

3-2　试述无级变速器与汽车动力性、燃油经济性的关系。

3-3　影响汽车燃油经济性的因素有哪些？

3-4　试根据图 3-4 的万有特性曲线，求汽油发动机功率 $P=20$kW，以 50km/h 等速行驶时的百公里燃油消耗量。

3-5　某轻型货车，有关数据如例 3-1。变速器传动比 i_g 数据见表 3-12。

表 3-12　轻型货车 i_g 数据

	Ⅰ档	Ⅱ档	Ⅲ档	Ⅳ档	Ⅴ档
4 档变速器	6.09	3.09	1.71	1.00	—
5 档变速器	5.56	2.769	1.644	1.00	0.793

计算与绘制题目中货车的：

1）汽车功率平衡图。

2）最高档与次高档的等速百公里油耗曲线。

或利用计算机求货车按 GB/T 12545.2—2001 规定的六工况循环行驶的百公路油耗。计算中确定燃油消耗率 b 值时若发动机转速与负荷特性中给定的转速不相等，可由相邻转速的两根曲线用插值法求得。

六工况循环参数参看表 3-10。

3-6　轮胎对汽车动力性、燃油经济性有何影响？

3-7　为什么公共汽车起步后，驾驶员很快换入高档？

3-8　达到动力性最佳的换档时机是什么？达到燃油经济性最佳的换档时机是什么？二者是否相同？

3-9　如何计算汽车循环工况的燃油消耗？

3-10　如何从汽车使用方面来改善汽车的燃油经济性？

3-11　从结构上提高发动机燃油经济性的主要途径有哪些？

3-12　变速器的档位和传动比对燃油经济性有何影响？

3-13　如何从改进汽车底盘设计方面来提高燃油经济性？

3-14　为什么汽车发动机与传动系统匹配不好会影响汽车的燃油经济性与动力性？试举例说明。

3-15　试分析超速档对汽车动力性和燃油经济性的影响。

3-16　汽车尺寸和质量对燃油经济性有何影响？

3-17　汽车外形和轮胎对燃油经济性有何影响？

3-18　试述中速行驶节油的理论依据。

第四章　汽车发动机功率和传动系统传动比的选择

在设计和改装汽车时，必须充分满足人们对汽车性能的各种要求。汽车发动机的功率、传动系统的传动比这两项对汽车的动力性与燃油经济性有很大影响。在确定这些参数时，必须充分考虑满足这两个基本性能的要求。此外，还要注意满足驾驶性的要求。

本章将讨论发动机的主要性能指标、汽车发动机功率、传动装置参数的初步选择及按燃油经济性—加速时间曲线进一步确定这些参数的方法。

第一节　发动机的主要性能指标和功率的确定

一、发动机的主要性能指标

发动机的性能指标包括内容很广泛，主要有动力性能指标(功率、转矩、转速)、经济性能指标(燃料及润滑油消耗率)及运转性能指标(冷起动性能、噪声和排气质量)。

衡量一台发动机的质量主要是对以上性能指标进行评定，同时还要从可靠性、耐久性、结构工艺性、使用维修性、排放噪声、生产实际条件以及使用特点等多方面予以综合评定，并把各种性能有机地结合起来。

现对发动机的有效指标、强化指标及运转性能指标进行简要说明。

1. 发动机的有效指标

发动机的经济性和动力性是以曲轴对外输出的功率为基础，代表发动机的整机性能，通常称它们为有效指标。表 4-1 列举了有效指标定义及计算方法。

表 4-1　有效指标定义及计算方法

有效指标	定义	计算方法	备注
有效功率 P_e/kW	发动机通过曲轴对外输出的功率	$P_e = P_i - P_m$ $\left(P_e = \dfrac{T_{tq}n}{9550} = \dfrac{p_{me}V_s in}{30\tau}\right)$	τ 为发动机行程数，P_i 为指示功率(kW)，P_m 为机械损失功率(kW)
机械效率 η_m	有效功率与指示功率之比	$\eta_m = \dfrac{P_e}{P_i} = 1 - \dfrac{P_m}{P_i}$	
有效转矩 $T_{tq}/(N \cdot m)$	发动机通过曲轴输出的转矩	$T_{tq} = \dfrac{9550P_e}{n}$	n 为发动机转速(r/min)
平均有效压力 p_{me}/MPa	单位气缸工作容积输出的有效功	$p_{me} = \dfrac{30P_e\tau}{V_s in}$	V_s 为发动机工作容积(L)，i 为气缸数
有效燃料消耗率 $b_e/[g \cdot (kW \cdot h)^{-1}]$	单位有效功的燃油消耗量	$b_e = \dfrac{B}{P_e} \times 1000$	B 为每小时耗油量(kg/h)
有效热效率 η_{et}	发动机的有效功 W_e 与所消耗燃料热量 Q_1 之比	$\eta_{et} = \dfrac{W_e}{Q_1}\left(= \dfrac{3.6}{b_e H_\mu} \times 10^6\right)$	H_μ 为燃料的低热值(kJ/kg)

2. 发动机的强化指标

发动机的强化指标用以评定发动机的强化程度。表4-2列举了发动机强化指标的定义及计算方法。

表 4-2 发动机强化指标的定义及计算方法

强化指标	定 义	计算方法	备 注
升功率 $P_L/(kW \cdot L^{-1})$	发动机每升工作容积所发出的有效功率	$P_L = \dfrac{P_e}{iV_s}$	用以衡量发动机容积利用的程度，汽车发动机发展方向之一是继续提高发动机升功率
比质量 $M_e/[kg \cdot (kW)^{-1}]$	发动机的干质量 m 与所给出的标定功率之比	$M_e = \dfrac{m}{P_e}$	m 为发动机的干质量。比质量表征质量利用程度和结构紧凑性
强化系数	平均有效压力与活塞平均速度的乘积	$p_{me}c_m$	c_m 为活塞平均速度，$c_m = Sn/30$，S 为活塞的行程。强化系数表征发动机的强化程度，是发动机技术进步的一个标志

发动机除了上述指示指标、有效指标和强化指标等外，还有排气质量、噪声等环境指标。由于这些性能指标关系到人类生存的环境和健康问题，各国都采取了许多对策，对此制定了相应法规，予以严格控制。排气品质和噪声已经成为发动机的重要性能指标。

二、发动机功率的确定

设计中常常先从保证汽车预期的最高车速来初步选择发动机应有的功率。最高车速虽然仅是汽车动力性三个指标中的一个，但它实质上也反映了汽车的另外两个动力性指标——加速能力与爬坡能力。这是因为最高车速越高，要求的发动机功率越大，汽车后备功率大，其加速与爬坡能力必然较好。

若给出了汽车期望的最高车速，选择的发动机功率应大体等于，但不小于以最高车速行驶时的行驶阻力功率之和。由汽车功率平衡方程式知，发动机功率应为

$$P_e = \frac{1}{\eta_T} \left(\frac{Gfu_{amax}}{3600} + \frac{C_D A u_{amax}^3}{76140} \right) \tag{4-1}$$

式中，u_{amax} 是汽车期望的最高车速。

式(4-1)中，在给定 u_{amax}、C_D、A、f、η_T 之值后，便能求出应有功率的数值。

在实际工作中，还常常利用现有汽车统计数据初步估计汽车比功率来确定发动机的应有功率。

汽车的比功率是汽车发动机的额定功率 P_e 与汽车总质量 m 的比值，即比功率是指车辆单位总质量所具有的发动机的额定功率。

类似地，汽车列车的比功率是汽车列车发动机（即牵引车发动机）的额定功率 P_e 与汽车列车总质量 m 的比值。

比功率的常用单位为 kW/t，可由下式求得

$$汽车比功率 = \frac{1000P_e}{m} = \frac{fg}{3.6\eta_T}u_{amax} + \frac{C_DA}{76.14m\eta_T}u_{amax}^3 \qquad (4\text{-}2)$$

各种货车的 f、η_T 及 C_D 值大致相等且最高车速也相差不多，但总质量变化范围很大。货车最高车速为 100km/h 左右，一辆中型货车的比功率约为 10kW/t，其中用以克服滚动阻力功率的，即式(4-2)的第一项，约占 2/5。显然，对于各类货车，在行驶速度相同时，式(4-2)第一项的数值大体一样。式(4-2)中第二项是比风阻功率，是汽车克服空气阻力功率的部分，它随 A/m 而变化，货车总质量增大时，迎风面积增加有限，当汽车车速不变而总质量增大时，比风阻功率(式(4-2)右边的第二项)随之减小，从而使车辆比功率需求值随之下降，这也意味着车辆的百吨公里油耗的下降。从另外一个角度分析，这主要是因为空气阻力(风阻)与车辆总质量无关，而主要与车速、C_D 值及 A 值有关。在总行驶阻力中空气阻力所占比重会随着车速的下降以平方速度更快地下降。例如总重 16~17t 的车辆，当车速为 120~140km/h 时，其空气阻力占总行驶阻力的 60% 左右，而总重 40~44t 的车辆，当车速为 90~110km/h 时，其空气阻力仅占总行驶阻力的 28% 左右。故第二项将随着总质量的增加而逐步减少。因此，不同货车的比功率将随其总质量的增大而逐步减少，但大于单位质量应克服的滚动阻力功率。

表 4-3 列出了国内外部分重型货车比功率与总质量的关系。

表 4-3　国内外部分重型货车比功率与总质量的关系

厂家	车型	驱动形式 $n \times n$	最大功率时车速/ $(km \cdot h^{-1})$	发动机功率/ kW	车辆总质量/ kg	车辆比功率/ $(kW \cdot t^{-1})$
纳威司达 (美国)	9300	4×2	135.3	312	16000	19.5
		4×2	107.7	312	38000	8.21
		6×4	123.8	326	27000	12.07
		6×4	84.7	326	65000	5.143
MA3 (俄罗斯)	64221	6×4	97.6	313	44000	7.825
	64224	6×4	111.4	313	32400	9.66
	54326	4×2	122.3	265	16500	16.06
奔驰 (德国)	1748	4×2	139.9	362	17000	21.29
		4×2	119.9	362	40100	9.027
沃尔沃 (瑞典)	F16—470	4×2	139.5	342	17000	20.12
		4×2	110.4	342	41000	8.342
雷诺 (法国)	R420	4×2	131.9	310	16000	16.37
		4×2	101.7	310	40000	7.75
尼桑 (日本)	CD320VN		114.6	238.7	19805	12.05
	U CW610V		123.2	276	19615	14.07
	U CD450V		119.7	261	19765	13.20
利兰 (英国)	17.35	4×2	120.1	250	17600	14.20
	24.35	6×4	105.3	240	26800	8.965
CQ (中国)	19.210.1	4×2	89.9	154.5	19000	8.13
	19.210.2	4×2	93.2	165	19000	8.68
	1300.1	6×4	89.4	206	30000	6.87
	1300.2	6×4	94.4	225	30000	7.50
	4260.1	6×4	94.8	206	26000	7.923
	4260.2	6×4	99.7	225	26000	8.654

比功率可以综合评价车辆的动力性能，如车辆的速度特性和加速性能等。同时，它的大小直接影响车辆运行的经济性。因此，比功率是车辆设计和使用的重要参数之一。为了保证车辆在高速公路上有足够的行驶速度，不少国家对汽车的比功率限值有所规定。在设计新车时，须使其比功率不低于法规规定的数值。现代轻型货车（总质量在4t左右）的比功率大多数在14.7～20.6kW/t之间；总质量为16～19t的汽车其比功率大多在7.4～13.2kW/t之间。这是因为这些吨位的汽车常需拖带大吨位的挂车行驶。对于主要在高速公路上或在山区行驶的汽车，其比功率一般不低于5.88kW/t。

为了提高运输效率和节约燃料，近年来，汽车拖挂运输仍被广泛应用。例如，若使汽车列车具有较高的速度，并能在8%的坡道上行驶而速度不下降至20km/h以下，其比功率至少在6.8kW/t以上。在比较发达的国家，公路条件较好，在高速公路上运行的汽车列车比功率都在6.6～8.1kW/t左右。

总之，货车可以根据同样总质量与同样类型车辆的比功率统计数据，初步选择发动机功率。

我国有关大客车的标准明确规定了客车最高车速与功率的数值，可以作为初步确定发动机功率的依据。如交通部行业标准JT/T 325—2013中规定，高三级（即最高级）大型客车（12m≥车身长度>9m）的设计车速不小于125km/h，比功率应不小于15kW/t。

轿车行驶车速高，且不同轿车的动力性能相差很大，其最高车速在125～300km/h之间。所以轿车的比功率较高，且不同轿车相差较大。图4-1所示为部分轿车比功率曲线，在图中，取

$$\frac{f}{\eta_\mathrm{T}} = 0.02,\quad \frac{C_\mathrm{D}A}{m\eta_\mathrm{T}} = 4\times10^{-4} \sim 1\times10^{-3}\mathrm{m^2/kg}。$$

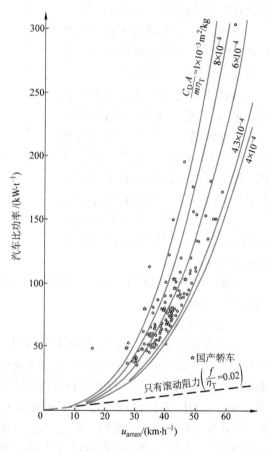

图4-1　部分轿车比功率曲线

第二节　传动系统最小传动比的选择

一、最小传动比的选择

汽车大部分时间以最高档行驶，也就是用最小传动比的档位行驶，因此最小传动比

的选定是很重要的。

传动系统的总传动比是传动系统中各部件传动比的乘积，即

$$i_t = i_g i_0 i_c$$

式中，i_t 是传动系统的总传动比；i_g 是变速器传动比；i_0 是主减速器传动比；i_c 是分动器、副变速器传动比。

普通的汽车没有分动器或副变速器。变速器的最小传动比为直接档或超速档，当变速器为直接档时，传动系统的最小传动比就是主减速器传动比 i_0；当变速器为超速档时，最小传动比应为变速器最高档传动比与主减速器传动比的乘积。

下面讨论变速器最小传动比为1时的汽车最小传动比的选择，即主减速器传动比 i_0 的选择。

选择主减速器传动比时应考虑汽车最高车速、汽车的后备功率、汽车燃油经济性、汽车驾驶性等性能。图4-2所示为一汽车的功率平衡图。图上有水平路面行驶阻力功率曲线，还有不同主减速器传动比 i_{01}、i_{02}、i_{03} 所确定的发动机的功率曲线1、2、3，图中对应的功率曲线满足 $i_{01} < i_{02} < i_{03}$。

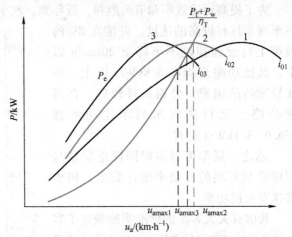

图 4-2 不同 i_0 时的汽车功率平衡图

下面分别讨论选择不同的 i_0 对汽车最高车速、汽车的后备功率、汽车燃油经济性、汽车驾驶性能的影响。

1. 最高车速

主减速器传动比不同，汽车功率平衡图上发动机功率曲线的位置不同，与水平路面行驶阻力功率曲线的交点所确定的最高车速也不同。当阻力功率曲线正好与发动机功率曲线交在其最大功率点上时所得的最高车速最大，即 $u_{amax} = u_p$，u_p 为发动机最大功率时的车速。分析图4-2可以看出，主传动比为 i_{02} 时，阻力功率曲线正好与发动机功率曲线2交在其最大功率点上，此时，$u_{amax2} = u_{p2}$。而装有另外两种传动比的主减速器，发动机功率曲线1、3与阻力功率曲线的交点均不在最大功率点，即 $u_{amax1} \neq u_{p1}$，$u_{amax3} \neq u_{p3}$，且 $u_{amax1} < u_{amax2}$，$u_{amax3} < u_{amax2}$。所以当 $i_0 = i_{02}$ 时，即选择汽车的最高车速相当于发动机最大功率点的车速时，最高车速是最大的。其他情况最高车速要下降。

2. 汽车的后备功率

主减速器传动比 i_0 不同，汽车的后备功率也不同。i_0 增大，在图4-2中发动机功率曲线左移，汽车的后备功率增大，动力性加强，但燃油经济性较差。i_0 减小，发动机功率曲线右移，汽车的后备功率较小，动力性较差，但发动机功率利用率高，燃油经济性较好。

当主传动比为 i_{01} 时，发动机功率曲线1在曲线2的右方（$u_{p1} > u_{amax1}$，当然 u_{p1} 是不可

能实现的)。因此,除了 $u_{amax1} < u_{amax2}$ 外,汽车的后备功率也较小,即汽车的动力性比主传动比为 i_{02} 时要差。不过,发动机功率利用率高,燃油经济性较好。

当主传动比为 i_{03} 时,发动机功率曲线 3 在曲线 2 的左方。此时 $u_{p3} < u_{amax3}$,虽然 $u_{amax3} < u_{amax2}$,但汽车的后备功率却有较大增加,即动力性有其加强的一面,但是燃油经济性较差。

3. 燃油经济性

选择最小传动比时,不但要考虑动力性,也要考虑燃油经济性。过去,多数汽车将最小传动比选择得使 $u_{amax} = u_p$,或 u_p 稍小于 u_{amax}。近年来,为了提高燃油经济性,出现了减小最小传动比的趋势,即令 u_p 稍大于 u_{amax}。有的装有 5 档变速器的轿车,第 V 档的(汽车)最高车速与第 IV 档的最高车速很接近;而有的轿车第 V 档的最高车速甚至稍低于第 IV 档的(汽车)最高车速。

据统计,在最小传动比(变速器为最高档)时,约 74% 轿车的 u_{amax}/u_p 值在 0.9~1.10 之间,5.5% 的轿车在 1.1~1.39 之间,17.5% 的轿车在 0.7~0.9 之间,3% 的轿车 u_{amax}/u_p 的值低达 0.5~0.7。

4. 驾驶性能

最小传动比还受到驾驶性能的限制。

驾驶性能是包括平稳性在内的加速性,是指动力装置的转矩响应、噪声和振动。它只能由驾驶人通过主观评价来确定。影响驾驶性能的因素有发动机的排量、气缸的数目、最小传动比或最高档时发动机转速与行驶车速的比值 n/u_a 以及传动系统的刚度等。大排量、气缸数多的发动机可以提供较大、较快、较平稳的转矩响应。前置发动机前驱动汽车的传动系统,没有传动轴等部件,刚度较大,转矩响应较后驱动好。最小传动比或 n/u_a 比值对转矩响应有很大影响,例如,最小传动比过小,发动机在重负荷下工作,加速性不好,出现噪声与振动。最小传动比过大,燃油经济性差,发动机高速运转噪声大。

美国曾对 1979 年进口轿车与美国产轿车作回归分析,得到了动力装置 n/u_a 的允许值图,如图 4-3 所示。利用此图,可根据每千克(磅)车质量的发动机排量毫升值,查出允许的最小 n/u_a 值。

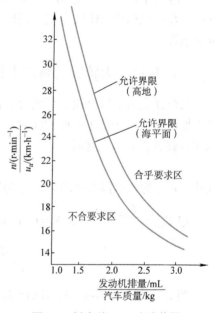

图 4-3 轿车的 n/u_a 允许值图

二、根据 D_{0max} 选定最小传动比

选定最小传动比时,要考虑最高档行驶时汽车应有足够的动力性能,即有足够的最高档动力因数。

最小传动比也可由最高档动力因数 D_{0max} 来确定,一般汽车主减速器传动比 i_0 与

D_{0max}有下列关系式存在。

$$D_{0max} = \frac{\dfrac{T_{tqmax}i_0\eta_T}{r} - \dfrac{C_D A}{21.15}u_{at}^2}{G}$$

式中，G是汽车总质量的重力（N）；u_{at}是汽车直接档或最高档时发动机发出最大转矩时的汽车车速（km/h）；D_{0max}是最高档动力因数。

D_{0max}可按下列推荐值选取，中型货车$D_{0max} \approx 0.04 \sim 0.08$，中级轿车$D_{0max} \approx 0.1 \sim 0.15$。

根据上面的关系式，可以初步选定最小传动比。

第三节　传动系统最大传动比的确定

就普通汽车而言，传动系统最大传动比i_{tmax}是变速器Ⅰ档传动比i_{g1}与主减速器传动比i_0的乘积。当i_0已知时，确定传动系统最大传动比也就是确定变速器Ⅰ档传动比i_{g1}。

变速器Ⅰ档传动比i_{g1}对汽车的动力性影响最大，确定最低档传动比i_{g1}时，要考虑下列因素：汽车最大爬坡度或Ⅰ档最大动力因数、驱动轮与路面的附着力、汽车最低稳定车速等。

一、根据最大爬坡度确定Ⅰ档传动比

汽车在最大上坡路面上行驶时，汽车的最大驱动力应能克服轮胎与路面间滚动阻力及上坡阻力。由于汽车上坡行驶时，车速不高，故忽略空气阻力，加速度$du/dt=0$，由汽车行驶方程式知，这时

$$F_{tmax} = F_f + F_{imax} \tag{4-3}$$

式中，F_{tmax}为汽车最大驱动力；F_f为滚动阻力；F_{imax}为最大上坡阻力。

把$F_{tmax} = \dfrac{T_{tqmax}i_{g1}i_0\eta_T}{r}$，$F_f = Gf\cos\alpha_{max}$，$F_{imax} = G\sin\alpha_{max}$代入式（4-3），得

$$i_{g1} = \frac{G(f\cos\alpha_{max} + \sin\alpha_{max})r}{T_{tqmax}i_0\eta_T}$$

当α不大时，$\cos\alpha \approx 1$，$\sin\alpha \approx i$，则有

$$i_{g1} = \frac{Gr\psi}{T_{tqmax}i_0\eta_T}$$

式中，T_{tqmax}为发动机最大转矩；i_{g1}为变速器Ⅰ档传动比；i_0为主传动器传动比；η_T为汽车传动系统总效率；G为汽车总重量；ψ为道路最大阻力系数；r为驱动轮滚动半径；f为滚动阻力系数，对货车可取$f = 0.011$，对轿车可取$f = 0.0165$；α_{max}为道路最大上坡角。

一般货车的最大爬坡度约为坡度为30%，即$\alpha_{max} = 16.7°$。轿车也应具有爬上坡度为30%坡道的能力。实际上轿车的最大爬坡坡度常大于30%。把坡度值代入上式，可求得i_{g1}值。

二、根据驱动轮与路面的附着力确定Ⅰ档传动比

汽车行驶时，为了使驱动轮不打滑，必须使驱动力等于或小于驱动轮与路面间的附着力，此条件可用下列不等式表示：

$$F_{tmax} = \frac{T_{tqmax} i_{g1} i_0 \eta_T}{r} \leqslant F_z \varphi \tag{4-4}$$

式中，φ 是道路附着系数，计算时取 $\varphi = 0.5 \sim 0.6$；F_z 是在坡道上路面对驱动轮的法向反作用力。

对式(4-4)取等号，把有关参数代入，可求得 i_{g1} 值。

三、根据最低稳定车速确定Ⅰ档传动比

对于越野汽车，为了避免在松软路面上行驶时，由于土壤受冲击剪切破坏而损失地面附着力，i_{tmax} 应保证汽车能在极低车速下稳定行驶。设最低稳定车速为 u_{amin}，则

$$i_{tmax} = 0.377 \frac{n_{min} r}{u_{amin}}$$

式中，r 为车轮滚动半径(m)；n_{min} 为发动机最低转速(r/min)；i_{tmax} 为最大传动比；u_{amin} 为最低稳定车速(km/h)。

把有关参数代入，可求得 i_{g1} 值。

根据上述三个条件确定的Ⅰ档传动比可能不相等，此时应选其中的小值。

此外，轿车的最大传动比是根据其加速能力来确定的，可参考同一等级的轿车选择最大传动比。

第四节　传动系统档位数与各档传动比的选择

不同类型的汽车具有不同的传动系统档位数。其原因在于汽车本身的功率不同，它们的使用条件不同，对整车性能的要求不同。而传动系统的档位数与汽车的动力性、燃油经济性有着密切关系。

就动力性而言，档位数多，可以使发动机经常在最大功率附近的转速工作，而且使发动机转速变化范围小，发动机平均功率高，增加了发动机发挥最大功率附近高功率的机会，提高了汽车的加速与爬坡能力，故提高了汽车的动力性。

在汽车行驶速度变化范围内，传动系统档位数越多，则动力装置输出功率的利用率越高。图4-4所示为某一汽车的功率输出特性，图中Ⅰ、Ⅱ、Ⅲ表示三个档位的功率曲线。功率曲线的纵坐标代表汽车以不同速度行驶时可利用的原动机

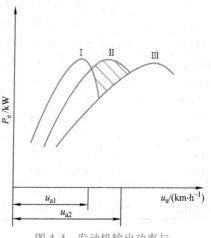

图4-4　发动机输出功率与
行驶速度关系曲线

功率。若取消Ⅱ档，则图中划阴影线部分减去。当汽车在 $u_{a1} \sim u_{a2}$ 速度区间行驶时，尽管 $u_{a1} \sim u_{a2}$ 速度区间是可以实现的，但从图 4-4 可以清楚看出，若取消Ⅱ档，发动机此时输出功率的利用率将降低很多。

就燃油经济性而言，档位数多，增加了发动机在低燃油消耗率区工作的可能性，降低了油耗。所以增加档位数会改善汽车的动力性和燃油经济性。

档位数的多少还影响档与档之间的传动比的比值。相邻两档传动比的比值过大会造成换档困难。一般认为该比值不宜大于 1.7～1.8。因此，若最大传动比与最小传动比之比值越大，档位数也应越多。

轿车的行驶车速高，比功率大，最高档的后备功率也大，即最高档的动力因数 D_{0max} 也大，$D_{\mathrm{I}max}$ 与 D_{0max} 之间范围小，换言之，最高档的驱动力与Ⅰ档驱动力间的范围小，即 i_{tmax}/i_{tmin} 小。因此，过去美国轿车发动机功率较大，故常采用操纵方便的 3 档变速器；选用发动机排量较小的欧洲各国，则用 4 档变速器。近年来，为了进一步节省燃油，装用手动变速器的轿车普遍采用 5 档变速器，也有采用 6 档变速器的。

载货汽车吨位大的其变速器档位数比吨位小的档位数多。总质量 3.5t 以下的多用 4 档变速器。总质量 3.5～10t 的轻型货车和中型货车因其比功率小，一般多采用 5 档变速器。重型货车的比功率更小，使用条件也更复杂，如矿山用重型汽车，行驶道路变化很大。重型牵引车要拖带挂车，有时要求有很大的驱动力。重型车辆发动机工作时间长，油耗量大，且本身自重很大，增加档位数不会过多地增加汽车的制造成本，所以一般采用 6 档至十几个档的变速器，以适应复杂的使用条件，使汽车具有足够的动力性和良好的燃油经济性。特殊用途的车辆可用组合变速器形成更多的档位。越野汽车的 i_{tmax}/i_{tmin} 值很大，其传动系统的档位数较同吨位的普通货车常多一倍左右。

表 4-4 列出了部分国产汽车变速器的传动比。

表 4-4　部分国产汽车变速器的传动比

汽车型号	吨位	传 动 比						i_{tmax}/i_{tmin}	邻档传动比比值			
		i_{g1}	i_{g2}	i_{g3}	i_{g4}	i_{g5}	i_{g6}		i_{g1}/i_{g2}	i_{g2}/i_{g3}	i_{g3}/i_{g4}	i_{g4}/i_{g5}
SH760		3.52	2.32	1.52	1.00		3.29	3.52	1.52	1.52	1.52	
桑塔纳		3.45	1.94	1.29	0.91	0.73		4.73	1.82	1.50	1.42	1.24
切诺基		3.99	2.35	1.43	1.00		4.29	3.99	1.7	1.64	1.43	
BC1022	1	5.08	2.73	1.60	1.00		5.46	5.08	1.86	1.71	1.6	
BJ1040	2	6.09	3.09	1.71	1.00		4.95	6.09	1.97	1.81	1.71	
CA10B	4	6.24	3.32	1.9	1.00	0.81	6.7	7.71	1.88	1.75	1.9	1.23
CA1090	5	7.7	4.1	2.54	1.51	1.00	8.27	7.7	1.88	1.61	1.68	1.51
CA7220		3.6	2.13	1.46	1.07	0.86		4.2	1.69	1.46	1.36	1.25
JN150	8	7.64	4.27	2.6	1.59	1.00	5.95	7.64	1.79	1.64	1.64	1.59
JN162		7.03	4.59	2.64	1.55	1.00	5.97	7.03	1.53	1.74	1.7	1.55
BJ2020		3.12	1.77	1.00			3.74	3.12	1.76	1.77		
EQ2080		7.48	4.31	2.45	1.54	1.00		8.19	7.48	1.74	1.76	1.59	1.54

在变速器中，档位数超过五个（指前进档）会使结构大为复杂，同时操纵机构也相

应复杂。为此，常在变速器后接上一个 2 档位或 3 档位的副变速器。越野汽车因要求多轴驱动，故采用分动器。

在选定汽车的最小传动比 i_{tmin}、最大传动比 i_{tmax} 及传动系统的档位数后，应确定中间各档的传动比。

实际上，汽车传动系统各档的传动比大体上是按等比级数分配的。例如轿车 SH760 变速器传动比及与相邻两档的比值为

$$\frac{i_{g1}}{i_{g2}}=\frac{3.52}{2.32}=1.52 \qquad \frac{i_{g2}}{i_{g3}}=\frac{2.32}{1.52}=1.52 \qquad \frac{i_{g3}}{i_{g4}}=\frac{1.52}{1.00}=1.52$$

它们完全按等比级数分配。

CA72205 汽车 5 档变速器传动比及与相邻两档的比值为

$$\frac{i_{g1}}{i_{g2}}=\frac{3.6}{2.125}=1.69 \qquad \frac{i_{g2}}{i_{g3}}=\frac{2.125}{1.458}=1.46$$

$$\frac{i_{g3}}{i_{g4}}=\frac{1.458}{1.070}=1.36 \qquad \frac{i_{g4}}{i_{g5}}=\frac{1.070}{0.857}=1.25$$

它们的比值彼此相差不大，但 $i_{g1}/i_{g2}>i_{g2}/i_{g3}>i_{g3}/i_{g4}>i_{g4}/i_{g5}$。所以可以认为，一般汽车各档传动比大致符合如下关系：

$$\frac{i_{g1}}{i_{g2}}=\frac{i_{g2}}{i_{g3}}=\cdots=q$$

式中，q 为常数，也就是各档之间的公比。

由此可以推知，如果是 n 个档位的变速器，则各档的传动比为

$$i_{g1}=qi_{g2},\ i_{g2}=qi_{g3},\ i_{g3}=qi_{g4},\ \cdots,\ i_{g(n-1)}=qi_{gn}$$

即

$$i_{g1}=q^{n-1}i_{gn}$$

各档之间的公比

$$q=\sqrt[n-1]{\frac{i_{g1}}{i}}$$

第 m 档的传动比应为

$$i_{gm}=\sqrt[n-1]{i_{g1}^{n-m}}$$

若为 5 档变速器，则各档传动比与 q 便有如下关系：

$i_{g4}=qi_{g5}$，$i_{g3}=q^2i_{g5}$，$i_{g2}=q^3i_{g5}$，$i_{g1}=q^4i_{g5}$

其实，由下面的分析可知，采用等比级数的办法来分配变速器各档传动比是有道理的。

图 4-5 中绘有发动机的外特性，又因 u_a 和 n 之间有下列关系：

$$u_a=0.377\frac{nr}{i_g i_0}$$

所以可以画出图 4-5 所示每个档位的车

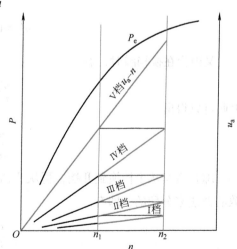

图 4-5　每个档位的车速与发动机转速的关系

速与发动机转速的关系曲线。

如图 4-5 所示，驾驶人用Ⅰ档起步，随着发动机转速的提高，汽车的行驶速度也随之增加。当发动机转速达到 n_2 时，驾驶人开始换档，此时汽车车速为Ⅰ档末期速度，假设此时汽车速度为 u''_{a1}。若设换档过程中车速没有降低，则换上Ⅱ档时，发动机转速应降到 n_1，离合器才能平顺无冲击地接合，假设此时汽车速度为 u'_{a2}。

又因为 n_1 和 n_2 有如下关系。

Ⅰ档时发动机转速升到 n_2 时所对应的车速为

$$u''_{a1} = 0.377 \frac{n_2 r}{i_{g1} i_0}$$

换上Ⅱ档时，发动机转速降到 n_1，即

$$u'_{a2} = 0.377 \frac{n_1 r}{i_{g2} i_0}$$

由上面的分析可知

$$u''_{a1} = u'_{a2}$$

由此可以得出下列关系式：

$$\frac{n_2}{n_1} = \frac{i_{g1}}{i_{g2}}$$

当满足以上关系式时，汽车从Ⅰ档换到Ⅱ档，离合器能实现无冲击地接合。

在换上Ⅱ档时，发动机转速下降到 n_1，随着发动机转速的提高，汽车的行驶速度也随之增加。发动机转速升到 n_2 时换上Ⅲ档，在刚换上Ⅲ档前那一刻，即在Ⅱ档末期，此时的汽车速度假设为 u''_{a2}。设换档过程中车速没有降低，则换上Ⅲ档时，发动机转速应降到 n'_1，离合器才能平顺无冲击地接合，假设此时汽车速度为 u'_{a3}。

同理可知

$$u''_{a2} = 0.377 \frac{n_2 r}{i_{g2} i_0}$$

$$u'_{a3} = 0.377 \frac{n'_1 r}{i_{g3} i_0}$$

又因为在换档瞬时，有

$$u''_{a2} = u'_{a3}$$

由此可以得出

$$\frac{n_2}{n'_1} = \frac{i_{g2}}{i_{g3}}$$

综合汽车从Ⅰ档换到Ⅱ档，再从Ⅱ档换到Ⅲ档可知，由于各档传动比是采用等比级数的办法来分配的，即有

$$\frac{i_{g1}}{i_{g2}} = \frac{i_{g2}}{i_{g3}}$$

所以

$$\frac{n_2}{n_1} = \frac{n_2}{n_1'}$$

显然，

$$n_1 = n_1'$$

类似地

$$\frac{i_{g1}}{i_{g2}} = \frac{i_{g2}}{i_{g3}} = \frac{i_{g3}}{i_{g4}} = \frac{i_{g4}}{i_{g5}} = \cdots$$

所以每次从低档换到相邻高档时都有相同的结论。

由此可见，采用等比级数的方法来分配变速器各档传动比，若每次发动机都是提高到转速 n_2 换档，只要发动机都降到同一低转速 n_1，离合器就能无冲击地接合。也就是说，换档过程中，发动机总在同一转速范围 $n_1 \sim n_2$ 内工作。这样，驾驶人在起步加速时的操作就方便得多了。

不过，按等比级数分配传动比的主要目的还在于充分利用发动机提供的功率，提高汽车的动力性。当汽车需要大功率（如全力加速或上坡）时，若档位选择恰当，具有按等比级数分配传动比的变速器，能使发动机经常在接近外特性最大功率 P_{emax} 处的大功率范围内运转，从而增加了汽车的后备功率，提高了汽车的加速或上坡能力。

按等比级数分配传动比的（主）变速器，还便于和副变速器结合构成更多档位的变速器。例如一具有 5 档位的主变速器，各档间的公比为 q^2，其传动比序列为 1、q^2、q^4、q^6、q^8。若结合一后置两档副（减速）变速器，其传动比为 1、q，便可构成一具有 10 个档位的变速器，各档间的公比为 q，其传动比序列为 1、q、q^2、q^3、q^4、q^5、q^6、q^7、q^8、q^9。

上述变速器传动比是按等比级数分配的，是依据换档过程中车速不降低来考虑的。实际上，由于下列原因：

1）传动系统中齿数必须是整数，配齿后计算值与理论计算有误。

2）换档过程中车速有所降低，换档车速越高，换档过程车速下降得越多。

使各档的传动比之间的比值并不刚好相等，即并不是正好按等比级数来分配传动比的。下面比较三种不同传动比分配的 3 档变速器在加速过程中发动机功率发挥的程度，以说明传动比分配规律对汽车后备功率的影响。

方案一为按等比级数分配传动比的变速器，即 $\dfrac{i_1}{i_2} = \dfrac{i_2}{i_3}$；方案二为各档传动比的分配是 $\dfrac{i_1}{i_2} < \dfrac{i_2}{i_3}$；方案三为各档传动比的分配是 $\dfrac{i_1}{i_2} > \dfrac{i_2}{i_3}$。且假定为了充分利用发动机功率，加速过程中节气门全开，各档均用到发动机的最高转速 n_{max} 才换档。

如表 4-5 所示，三种方案在 I 档时，发动机工作区域相同。但在 II 档和 III 档时，由于发动机在换档时的起始转速不同，其功率曲线覆盖的面积也不同。方案二，即 $\dfrac{i_1}{i_2} < \dfrac{i_2}{i_3}$ 的方案，在使用 II 档时，利用发动机功率的范围少掉了转速 $n_1 \sim n_1'$ 间的区域（表 4-5 中

图(7)水平阴影线）。虽然在Ⅲ档时与方案一相比较，汽车多得了 $n_1'' \sim n_1$ 间的利用功率区域（表4-5中图(8)水平阴影线），但得失相比，得到的是较小的功率区域，而失去的是较大功率区域。方案三，即 $\dfrac{i_1}{i_2} > \dfrac{i_2}{i_3}$ 的方案，在使用Ⅱ档时，利用发动机功率的范围增加了转速 $n_1''' \sim n_1$ 间的区域（表4-5中图(11)水平阴影线）。在Ⅲ档时与方案一相比较，汽车减少了 $n_1 \sim n_1^{\text{IV}}$ 间的利用功率区域（表4-5中图(12)水平阴影线）。得失相比，得到的还是较小的功率区域，而失去的却是较大功率区域。因此，按第一个方案，即按等比级数分配传动比的方案，可以在汽车需要大功率时，较好地利用发动机特性曲线功率比较大的一段来增加汽车的后备功率，提高汽车的加速或上坡能力。

表4-5　不同传动比分配方案的发动机工作范围

传动比分配方案	传动比分配方案对应的 $P_e - u_a$ 图	Ⅰ档时发动机工作区域	Ⅱ档时发动机工作区域	Ⅲ档时发动机工作区域
$\dfrac{i_1}{i_2} = \dfrac{i_2}{i_3}$	(1)	(2)	(3)	(4)
$\dfrac{i_1}{i_2} < \dfrac{i_2}{i_3}$	(5)	(6)	(7)	(8)
$\dfrac{i_1}{i_2} > \dfrac{i_2}{i_3}$	(9)	(10)	(11)	(12)

实际上，对于档位较少（如5档以下）的变速器，各档传动比之间的比值常常并不正好相等，即并不是正好按等比级数来分配传动比的。这主要考虑到各档利用率差别很

大的缘故。汽车主要是用较高档位行驶，例如中型货车 5 档变速器中的Ⅰ、Ⅱ、Ⅲ三个档位的总利用率仅为 10%~15%，所以较高档位相邻两档间的传动比的间隔应小些，特别是最高档与次高档之间更应小些，这对改善汽车的动力性有利。比较方案一、方案二、方案三可知，在不能按等比级数分配时，应选用方案三。从表 4-5 上也可以看出，在高速区域，即 u_a 较大时，方案三的发动机功率曲线 P_e 线较方案一、方案二要密集，发动机可以有更多的发挥最大功率附近高功率的机会，提高了汽车的加速与爬坡能力，提高了汽车的动力性。因此，实际上各档传动比常按下面的关系分配

$$\frac{i_{g1}}{i_{g2}} \geqslant \frac{i_{g2}}{i_{g3}} \geqslant \frac{i_{g3}}{i_{g4}} \geqslant \cdots \geqslant \frac{i_{gn-1}}{i_{gn}}$$

采用等比级数的方法分配传动比，其优越性必须建立在各档利用率相等的前提下。实际上，汽车在正常工作时，各档利用率并不相等，高档利用率远远大于低档利用率。因此，采用等比级数的方法分配传动比是有一定局限的。

现在又出现了一种称为偏置等比级数的速比分配方案。所谓偏置等比级数的速比分配即所选择的变速器速比分配与等比级数相比，高速相邻档速比的比值要比低速相邻两档的小。表 4-6 列出了国内外一些变速器的速比设置，可以看出，多数变速器的各档速比值符合偏置等比级数。

表 4-6　国内外一些符合偏置等比级数变速器的速比

变速器型号	各 档 速 比				
	Ⅰ档	Ⅱ档	Ⅲ档	Ⅳ档	Ⅴ档
KM130(三菱 1985)	4.33	2.36	1.57	1.0	
KM130(三菱 1983)	4.02	2.50	1.64	1.0	
R4W63L(日产 1980)	3.96	2.36	1.54	1.0	
R4W71B(日产 1980)	4.22	2.64	1.66	1.0	
梅赛德斯-奔驰 市内大客车用	4.24	2.60	1.59	1.0	
KM135、ⅪⅥ37(三菱 1983)	3.74	2.14	1.36	1.0	0.856
TJ6481A 旅行车用	5.66	2.82	1.59	1.0	0.835

速比的分配应在多大程度上偏离等比级数，不同的目标函数有不尽相同的优化结果。常用的所涉及的目标函数有原地起步加速时间、汽车驱动力损失率、多工况油耗和等速工况油耗、考虑汽车各档使用率的传动比优化等。

有作者建议在最高档与次高档之间采用"半档"的速比间隔的分配方案，以提高中型货车的燃油经济性和动力性。

第五节　利用燃油经济性—加速时间曲线确定动力装置参数

在初步选择动力装置参数之后，还要进一步分析计算不同参数匹配下的汽车动力性和燃油经济性，然后综合考虑各方面因素，最终确定动力装置的参数。通常以循环工况

的每升燃油行驶公里数代表燃油经济性，以原地起步加速时间代表动力性，作出不同参数匹配下的燃油经济性—加速时间曲线，并利用此曲线来确定有关参数。

一、主减速器传动比的确定

按下列步骤确定主减速器传动比：

1）一辆汽车，在动力装置其他参数不变的条件下，先选定主减速器传动比范围，然后从大到小改变 i_0，每对应一个 i_0 值，计算出不同的加速时间和每升燃油行驶里程数。

2）根据计算结果在燃油经济性—加速时间图上找出计算点，用光滑曲线连接各点，可得到不同 i_0 时的燃油经济性—加速时间曲线，如图 4-6 所示。

3）根据作出的燃油经济性—加速时间曲线图，按我们的预定目标选择 i_0 值。

图 4-6 中，横坐标为循环工况每升燃油行驶里程，单位为 km/L。坐标往右，表示每升燃油行驶里程增多，燃油经济性提高。图 4-6 中的纵坐标为 0~100km/h 的原地起步加速时间，单位为 s。坐标往上，表示加速时间减少，动力性提高，反之则相反。从图 4-6 中曲线可以看

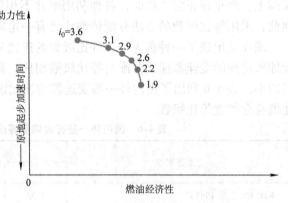

图 4-6 燃油经济性-加速时间曲线

出，i_0 值大时，如图中 $i_0 = 3.6$ 时，此时汽车加速时间短，动力性好，但燃油经济性差；i_0 值变小时，如图中 $i_0 = 1.9$ 时，此时汽车加速时间延长，动力性变差，但燃油经济性得到改善。因此，如果以动力性为主要指标，则应选较大的 i_0 值；如果以燃油经济性为主要指标，则应选较小的 i_0 值；如果选用适当的中间值，如图中 $i_0 = 2.6$ 时，此时则能兼顾汽车的燃油经济性和动力性。具体选择哪个值，要根据预定目标而定。

二、变速器与主减速器传动比的确定

在发动机一定的条件下，可以利用燃油经济性—加速时间曲线从数种变速器中确定一种合适的变速器和一个合适的主减速器传动比。

按下列步骤确定变速器：

1）发动机不变，动力装置其他参数不变，先选定主减速器传动比范围，然后从大到小改变 i_0，每对应一个 i_0 值，计算出装有该变速器的加速时间和每升燃油行驶里程数。

2）选择另一待选用的变速器，用步骤 1 中一系列同样的 i_0 值，计算出装有该变速器的加速时间和每升燃油行驶里程数，如果有多个待选用的变速器，则重复上述步骤。

3）根据计算结果在燃油经济性—加速时间图上找出计算点，按变速器归属用光滑曲线连接各点，可得到不同的变速器的燃油经济性—加速时间曲线，以及同一变速器不

同的 i_0 的燃油经济性—加速时间曲线。

4）根据作出的燃油经济性—加速时间曲线图，按预定目标选择变速器的类型及 i_0 值。

图4-7所示为装有不同变速器时的燃油经济性—加速时间曲线。图4-7a 是 3 档变速器与 4 档变速器的曲线，变速器都有直接档，从图中可以看出，由于 4 档变速器的变速范围广，汽车动力性较好。图4-7b 是 4 档变速器与 5 档变速器的曲线，5 档变速器的档位多，有超速档，汽车的燃油经济性较好，动力性也较好。因此，选用 5 档变速器比较合适。图4-7c 是装用三种不同传动比的 5 档变速器 A、B、C 时汽车的曲线，我们可以根据主要指标来选用其中的一种变速器，并确定主传动比。

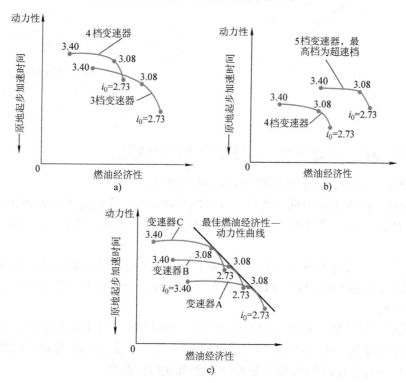

图 4-7　装有不同变速器时的燃油经济性—加速时间曲线
a）3 档变速器与 4 档变速器　b）4 档变速器与 5 档变速器
c）装用三种不同传动比的 5 档变速器 A、B、C

图4-8所示为 TJ—645 客车装用两种不同传动比的 5 档变速器与不同传动比的主减速器时的燃油经济性—加速时间曲线。可以看出，以变速器 II 和主减速器的传动比为 8.6 时的匹配关系得到的燃油经济性与动力性最佳。

图4-9所示为 CA141 货车装用三种不同变速器时的燃油经济性 0~1km 加速末速度曲线。它是以 0~1km 连续换档加速的末速度作为动力性评价指标的。可以看出，装用带超速档的或最高档为直接档的 6 档变速器，燃油经济性都比用 5 档变速器时有所改善。如果驱动桥的传动比采用 5.897，则装用最高档为直接档的 6 档变速器时，不但燃

油消耗量可减少 1.08L/100km(减少 3.6%),而且 0~1km 连续换档加速的末速度也可以增加 0.58km/h(增加 0.7%)。

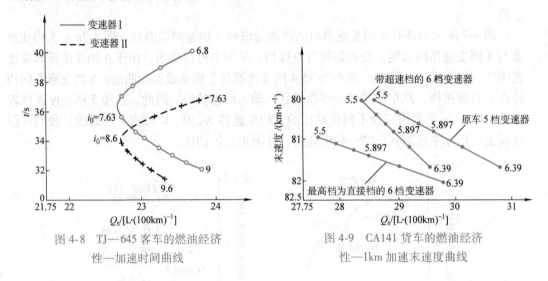

图 4-8　TJ—645 客车的燃油经济　　　　　图 4-9　CA141 货车的燃油经济
　　　　性—加速时间曲线　　　　　　　　　　　　性—1km 加速末速度曲线

三、发动机、变速器与主减速器传动比的确定

当变速器不变时,按下列步骤确定发动机的种类:

1)选择一待选用发动机,动力装置其他参数不变,先选定主减速器传动比范围,然后从大到小改变 i_0,每对应一个 i_0 值,计算出装有该变速器的加速时间和 EPA 综合燃油经济性。

2)选择另一待选用的发动机,用步骤 1 中一系列同样的 i_0 值,计算出该发动机此时对应不同 i_0 值的加速时间和 EPA 综合燃油经济性,如果有多个待选用的发动机,则重复上述步骤。

3)根据计算结果在 EPA 综合燃油经济性—加速时间图上找出计算点,按发动机归属用曲线连接各点,可得到不同的发动机的 EPA 综合燃油经济性-加速时间曲线,以及同一发动机不同的 i_0 的 EPA 综合燃油经济性-加速时间曲线。

4)根据作出的 EPA 综合燃油经济性-加速时间曲线图,按我们的预定目标选择发动机的类型及 i_0 值。

下面是一个考虑不同排量发动机、不同变速器与不同主减速器传动比的动力装置参数确定的实例。

图 4-10a 所示为一辆轿车在同一变速器条件下,选用三种不同排量发动机时的燃油经济性—加速时间曲线。

为了便于进行不同变速器的选定,图 4-10a 上还画出一条三种不同排量发动机燃油经济性—加速时间曲线的包络线,也称为"最佳燃油经济性和动力性曲线"。它表明该轿车装用一种变速器、装用不同排量发动机与匹配不同主减速器传动比时,在一定加速时间的动力性要求下所能达到的燃油经济性的极限值。图 4-10b 上画出了该轿车装用三种具有不同传动比的 4 档变速器时的"最佳燃油经济性和动力性曲线"。可以看出,在

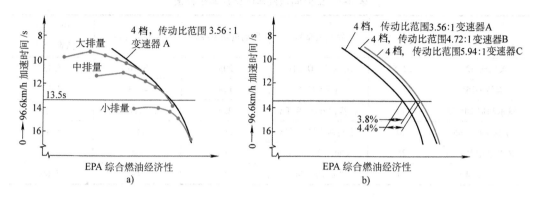

图 4-10　不同排量发动机时的燃油经济性-加速时间曲线

与不同变速器的最佳燃油经济性和动力性曲线

a）同一变速器选用三种不同排量发动机　b）装用三种具有不同传动比的 4 档变速器

加速时间要求为 13.5s 的条件下，C 型变速器的燃油经济性最好，比 A 型提高 4.4%。

第六节　汽车动力性能参数选择案例

　　通过一个汽车动力性能参数选择的过程，加强对汽车发动机功率选择和传动系统传动比选择的理解。

　　发动机作为整车的心脏部分，它性能的优劣将会直接影响整车的性能、可靠性、寿命和价格。发动机的选型一般应重点考虑以下指标：①动力性指标；②耐久性指标；③经济性指标；④重量指标；⑤先进性指标。

　　汽车的动力性主要取决于发动机功率的大小。发动机功率越大，整车的动力性也越好。但发动机功率选择的太大，会造成不必要的功率浪费和燃油消耗，导致经济性能下降。

　　发动机功率可以通过下列两种方法初步估算。一是根据公式 $P_e = \frac{1}{\eta_T}\left(\frac{mgfu_{amax}}{3600} + \frac{C_D Au_{amax}^3}{76140}\right)$ 估算，设计任务书一般给出 m、u_{amax} 值，C_D、A 可用类比的方法确定，或者根据三维建模、虚拟试验的方法初步确定，f、η_T 可通过查阅相关参数标准确定。

　　现设计一辆矿用自卸汽车，各参数取值如下：该矿用自卸汽车为 4×2 单级主减速器驱动桥，η_T 可取为 0.9；C_D 取值为 1；滚动阻力系数 f 取值为 0.03；汽车迎风面积 $A = 9.90\text{m}^2$；由设计任务书要求知，该车的总质量 $m = 43000\text{kg}$；满载时最高车速 $u_{amax} = 50\text{km/h}$。根据以上参数，可求得 $P_e = 214\text{kW}$。

　　另一种方法是通过参考同级汽车的比功率统计值，粗估新车的比功率值，得出最大功率值，部分同级汽车的比功率统计值见表 4-7。

表 4-7　部分同级汽车的比功率统计值

车　　　型	载重/t	发动机型号	发动机功率/kW	车总质量/t	比功率/ (kW·t⁻¹)
沃尔沃 425c	22.5	沃尔沃 TD121G	203	39.6	5.13
卡特 D25D	22.8	卡特 3306	194	42.3	4.59
佩尔利尼 DP255	30	底特律 6V—92TA	225	47.8	4.70
小松 HD—200	20	康明斯 NTC—743	209	38.5	5.43
尤克里德 R—25	25	康明斯 N—855C	164	42	3.80
别拉斯 540A	27	亚姆斯—240	265	49	5.60

求上表中的比功率值平均值：$X = (5.13 + 4.59 + 4.70 + 5.43 + 3.80 + 5.60)/6 = 4.88$，因此粗估新车发动机功率 $P_e = 210$kW。

通过调研发现国内生产此功率范围内的发动机厂家及型号有重庆康明斯公司的 M11—C300、NTA855—C，潍坊柴油机厂和杭州汽车发动机厂的斯太尔 WD615.67/77 和 WD615.68/78。但是斯太尔系列发动机是为斯太尔 91 系列公路用车作配套动力的，用在矿用汽车上其可靠性、耐久性很难满足。按照 GB 1105.1—1987 规定，对于用在公路上行驶的大型载重货车，其发动机功率标定采用 1h 功率，而矿用汽车工作条件恶劣，连续工作时间长，工作循环时间短，全负荷使用频繁，因此把 12h 功率作为矿用汽车正常使用功率。康明斯发动机应用在重型汽车上的功率标定分为最大工况和连续工况。最大工况标定适用于间隙负荷，全负荷、全节气门运行不超过 1h。连续工况标定适用于连续负荷，全负荷、全节气门运行 12h。因此，如果按照连续工况标定功率，康明斯发动机完全能够满足在矿用汽车上的使用性能要求。

另外，从使用角度考虑，康明斯发动机有很大的灵活性，同一部件可以根据具体情况有不同的选择，而且同一部件采用可更换式结构设计。这样，就给安装、使用、保养和维修带来很大的方便，减少停机时间，易于操作者掌握。

其次，PT 燃油系统作为康明斯发动机专利也是一个突出的优点，PT 燃油系统虽然也有燃油泵和喷油器，但其燃油泵只是一个低压输油泵，只起油量调节的作用，而喷油器则产生高压和保证供油时刻。由于没有高压油管，喷油压力可以很高，各缸喷油量比较均匀稳定且容易调整。喷油压力高，燃油雾化较好，燃烧完全，这样可以提高柴油机的性能。由输油泵送至喷油器的柴油只有少量部分喷入气缸，大部分柴油对喷油器进行冷却和润滑后回到油箱，同时还可带走油路中的气泡，有利于提高喷油器的工作可靠性和寿命。综上所述，最终选择康明斯系列发动机作为新车的动力。

康明斯系列发动机的 NTA—855C 和 M11—C300 这两种发动机的功率都在所选范围内，NTA—855C 在矿用自卸汽车上使用也很成熟，但作为康明斯公司的老机型 NTA—855C 已不能满足日益严格的排放标准，以及用户对发动机经济性、动力性越来越苛刻的要求。另外，同等功率的 NTA—855C 和 M11—C300 相比，首先在体积上就有明显的差距，NTA—855C 的缸径为 140mm，M11—C300 为 125mm。NTA—855C 的活塞行程为

152mm，M11—C300 为 147mm。可以看出 M11—C300 比 NTA—855C 的升功率明显提高了，同时也表明其强化程度和经济性能有了较大的提高。另外 NTA—855C 湿重为 1348kg，而 M11—C300 湿重为 981kg，质量减小了 367kg，这有利于提高汽车的动力性。M11—C300 和 NTA—855C 相比，M11—C300 对涡轮增压器做了重新调整，采用 Holset HX50 涡轮增压器提供更强劲的低速转矩。使用铰接式钢制活塞，提高了活塞工作的可靠性且使活塞的使用寿命延长了 30%。改进了进气管形式，采用涡流式气道缸盖，使油气混合更加充分，提高了低速动力，降低了废气排放。采用组合式全流和旁通机油滤清器，改善了滤清效果，大大降低了更换费用。燃油系统采用 STC 带分级可变正时的 PT 燃油系统，更精确控制了燃油喷射量。当时可选装的 CELECTTM 电控系统满足欧 Ⅱ 排放标准，可对发动机进行实时监控和故障诊断实现步进换档，道路行驶速度控制和减档保护。

综上所述，选择 M11—C300 发动机完全能够满足对发动机动力性指标、耐久性指标、经济性指标、重量指标和先进性指标的要求。而且，作为选装件的硅油风扇离合器、冷起动装置和杰克勃发动机制动器为各种用户提供了方便。

主减速器传动比一经确定，变速器的传动比范围即随之而定。选择主减速器传动比时，应考虑使用Ⅰ档时的爬坡能力，其他档位的动力性和燃油经济性。为考察主减速器传动比参数值变化对矿用自卸汽车性能的影响，将该车原主减速器传动比作上下 20% 浮动，其余参数均不变，在矿用自卸汽车性能仿真软件平台上进行计算、对比（见表 4-8）。

表 4-8　主减速器传动比对矿用自卸汽车动力性和燃油经济性的影响

试 验 项 目	主减速器传动比	燃油经济性[1]/$[L \cdot (100t \cdot km)^{-1}]$ $[25/(km \cdot h^{-1})]$	动　力　性	
			加速时间[2]/s	最高车速/$(km \cdot h^{-1})$
方案 1	2.0	2.61	26.7	65.6
方案 2	2.25	2.62	26.6	60.9
方案 3（原方案）	2.50	2.65	26.5	55.6
方案 4	2.75	2.66	26.4	50.6
方案 5	3.0	2.67	26.3	46.4

[1]　燃油经济性为 CBDTRUCK 工况百公里柴油油耗。

[2]　测得的加速时间为额定载荷时 0～40km/h 原地起步连续换档加速时间。

从表 4-8 可以看出，0～40km/h 原地起步连续换档加速时间随主减速器传动比增大而单调减小；最高车速单调减小；CBDTRUCK 工况柴油百公里油耗随主减速器传动比增大而增大。

把 CBDTRUCK 工况柴油百公里油耗和 0～40km/h 原地起步连续换档加速时间的关系表示于图 4-11 矿用自卸汽车动力性-燃油经济性曲线中，可以直观地对其变化趋势做出判断。

图中曲线之"拐点"对应于最佳的主减速器传动比。对几何相似的不同排量的发动机重复以上过程，就可以在同一坐标中获得类似的曲线。它们的公切线称为"最佳动力性与燃油经济性曲线"，该曲线包含了所有可能的理想主减速器传动比值。

　　选择不同的变速器参数，计算得到另一条最佳曲线。对这些曲线作比较，就可以判断在相同的动力性水平上，各组变速器参数对应的燃油经济性的优劣，或保持燃油经济性不变，哪一个变速器方案可以使矿用自卸汽车动力性变好。

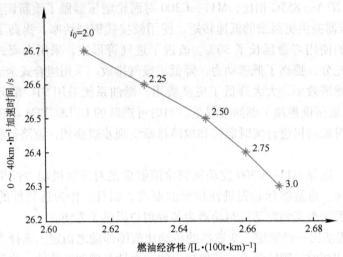

图 4-11　矿用自卸汽车动力性-燃油经济性曲线

　　图 4-11 所示曲线及最佳主减速器传动比是在已知变速器参数的前提下求出的。如果在设计初期阶段变速器传动比尚未确定，也就无从确定主减速器传动比、甚至传动系统总传动比范围。因此，最佳设计方案只能在大量的重复性匹配试验对比中产生，其方法遵循下列步骤：

　　1）根据经验值初步给定传动系统总传动比范围和主减速器传动比，从而确定变速器参数，其中各档传动比按等比级数或偏置等比级数分布。

　　2）对不同主减速器传动比、不同的发动机计算得到最佳动力性与燃油经济性曲线。

　　3）对各种变速器方案进行比较寻优。

　　本例子采用对各种变速器方案进行比较寻优方法，通过调节变速器传动比，寻求最佳匹配方案。

　　变速器档位数是由车辆的使用条件和性能要求决定的，与汽车的动力性、燃油经济性有密切的关系。就理论而言，一般倾向于增加变速器档位数。一方面，档位数多可增加发动机在最大功率附近工作的机会，提高汽车的加速与爬坡的动力性能；另一方面，档位数多，相邻档传动比间隔减小，这样便使高档应用较多，增加了发动机在低油耗区工作的可能性，降低了燃油消耗量。但是，档位数越多意味着变速器的机构越复杂，故在确定档位数目时，必须综合考虑矿用自卸汽车的动力性、燃油经济性、变速器结构安排、制造成本和操纵使用等方面的可行性。

　　考虑到总传动比与矿用自卸汽车极端行驶工况的设计要求有关，因此，表 4-9 所示各方案均保持总传动比范围不变，主减速器的传动比也不改变，但变速器档位数作调整。虚拟试验结果见表 4-9。

表 4-9　变速器档位数对汽车动力性和燃油经济性的影响

试 验 项 目	档 位 数	变速器传动比值	燃油经济性/ [L · (100t · km)$^{-1}$] CBDTRUCK 工况	动 力 性 加速时间/s[①]
方案 1(原车)	8	10. 67/7. 05/5. 18/3. 83/ 2. 78/1. 84/1. 35/1. 00	4. 17	26. 5
方案 2	7	10. 67/7. 19/4. 85/3. 27/ 2. 20/1. 48/1. 00	4. 18	27. 1
方案 3	6	10. 67/6. 65/4. 12/2. 58/ 1. 60/1. 00	4. 19	28. 0
方案 4	5	10. 67/5. 90/3. 27/1. 81/1. 00	4. 26	30. 2
方案 5	9	10. 67/7. 76/5. 79/4. 32/ 3. 22/2. 41/1. 80/1. 34/1. 00	4. 17	26. 3

①　测得的加速时间为空载时 0~40km/h 原地起步连续换档加速时间。

原车变速器为 8 档，各档传动比见表 4-9 中方案 1。方案 2 把变速器由 8 档调整为 7档，但最高档和最低档的传动比与原方案中最高档和最低档的传动比相同，各档传动比按等比级数分布，各档传动比见表中方案 2。按照同样的处理方法，得到方案 3(6 档)，方案 4(5 档)，方案 5(9 档)，各方案的各档传动比见表 4-9。因为各方案最高档和最低档的传动比均相同，所以动力性指标中最大爬坡度、最高车速没有变化。从虚拟试验结果来看，随着变速器档位数的减少(方案 2、方案 3、方案 4)，汽车的燃油经济性逐渐变差。方案 5 把变速器由 8 档调整为 9 档，从计算结果来看，与方案 1(原车)相比，燃油经济性有所提高，动力性也提高了 0.75%。但是，档位数越多意味着变速器的机构越复杂。方案 1(原车)既满足了汽车动力性要求，同时经济性较方案 2、方案 3、方案 4要好。方案 1 较好地兼顾了动力性和燃油经济性的要求，表明方案 1 变速器档位数的选择是合理的。

第七节　汽车自动换档规律的确定

换档规律是自动换档的基础，主要是研究选择什么样的换档参数，在何时进行换档等问题，其好坏直接影响车辆燃油经济性和动力性的优劣，故换档规律是自控系统的核心。

一、换档规律及其类型分析

换档规律是指两档位间自动换档时刻控制参数变化的规律。换档规律应是单值，即对应输入变量的每一组合，仅存在唯一的输出状态。其类型如下所述。

1. 单参数换档规律

单参数换档规律一般取车速作为控制参数，如图 4-12 所示，当车速达到 u_{a2} 时升入 2 档，反之，当车速降至 u_{a1} 时换回 1 档。u_{a1} 与 u_{a2} 之间是两档都可能的工作区，取决于车辆原来的行驶状态。这种往返档之间的交错现象，称为换档重叠或换档延迟。其作用如下：

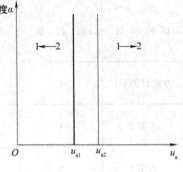

图 4-12　单参数换档规律

1）换入新档后，不会因节气门的振动或车速稍有降低而重新换回原来的档位，保证了换档过程的稳定性。

2）有利于减少换档循环（不断地来回换档）次数，防止控制系统元件的加速磨损，提高乘坐舒适性。

单参数控制系统结构最简单，但无论节气门开度 α 如何变化，换档点、换档延迟 Δu_a 保持不变，无法实现驾驶人干预换档。为了保证动力性，升档点多设计在发动机最大转速处，造成小节气门开度时也要在最大转速时才换档，噪声较大；这种规律难于兼顾动力性与经济性，故应用较少。仅在少数城市公共汽车、军用越野车上有所应用，目的是减少换档次数。

2. 两参数换档规律

两参数换档规律的控制参数多为车速与节气门、泵轮转速与涡轮转速、车速与发动机转矩等。目前多采用车速与节气门两参数进行控制。由于换档规律决定了控制参数和换档延迟，因此又分为等延迟型、发散型、收敛型与组合型四种（见图 4-13）。

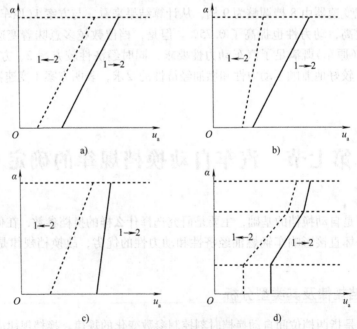

图 4-13　两参数换档规律

1）等延迟型换档规律的换档延迟的大小不随节气门变化，但与单参数控制的等延迟相比，如图 4-13a 所示。两参数引入了驾驶人的干预，在小节气门时可提前换入高档，既可降低发动机噪声，又能够延迟换回低档，改善了燃油经济性。

2）发散型换档规律的换档延迟的大小随节气门开度增大而增大，呈发散分布，如图 4-13b 所示。驾驶人可干预换档，快松节气门时可提前换入高档，不仅降低噪声，而且改善了燃油经济性；大节气门升档时发动机转速高，接近最大功率点，动力性好；换档延迟增大，减少了换档次数，提高了舒适性。但因此大节气门降档时，发动机转速必须降得很低，升降档时大功率利用差，故该类型适用于后备功率大的轿车。

3）收敛型换档规律的换档延迟随节气门开度增大而减小，呈收敛状分布，如图 4-13c所示。它在大节气门时降档速差最小，所以升降档都有好的功率利用，动力性好；减小节气门时，换档延迟增大，避免过多的换档，发动机可以在较低转速下工作，燃油经济性好，噪声低，行驶平稳舒适。该规律适用于比功率较低的货车。

4）组合型换档规律由两段或更多段不同变化的规律组成，如图 4-13d 所示。它更便于在不同节气门下获得不同的车辆性能。通常小节气门开度以舒适、稳定、少污染为主；中节气门开度以保证最佳燃油经济性为主，兼顾动力性；大节气门开度则以获得最佳动力性为佳。

3. 三参数换档规律

上述换档规律都是以稳定行驶为前提的，实际上起步、换档时均处于非稳定状态。三参数将能够反映车辆实际工作状态的加速度或工作液压泵出口压力引入换档控制，形成动态三参数控制。三参数换档规律以发动机动态试验数据为基础，与以稳态牵引力相等制定的两参数换档规律相比，能进一步改善汽车的动力性和燃油经济性。控制参数多为车速、节气门开度与车辆加速度；车速、节气门开度与工作液压泵出口压力；液力变矩器泵轮转速、涡轮转速与节气门开度等。

综上所述，换档规律只是说明自动换档机构本身的特性，即换档时刻与控制参数之间的关系，并不能用来判断自动操纵系统设计是否合理，看不出它对车辆燃油经济性与动力性及其他性能的影响。为此需要进一步研究换档特性。

二、富康轿车自动换档规律的确定

为了使汽车能够具有最佳的行驶性能，制定换档规律时需要根据发动机状态选择最佳档位。换档规律根据优化计算时所选用目标函数的不同可分为最佳动力性换档规律和最佳燃油经济性换档规律。下面以富康轿车自动换档规律的确定为例，加深对换档特性的理解。其中，变速器采用电液控制 4 档自动变速器，其主要参数见表 4-10。

表 4-10　AF13 自动变速器主要参数

档次	I 档	II 档	III 档	IV 档	倒档	主减速比
传动比	2.807	1.479	1.000	0.735	2.769	4.125

1. 最佳动力性换档规律

最佳动力性换档规律是指使汽车牵引力得到最充分利用、发动机功率得到最大发挥的换档规律。换档点对应发动机转速为该节气门开度下最大功率点的转速，自动变速器能够以使汽车具有最佳动力性的换档点进行换档操作，以达到提高汽车动力性的目的。最佳动力性换档规律包括两参数最佳动力性换档规律以及动态三参数最佳动力性换档规律。

图 4-14 所示为典型汽车牵引力特性曲线，其中 N 档代表车辆的一个档位，而 $N+1$ 档代表比 N 档高 1 档的档位；$\alpha_1 \sim \alpha_4$ 代表不同的节气门开度；F_{w0} 为某一特定的牵引力。从图 4-14 中可以看出，选择在相邻档位牵引力曲线交点处换档，动力性较好。将牵引力特性曲线的交点作为升档点，并采用收敛型双参数换档规律得到降档速差，即可在大节气门时获得较小的降档速差，有利于获得良好的动力性。

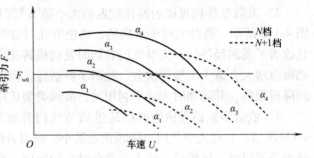

图 4-14　典型汽车牵引力特性曲线

当富康轿车的车轮半径为 0.275m，传动系统效率为 0.9 时，通过作图可获取由 1 档升 2 档的动力性换档点。由车速、牵引力计算公式和第 1 档的变速器传动比可以得到 1—2 档牵引力特性曲线，如图 4-15 所示，图中各交点即为不同节气门开度时的动力性升档点。

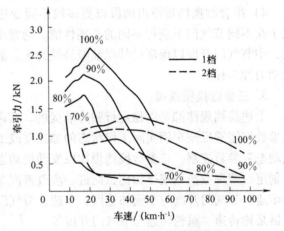

图 4-15　1—2 档牵引力特性曲线

同理可以获得其余档位升档点，采用组合型的双参数换档规律给出降档速差，以提高小节气门时的燃油经济性，降低排放，提高舒适性；在大节气门时获得良好的动力性。最终得到的动力性换档规律如图 4-16 所示。

2. 最佳燃油经济性换档规律

最佳燃油经济性换档规律是指以燃油消耗量最小的换档点进行换档的规律，以达到降低燃油消耗的目的。为了确定最佳燃油

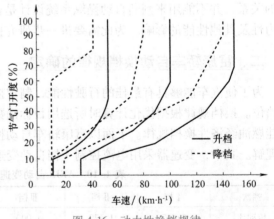

图 4-16　动力性换档规律

经济性的换档规律，需要作出不同档位、不同节气门开度下汽车牵引力随车速变化的规律曲线。目前，最佳燃油经济性换档规律包括两参数最佳燃油经济性换档规律以及动态

三参数最佳燃油经济性换档规律。

最佳燃油经济性换档规律曲线的绘制过程如下：

1）在汽车牵引力特性曲线上画一条恒定牵引力 F_{W0} 的水平线，如图 4-14 所示，得到该水平线与 N 档在不同车速、不同节气门开度下牵引力曲线的交点，以及与 $N+1$ 档在不同车速、不同节气门开度下牵引力曲线的交点。

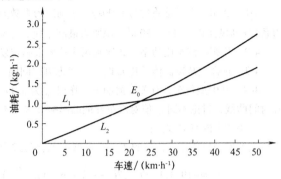

图 4-17　在 F_{W0} 牵引力下的最佳燃油经济性换档点

2）根据第 1 步中 F_{W0} 水平线与 N 档各曲线交点处的节气门开度及车速，在燃油经济性曲线上找出其对应的油耗点并绘制曲线 L_1。根据 F_{W0} 水平线与 $N+1$ 各曲线交点的节气门开度与车速，在燃油经济性曲线上找出对应的油耗点并绘制曲线 L_2。

3）将 L_1 与 L_2 的交点记为 E_0，对应的车速为 u_0。E_0 即为牵引力为 F_{W0} 时的最佳燃油经济性换档点，如图 4-17 所示。当牵引力为 F_{W0} 时，如果车速高于 u_0，执行升档操作；如果车速低于 u_0，执行降档操作。

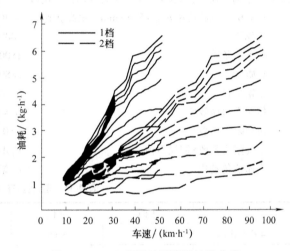

图 4-18　1—2 档燃油经济性特性曲线

4）在汽车燃油经济性曲线上，对于 N 档和 $N+1$ 档，将 E_0 所对应的节气门开度记为 α_N 和 α_{N+1}，则 α_N 是当车速为 u_0 时汽车从 $N+1$ 档降到 N 档时的节气门开度，α_{N+1} 是当车速为 u_0 时汽车从 N 档升到 $N+1$ 档时的节气门开度，从而得到一对升档/降档点。

5）取不同的牵引力值重复上述工作，将所得到的升档/降档点连接起来，即可得到最佳燃油经济性换档规律。

实际得到的 1—2 档的燃油经济性曲线如图 4-18 所示，对应每个档位，节气门开度从 0% 以 10% 为步长升至 100%，最终得到的经济性换档规律如图 4-19 所示。

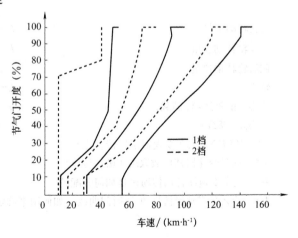

图 4-19　经济性换档规律

思考题与习题

4-1 已知一汽车总质量为1200kg，滚动阻力系数$f=0.013$，传动系统机械效率$\eta_T=0.85$，空气阻力系数×迎风面积$C_DA=0.70\text{m}^2$，现要求最高车速$u_{\text{amax}}=140\text{km/h}$。试求应有功率数值。

4-2 什么叫汽车比功率？如何利用比功率来确定发动机应有功率？

4-3 选择主减速器传动比i_0时，应考虑哪些问题？

4-4 某中型货车，有关数据如下，作出i_0为5.17、5.43、5.83、6.17、6.33时的燃油经济性-加速时间曲线，讨论不同i_0值对汽车性能的影响和采用不同变速器对汽车性能的影响。

中型货车的有关数据：

汽油发动机使用外特性的T_{tq}—n曲线的拟合公式为

$$T_{tq}=-19.313+295.27\left(\frac{n}{1000}\right)-165.44\left(\frac{n}{1000}\right)^2+40.874\left(\frac{n}{1000}\right)^3-3.8445\left(\frac{n}{1000}\right)^4$$

式中，T_{tq}为发动机转矩(N·m)；n为发动机转速(r/min)。

发动机的最低转速$n_{\min}=600\text{r/min}$，最高转速$n_{\max}=4000\text{r/min}$

装载质量	2000kg
整车整备质量	1800kg
总质量	3880kg
车轮半径	0.367m
传动系机械效率	$\eta_T=0.85$
滚动阻力系数	$f=0.013$
空气阻力系数×迎风面积	$C_DA=2.77\text{m}^2$
变速器传动比	i_g(数据见表4-11)

表 4-11 轻型货车 i_g 数据

	Ⅰ档	Ⅱ档	Ⅲ档	Ⅳ档	Ⅴ档
4档变速器	6.09	3.09	1.71	1.00	—
5档变速器	5.56	2.769	1.644	1.00	0.793

飞轮转动惯量	$I_f=0.218\text{kg·m}^2$
二前轮转动惯量	$I_{W1}=1.798\text{kg·m}^2$
四后轮转动惯量	$I_{W2}=3.598\text{kg·m}^2$
轴距	$L=3.2\text{m}$
质心至前轴距离(满载)	$a=1.947\text{m}$
质心高(满载)	$h_g=0.9\text{m}$

4-5 如何考虑汽车变速器Ⅰ档传动比？

4-6 汽车变速器档位数取决于哪些因素？

4-7 汽车变速器各档传动比是如何分配的？

4-8 什么是燃油经济性-加速时间曲线？如何用来确定动力装置参数？

第五章　汽车的制动性

汽车的制动性是汽车的主要性能之一，它直接关系到交通安全。制动时发生的严重侧滑或跑偏、制动距离过长或下长坡时制动稳定性差等常常造成重大的交通事故。良好的汽车制动性是汽车安全行驶的重要保障，因此，掌握汽车的制动性能及其影响因素、改善汽车的制动性，始终是汽车设计、制造和使用部门的重要任务。

汽车制动性是指强制汽车在短距离内减速、停车、控制下坡速度且维持行驶方向的稳定性和保证汽车较长时间停放在斜坡上的能力。前者为汽车的行车制动性能，后者为汽车的驻车制动性能。

第一节　制动性的评价指标

汽车的制动性主要由下列三方面的指标来评价：

1. 制动效能

制动效能包括汽车的制动距离、制动减速度和制动力。它是指汽车在良好路面上以一定初速度制动到停车所驶过的距离、制动时汽车的减速度或制动力的大小，是制动性能最基本的评价指标。

表5-1为几种车型在良好路面上以100km/h初速度制动到停车时驶过的距离。表5-2为ECE法规对应急制动性能的要求。

表5-1　汽车在良好路面上以100km/h初速度制动到停车时驶过的距离

车型	捷达	别克GL8	桑塔纳2000	帕萨特	奥迪A6 1.8T	宝来1.8T	宝马745i
制动距离/m	48.8	45.8	45.0	43.9	42.3	40.0	37.1

表5-2　应急制动性能要求

机动车类型	制动初速度/$(km \cdot h^{-1})$	制动距离/m	充分发出的平均减速度/$(m \cdot s^{-2})$	允许操纵力不应大于/N	
				手操纵	脚操纵
乘用车	50	≤38.0	≥2.9	400	500
客车	30	≤18.0	≥2.5	600	700
其他汽车(三轮汽车除外)	30	≤20.0	≥2.2	600	700

2. 制动效能的恒定性

制动效能的恒定性主要是指汽车制动器的抗衰退性能，它包括抗热衰退性能和抗水衰退性能。抗热衰退性能是指汽车高速行驶情况下制动或下长坡连续制动时，制动效能保持的程度。因为制动过程实质上是把汽车行驶的动能通过制动器吸收转换为热能，所以造成制动器温度升高，摩擦副摩擦因数下降，摩擦力矩下降，制动力降低，难以保持在冷状态时的制动效能。因此，制动器温度升高后尽量减少冷态时制动效能的降低，已成为设计制动器时要考虑的主要问题之一。另外，如何在使用过程中正确应对不可避免的热衰退的发生也成为汽车应用人员要掌握的主要问题。抗水衰退性能是指汽车在潮湿的情况下或涉水行驶后，制动效能保持的程度。在上述情况下，由于制动器表面水膜的作用，造成摩擦因数降低，制动力减小。由于制动器初次制动的温度在100℃以上，因此在使用过程中可以通过踩制动踏板来解决水衰退问题。

表 5-3 为我国二轴式汽车（GB 7258—2012）《机动车运行安全技术条件》对各类汽车行车制动性能的要求。

表 5-3 GB 7258-2012《机动车运行安全技术条件》对各类汽车行车制动性能的要求

类　　型	制动初速度 $(km \cdot h^{-1})$	满载检验制动距离要求/m	空载检验制动距离要求/m	满载检验充分发出的平均减速度/ $(m \cdot s^{-2})$	空载检验充分发出的平均减速度/ $(m \cdot s^{-2})$	制动稳定性要求车辆任何部位不得超出的试验通道宽度/m
三轮汽车	20	≤5.0		≥3.8		2.5
乘用车	50	≤20.0	≤19.0	≥5.9	≥6.2	2.5
总质量不大于3500kg 的低速货车	30	≤9.0	≤8.0	≥5.2	≥5.6	2.5
其他总质量不大于3500kg 的汽车	50	≤22.0	≤21.0	≥5.4	≥5.8	2.5
其他汽车	30	≤10.0	≤9.0	≥5.0	≥5.4	3.0

3. 制动时汽车行驶的方向稳定性

制动时汽车行驶的方向稳定性是指制动时汽车按给定路径行驶的能力。若制动时发生跑偏、侧滑或失去转向能力，则汽车将偏离原来的路径。

表 5-4 为部分国家及地区轿车制动规范对行车制动性的部分要求。

表 5-4 一些国家轿车制动规范对行车制动性能的要求

国　家 ＼ 项　目	中国 GB 7258—2012	瑞典 F18	美联邦 135	欧共体 EEC
试验路面	$\varphi \geq 0.7$	$\varphi = 0.8$	Skid No81	附着良好
载重	任何载荷	任何载荷	轻、满载	满载
制动初速度	50km/h	80km/h	96.54km/h	80km/h
制动时的稳定性	不许偏出2.5m 通道	不抱死跑偏	不抱死跑偏3.66m	不抱死跑偏
制动距离或制动减速度	≤19m 或 ≥6.2m/s²(空载) ≤20m 或 ≥5.9m/s²(满载)	≥5.8m/s²	≤65.8m	≤50.7m 或 ≥5.8m/s²
踏板力	<500N	<490N	66.7~667N	<490N

第二节　制动时车轮的受力

汽车只有在受到与行驶方向相反的外力作用下才能减速以至停车。由汽车的受力状况分析可知，这个外力只能由地面和空气提供。但由于制动过程中车速较低，空气阻力相对较小，所以实际上制动时的外力主要是由地面提供的。地面提供的这种使汽车减速直至停车的力，称为地面制动力。地面制动力越大，制动减速度越大，制动距离也越短，所以地面制动力对汽车制动性具有决定性影响。而地面制动力的大小，主要由制动过程中汽车制动器产生的摩擦力矩的大小决定。

下面取一个车轮为隔离体，分析该车轮在制动时的受力状况，以说明影响汽车地面制动力的因素，进而寻找提高地面制动力的方法。

一、制动器制动力

图 5-1 所示为车轮架离地面后某一车轮在旋转过程中制动时的受力情况。图 5-1 中忽略了惯性力偶矩。T_μ 为车轮制动器中摩擦片与制动鼓或盘相对滑转时的摩擦力矩，单位为 N·m，这样，在轮胎周缘为了克服制动器摩擦力矩所需要的力称为制动器制动力，以符号 F_μ 表示。它相当于把汽车架离地面，并踩住制动踏板，在轮胎周缘沿切线方向推动车轮直至它能转动所需的力，单位为 N。若车轮半径为 r，单位为 m，显然

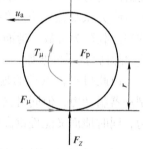

$$F_\mu = \frac{T_\mu}{r} \tag{5-1}$$

制动器制动力的大小仅由制动器的结构参数所决定，即取决于制动器的形式、结构尺寸、制动器摩擦副的摩擦因数以及车轮半径，并与制动踏板力，即制动管路的液压或气压成正比。

图 5-1　车轮架离地面制动受力情况

二、地面制动力

图 5-2 画出了在良好的硬路面上制动时车轮的受力情况。图 5-2 中滚动阻力偶矩和减速时的惯性力、惯性力偶矩均忽略不计。F_p 为车轴对车轮的推力、F_{Xb} 是地面制动力、F_Z 为地面对车轮的法向反作用力，显然，从力矩平衡得到

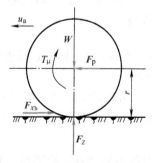

$$F_{Xb} = \frac{T_\mu}{r} \tag{5-2}$$

地面制动力是使汽车制动而减速行驶的外力，但是地面制动力取决于两个摩擦副的摩擦力：一个是制动器内制动摩擦片与制动鼓或制动盘间的摩擦力，另一个是轮胎与地面间的摩擦力—附着力。

图 5-2　车轮在良好的硬路面上制动时的受力情况

三、地面制动力、制动器制动力与附着力之间的关系

在制动时，若只考虑车轮的运动为滚动与抱死拖滑两种状态，当制动踏板力较小时，制动器摩擦力矩不大，地面与轮胎之间的摩擦力即地面制动力，足以克服制动器摩擦力矩而使车轮滚动。显然，车轮滚动时的地面制动力就等于制动器制动力，且随踏板力增长成正比地增长（见图5-3）。但地面制动力是滑动摩擦的约束力，它的值不能超过附着力，即

$$F_{Xb} \leq F_\varphi = F_Z \varphi \qquad (5\text{-}3)$$

或最大地面制动力 $F_{Xb\max}$ 为

$$F_{Xb\max} = F_\varphi = F_Z \varphi \qquad (5\text{-}4)$$

当制动器踏板力 F_p 或制动系统油压 p 上升到某一值（图5-3中为制动系统油压 p_a）、地面制动力 F_{Xb} 达到附着力 F_φ 值时，车轮即抱死不转而出现拖滑现象。制动系统油压 $p>p_a$ 时，制动器制动力 F_μ 由于制动器摩擦力矩的增长而仍按直线关系继续上升。但是，若作用在车轮上的法向载荷为常数，地面制动力 F_{Xb} 达到附着力 F_φ 的值后就不再增加。

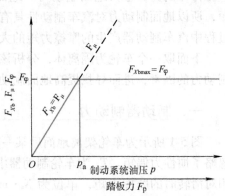

图5-3　制动过程中地面制动力、制动器
制动力及附着力的关系

由此可见，汽车的地面制动力首先取决于制动器制动力，但同时又受地面附着条件的限制，所以只有汽车具有足够的制动器制动力，同时地面又能提供高的附着力时，才能获得足够的地面制动力。

四、制动过程中车轮的运动状态与附着系数的关系

上面曾假设车轮的运动只有滚动和抱死拖滑。但仔细观察汽车制动过程，发现胎面留在地面上的印痕从车轮滚动到抱死拖滑是一个渐变的过程。通过观察汽车制动过程中逐渐增大踏板力时轮胎留在地面上的印痕（见图5-4），可以发现印痕基本上可分为三段：

第一段内，印痕的形状与轮胎胎面花纹基本一致，车轮接近于单纯的滚动，可以认为

$$u_w \approx r_{r0} \omega_w$$

式中，u_w 为车轮中心的速度；r_{r0} 为没有地面制动力时的车轮滚动半径；ω_w 为车轮的角速度。

第二段内，轮胎花纹的印痕可以辨别出来，但花纹逐渐模糊，轮胎不只是单纯的滚动，胎面与地面发生一定程度的相对滑动，即车轮处于边滚边滑的状态，此时

$$u_w > r_{r0} \omega_w$$

且随着制动强度的增加，滑动成分的比例越来越大，即

$$u_w \gg r_{r0} \omega_w$$

第三段内，看不出花纹的印痕，车轮被制动器抱住，在路面上做完全的拖滑，此时

$$\omega_w = 0$$

从这三段的变化情况可以看出，随着制动强度的增加，车轮滚动成分越来越少，而滑动成分越来越多。一般用滑动率 S [见式（1-10）]来说明这个过程中滑动成分的多少。滑动率 S 能定量地表示制动时车轮与地面间相对滑动程度。在纯滚动时，$u_w = r_{r0}\omega_w$，滑动率 $S = 0$；在滑动时，$\omega_w = 0$，$S = 100\%$；边滚边滑时，$0<S<100\%$。所以滑动率的数值说明了车轮运动中滑动成分所占的比例。滑动率越大，滑动成分越多。

前已述及，路面与轮胎间的附着系数 φ 主要取决于道路的材料、路面的状况与轮胎结构、胎面花纹、材料以及汽车的行驶速度等因

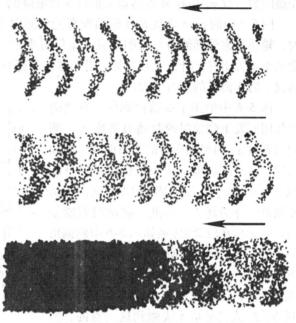

图 5-4　制动时轮胎在地面上的印痕

素。在制动过程中，附着系数还与轮胎在路面上的运动状态有关，即与滑动率有关。

若令地面制动力与垂直载荷之比为制动力系数（纵向附着系数），记作 φ_b，侧向力与垂直载荷之比为侧向力系数（侧向附着系数），记作 φ_L，则在不同滑动率时 φ_b 和 φ_L 的数值不同。

图 5-5 给出了试验所得的制动力系数曲线，即 φ_b-S 和 φ_L-S 曲线。在制动力系数 φ_b-S 曲线上，OA 段近似于直线，随 S 的增加而迅速增大。过 A 点后上升缓慢，至 B 点达到最大值。制动力系数的最大值称为峰值附着系数 φ_p，一般出现在 $S = 15\% \sim 20\%$ 处。滑动率再增加，制动力系数有所下降，直至滑动率为 100%。$S = 100\%$ 的制动力系数称为滑动附着系数 φ_s。在干燥路面上，φ_p 与 φ_s 的差别较小，而在湿路面上则差别较大，若令 $\gamma = \varphi_s/\varphi_p$，则 γ 在 $1/3 \sim 1$ 之间。

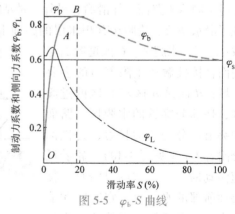

图 5-5　φ_b-S 曲线

在 φ_b-S 曲线的 OA 段，虽有一定的滑动率，但轮胎并没有与地面发生真正的相对滑动。滑动率大于零的原因是轮胎的滚动半径变大。当出现地面制动力时，轮胎前面即将与地面接触的胎面受到拉伸而有微量的伸长，滚动半径 r_r 随地面制动力的加大而加大，故 $u_w = r_r\omega_w > r_{r0}\omega_w$，或 $S>0$。显然，滚动半径与地面制动力成正比地增大，φ_b-S 曲线 OA 段近似于直线。至 A 点后，轮胎接地面积中出现局部的相对滑动，φ_b 值的增大速度减慢。因为摩擦副间的动摩擦因数小于静

摩擦因数，故 φ_b 值在 B 点达最大值后又逐渐降低。

图 5-5 中的 φ_b-S 曲线是在轮胎没有受到侧向力的条件下测得的。实际行驶中制动时，轮胎常常受到侧向力而侧偏或发生侧滑现象。侧向力系数 φ_l，在滑动率较小时随滑动率增大略有上升，上升到某一滑动率后迅速下降。侧向力系数增大，表明轮胎保持转向、防止侧滑的能力增大。

图 5-6 中给出了试验得到的、有侧向力作用而发生侧偏时的制动力系数 φ_b、侧向力系数 φ_L 与滑动率 S 的关系曲线。曲线表明，滑动率越低，同一侧偏角条件下的侧向力系数 φ_L 越大，即轮胎保持转向、防止侧滑的能力越大。因此，制动时若能使滑动率保持在较低值(例如图 5-6 中侧偏角为 1°时，$S \approx 15\%$)，便可获得较大的制动力系数与较高的侧向力系数。这样，制动性能最好，侧向稳定性也很好。具有一般制动系统的汽车是无法做到这一点的，但近年来发展起来的防抱死制动装置却能实现这个要求，从而显著地改善汽车在制动时的制动效能与方向稳定性。

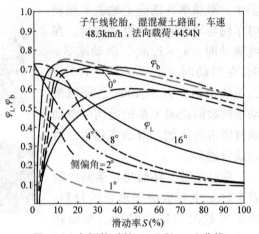

图 5-6　有侧偏时的 φ_b-S 和 φ_L-S 曲线

汽车行驶时可能遇到两种附着力很小的危险情况：一是刚开始下雨，路面上只有少量雨水时，雨水与路面上的尘土、油污相混合，形成黏度高的水液，滚动的轮胎无法排挤出胎面与路面间的水液膜，由于水液膜的润滑作用，附着性能大大降低，平滑的路面有时会同冰雪路面一样滑溜；另外一种情况是高速行驶的汽车经过有积水层的路面，出现了滑水现象。轮胎在有积水层的路面上滚动时，其接触面如图 5-7 所示分为三个区域：A 区是水膜区；C 区是胎面与路面直接接触产生附着力的主要区域；B 区是 A 区与 C 区的过渡区，是部分穿透的水膜区，路面的突出部分与胎面接触，提供部分附着力(参见图 1-10)。轮胎低速滚动时，由于水的黏滞性，接触面前部的水需要一定时间才能挤出，所以接触面中轮胎胎面的

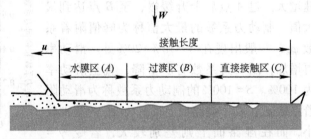

图 5-7　路面有积水层时轮胎接地面中的三个区域

前部将越过楔形水膜即 A 区滚动。车速提高后，高速滚动的轮胎迅速排挤水层，由于水的惯性，接触区前部的水产生动压力，其值与车速的平方成正比。压力使胎面与地面分开，即随着车速的增加，A 区水膜在接触区中向后扩展，B、C 区相对缩小；在某一车速下，在胎面下的水动压力的升力等于垂直载荷时，轮胎将完全漂浮在水膜上面而与路面毫不接触，B、C 区不复存在。这就是滑水现象。

对于光滑胎面、细花纹胎面等胎面无排水沟槽的轮胎以及一般花纹轮胎，当路面水层深度超过沟槽深度时，可以根据流体力学的原理确定发生滑水现象的车速。可设动水压力的升力 F_h 与胎面接触面积 A、水密度 ρ 及车速 u_a 的平方成正比，即

$$F_h = \rho A u_a^2$$

出现滑水现象时，动水压力的升力分量等于作用于轮胎的垂直载荷。因此，刚出现滑水的车速与平均接地压力 W/A 的平方根值成正比。据此，Home 等根据试验数据给出下式来估算滑水车速（单位为 km/h）

$$u_a = 6.34\sqrt{p_i}$$

式中，p_i 为轮胎充气压力（kPa）。

滑水现象减小了胎面与地面的附着能力，影响汽车的制动、转向等性能。

第三节　汽车的制动效能及其恒定性

汽车的制动效能是指汽车迅速降低车速直至停车的能力。评定制动效能的指标是制动距离 s（m）、制动减速度 a（m/s²）。汽车制动效能的恒定性是指制动效能保持的程度，通常称为抗热衰退性，用抗热衰退度 η 表示，即

$$\eta = \frac{a_L - a_R}{a_L} \times 100\%$$

式中，a_L 为冷态汽车制动减速度；a_R 为热态汽车制动减速度。

一、制动减速度与地面制动力

制动减速度是制动时车速对时间的导数，即 du/dt。它反映了地面制动力的大小，因此与制动器制动力（车轮滚动时）及附着力（车轮抱死拖滑时）有关。

在不同路面上，由于地面制动力为

$$F_{Xb} = \varphi_b G$$

式中，G 为汽车的总重力（N）；φ_b 为制动力系数。

故汽车能达到的制动减速度 a_{bmax}（m/s²）为

$$a_{bmax} = \varphi_b g$$

若前、后车轮同时抱死（允许的情况下），则制动减速度为

$$a_{bmax} = \varphi_s g$$

若车辆装有防抱死制动系统（ABS），则制动减速度为

$$a_{bmax} = \varphi_p g$$

但汽车制动时，一般不希望任何车轴上的制动器抱死，故 a_{bmax} 将小于 $\varphi_s g$。

在评价汽车的制动性能时，由于瞬时减速度曲线的形状复杂，不好用某一点的值来代表，所以我国行业标准采用平均减速度的概念，即

$$\overline{\alpha} = \frac{1}{t_2 - t_1} \int_{t_1}^{t_2} a(t)\,dt$$

式中，t_1 为制动压力达到 75% 最大压力 p_{max} 的时刻；t_2 为到停车时总时间的 2/3 的

时刻。

ECE R13 和 GB 7258 采用的是充分发出的平均减速度（m/s²）

$$\text{MFDD} = \frac{u_b^2 - u_e^2}{25.92(s_e - s_b)}$$

式中，u_b 为 $0.8u_0$ 的车速（km/h）；u_0 为起始制动车速（km/h）；u_e 为 $0.1u_0$ 的车速（km/h）；s_b 为 u_0 到 u_b 车辆经过的距离（m）；s_e 为 u_0 到 u_e 车辆经过的距离（m）。

在下面制动距离分析中，假设 φ 值不变，目的是对制动距离做一粗略的定量分析，以研究制动距离的各种影响因素，寻找缩短制动距离的有效措施。

二、制动距离

制动距离与汽车的行驶安全有直接的关系，它指的是汽车速度为 u_0 时，从驾驶人开始操纵制动控制装置（制动踏板）开始到汽车完全停住为止所驶过的距离。制动距离与制动踏板力、路面附着条件、车辆载荷、发动机是否接合等许多因素有关。在测试制动距离时，应对踏板力或制动系统压力、路面附着系数以及车辆的状态做一规定。制动距离与制动器的热状况也有密切关系。若无特殊说明，一般制动距离是在冷试验的条件下测得的。此时，起始制动时制动器的温度在 100℃ 以下。由于各种汽车的动力性不同，对制动效能也提出了不同要求：一般轿车、轻型货车行驶车速高，所以要求制动效能也高；重型货车行驶车速低，要求就稍低一点。

为了分析制动距离，需要对制动过程有一个全面了解。图 5-8 所示为驾驶人在接受了紧急制动信号后，制动踏板力、汽车制动减速度与制动时间的关系曲线。图 5-8a 是实际测得的，图 5-8b 是经过简化后的曲线。

驾驶人接到紧急停车信号时，并没有立即行动（图 5-8b 中的 a 点），而要经过 t_1' 后才意识到应进行紧急制动，并移动右脚，再经过 t_1'' 后才踩着制动踏板。从图 5-8b 中 a 点到 b 点所经过的时间 $t_1 = t_1' + t_1''$，这段时间称为驾驶人反应时间。其中，前者为意识反应时间，后者为动作反应时间，t_1 一般为 $0.3\sim1.0\text{s}$；在 b 点以后，随着驾驶人踩踏板的动作，踏板力迅速增大，至 d 点时达到最大值。不过由于制动蹄是由回位弹簧拉着，蹄片与制动鼓间存在间隙，所以要经过 t_2' 即至 c 点，地面制动力才起作用，使汽车开始产生减速度。从图 5-8b 中 c 点到 e 点是制动器制动力增长过程所需的时间 t_2''。$t_2 = t_2' + t_2''$，这段时间总称为制动器的作用时间，前者为制动器协调时间，后者为制动力增长时间，制动器作用时间一方面取决于驾驶人踩踏板的速度，另外更重要的是受制动系统结构形式的影响，t_2 一般在 $0.2\sim0.9\text{s}$ 之间。从图 5-8b 中 e 点到 f 点这段时间 t_3 为持续制动时间，其

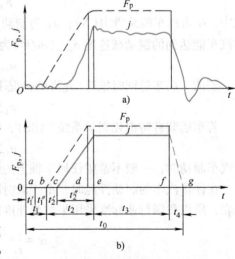

图 5-8 汽车的制动过程

减速度基本不变。到 f 点时驾驶人松开踏板，但制动力的消除还需要一段时间 t_4，这段时间称为制动力放松(解除)时间，t_4 一般在 0.2~1.0s 之间。这段时间过长会耽误随后起步行驶的时间。另外，若因车轮抱死而使汽车失去控制，驾驶人采取措施放松制动踏板时，又会使制动力不能立即释放。

从制动的全过程分析来看，整个制动过程可分为驾驶人见到信号后做出行动反应、制动器起作用、持续制动和放松制动器四个阶段。评价汽车制动性能的制动距离，一般是指从驾驶人踩着制动踏板开始到完全停车为止汽车所驶过的距离。它包括制动过程中制动器的作用时间 t_2 和持续制动时间 t_3 两个阶段汽车驶过的距离，即 s_2 和 s_3。

在制动器起作用阶段(t_2 时间段内)，汽车驶过的距离 s_2 估算如下：

在 t_2 时间段内，首先，由于惯性的作用，汽车以起始制动初速度 u_0 做了 t'_2 时间的匀速运动，所对应驶过的距离 s'_2 为

$$s'_2 = u_0 t'_2$$

然后，在 t''_2 时间内，制动减速度线性增长，即

$$\frac{\mathrm{d}u}{\mathrm{d}t} = kt$$

根据初始条件，在 t''_2 时刻，$\mathrm{d}u/\mathrm{d}t$ 达到 a_{bmax}，因此，上式中 k 为

$$k = -\frac{a_{\mathrm{bmax}}}{t''_2}$$

故有

$$\int \mathrm{d}u = \int kt \mathrm{d}t$$

求解这个积分等式。因 $t=0$ 时(图 5-8 中 c 点) $u=u_0$，故

$$u = u_0 + \frac{1}{2}kt^2$$

或在 t''_2 时的车速为

$$u_e = u_0 + \frac{1}{2}kt''^2_2$$

又因

$$\frac{\mathrm{d}s}{\mathrm{d}t} = u_0 + \frac{1}{2}kt^2$$

故

$$\int \mathrm{d}s = \int \left(u_0 + \frac{1}{2}kt^2 \right) \mathrm{d}t$$

而 $t=0$ 时(图 5-8b 中 c 点)，$s=0$，故

$$s = u_0 t + \frac{1}{6}kt^3$$

在 $t=t''_2$ 时，汽车驶过的距离为

$$s''_2 = u_0 t''_2 - \frac{1}{6}a_{\mathrm{bmax}} t''^2_2$$

因此，在 t_2 时间内的制动距离为

$$s_2 = s'_2 + s''_2 = u_0 t'_2 + u_0 t''_2 - \frac{1}{6}a_{\mathrm{bmax}} t''^2_2$$

在持续制动阶段，汽车以 a_{bmax} 做匀减速运动，其初速为 u_e，末速为零，故

$$s_3 = \frac{u_e^2}{2a_{bmax}}$$

$$s_3 = \frac{u_0^2}{2a_{bmax}} - \frac{u_0 t_2''}{2} + \frac{a_{bmax} t_2''^2}{8}$$

故总制动距离为

$$s = s_2 + s_3 = \left(t_2' + \frac{t_2''}{2}\right) u_0 + \frac{u_0^2}{2a_{bmax}} - \frac{a_{bmax} t_2''^2}{24}$$

因为 t_2'' 很小，故略去 $\dfrac{a_{bmax} t_2''^2}{24}$ 项，且车速的单位为 km/h，则上式的 s(m) 可写成

$$s = \frac{1}{3.6}\left(t_2' + \frac{t_2''}{2}\right) u_{a0} + \frac{u_{a0}^2}{25.92 a_{bmax}} \tag{5-5}$$

从式(5-5)可以看出，决定汽车制动距离的主要因素有：制动器起作用的时间、最大制动减速度（即地面制动力的决定因素——附着力或最大制动器制动力）以及起始制动车速。附着力（或制动器制动力）越大、起始制动车速越低，制动距离越短，这是显而易见的。

例 5-1　某型号轿车改型后制动系统结构为液压驱动，轿车轴距 $L = 2540$mm，空载总质量 $m_k = 1160$kg，满载总质量 $m_M = 1540$kg，取制动系统协调时间 $t_2' = 0.2$s，制动减速度上升时间 $t_2'' = 0.2$s，计算该车以 50km/h 的初速度在 $\varphi = 0.8$ 的路面上制动时的制动距离及制动减速度。

解：　由前知，制动时汽车能达到的最大制动减速度 $a_{bmax} = \varphi_b g$，所以，$a_{bmax} = \varphi_b g = 0.8g$

由式(5-5)可知，制动距离 $s = \dfrac{1}{3.6}\left(t_2' + \dfrac{t_2''}{2}\right) u_{a0} + \dfrac{u_{a0}^2}{25.92 a_{bmax}}$

$$s = \frac{1}{3.6} \times \left(0.2 + \frac{0.2}{2}\right) \times 50 + \frac{50^2}{25.92 \times 0.8 \times 9.8}\text{m} = 4.17 + 12.3\text{m} = 16.47\text{m}$$

平均制动减速度

$$\text{MFDD} = \frac{u_b^2 - u_e^2}{25.92(s_e - s_b)}$$

按照国家标准 GB 7258—2012 规定，式中，$u_b = 0.8 u_{a0}$，$u_e = 0.1 u_{a0}$，s_b 为 u_{a0} 到 u_b 车辆驶过的距离，s_e 为 u_{a0} 到 u_e 车辆驶过的距离。

先求汽车从制动开始到速度为 $0.8u_{a0}$ 时驶过的距离，从驾驶人踏到制动踏板到踏板力最大这一时间段 $(t_2 = t_2' + t_2'')$ 内汽车驶过的距离

$$s_2 = u_{a0} t_2' + u_{a0} t_2'' - \frac{1}{6} a_{bmax} t_2''^2 = \frac{50}{3.6} \times (0.2 + 0.2) - \frac{1}{6} \times 0.8 \times 9.8 \times 0.2^2\text{m} = 5.5\text{m}$$

踏板力达到最大时汽车的车速为

$$u_{t_2''} = u_{a0} - \frac{1}{2} a_{bmax} t_2'' = 50 - \frac{1}{2} \times 0.8 \times 9.8 \times 0.2 \times \frac{1}{3.6}\text{km/h} = 49.78\text{km/h}$$

就是说，踏板力达到最大时汽车的车速尚未达到 $0.8u_{a0}=40\text{km/h}$，汽车还要再拖滑一个距离车速才能达到 40km/h，此距离

$$s_3' = \frac{u_{t_2''}^2 - u_b^2}{2a_{b\max}} = \frac{49.78^2 - 40^2}{2 \times 0.8 \times 9.8 \times 3.6^2}\text{m} = 4.32\text{m}$$

故从开始制动到车速为 $u_b = 0.8u_{a0}$ 时汽车制动行驶的距离为

$$s_b = s_2 + s_3' = 5.5 + 4.32\text{m} = 9.82\text{m}$$

另外，从开始制动到车速为 $u_e = 0.1u_{a0}$，汽车制动行驶的距离为

$$s_e = s_2 + \frac{u_{t_2''}^2 - u_e^2}{25.92a_{b\max}} = 5.5 + \frac{49.78^2 - 5^2}{25.92 \times 0.8 \times 9.8}\text{m} = 5.5 + 12.07\text{m} = 17.57\text{m}$$

所以，该车制动平均减速度

$$\text{MFDD} = \frac{u_b^2 - u_e^2}{25.92(s_e - s_b)} = \frac{40^2 - 5^2}{25.92 \times (17.57 - 9.82)}\text{m/s}^2 = 7.84\text{m/s}^2 = 0.8g$$

下面仅对制动器起作用的时间加以分析。

行驶车速对制动性能有很大影响，图 5-9 所示是某轿车的制动距离随不同制动初速度的变化关系，拟合可得如下关系式：

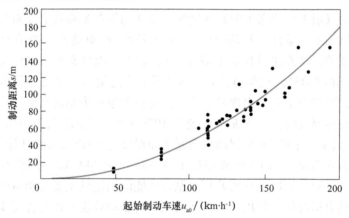

图 5-9　某轿车的制动距离随不同制动初速度的变化关系

理论关系式：$s = \frac{1}{3.6}\left(t_2' + \frac{t_2''}{2}\right)u_{a0} + \frac{u_{a0}^2}{25.92a_{b\max}}$

拟合关系式：$s = 0.0034u_{a0} + 0.00451u_{a0}^2$

由拟合关系式可知，随着制动初速度的增加，制动距离迅速增大。

真正使汽车减速停车的是持续制动阶段的最大制动减速度和制动初速度，但制动器的作用时间对制动距离的影响也是不小的。制动器的作用时间与制动系统的结构形式有密切关系。

当驾驶人急速踩下制动踏板时，液压制动系统的制动器的作用时间可短至 0.1s 或更短；真空助力制动系统和气压制动系统为 0.3~0.9s；货车有挂车时，汽车列车的制动器作用时间有时竟长达 2s，但精心设计的汽车列车制动系统可缩短至 0.4s。

改进制动系统结构，减少制动器的作用时间，是缩短制动距离的一项有效措施。例如某款红旗轿车由真空助力制动系统改为压缩空气助力（气顶液）制动系统后，两种不同助力系统分别以 30km/h 起始车速制动，所测得的制动试验结果见表 5-5。

表 5-5 装有两种不同助力系统时某款红旗轿车的制动效能

性能指标 制动系统形式	制动时间/s	制动距离/m	最大制动减速度/(m·s⁻²)
真空助力制动系统	2.12	12.25	7.25
压缩空气-液压制动系统	1.45	8.25	7.65

由表 5-5 可见，采用压缩空气-液压制动系统后，制动距离缩短了 32%，制动时间减少 31.6%。但最大减速度只提高了 3.5%。虽未单独给出制动器作用时间 t_2 的变化情况，但试验结果说明，最大减速度提高不多，即持续制动时间 t_3 变化不大。因此，可认为制动器作用时间的减少是缩短制动距离的主要原因。

三、制动效能的恒定性

以上的讨论仅限于在冷态下的制动情况，即制动器起始温度在 100℃ 以下的制动效能。汽车在繁重的工作条件下制动时（例如在下长坡时，制动器就要采取较长时间连续地进行较大强度的制动方法以控制下坡速度），制动器温度常在 300℃ 以上，有时高达 600~700℃。高速制动时，汽车动能大，制动器吸收能量多，温度也会很快上升。制动器温度上升后，摩擦力矩常会出现显著下降，这种现象称为制动器的热衰退。如雷克萨斯 LS400 汽车在冷制动时，起始制动车速为 195km/h，制动距离为 163.9m，减速度为 8.5m/s²，而经过下山中的 26 次制动，前制动器温度达 693℃，这时以同样的起始车速制动，减速度为 6.0m/s²，制动距离加长了 80.6m 达到 244.5m。热衰退是目前制动器不可避免的现象，只是程度上有所差别。制动效能的恒定性主要是指抗热衰退性能。

制动器抗热衰退性能一般用一系列连续制动时制动效能的保持程度来衡量。按照目前仍在沿用的国家行业标准规范 ZBT 24007—1989，最后的制动效能应不低于规定的冷试验制动效能的 60%（在制动踏板力相同的条件下）。

山区行驶的货车和高速行驶的轿车，对抗热衰退性能有更高的要求。一些国家规定，大型货车必须装备辅助制动器，以保持山区行驶的制动效能。

抗热衰退性能与制动器摩擦副材料及制动器结构有关。

1. 摩擦副的材料及摩擦因数

一般制动器的制动鼓、盘由铸铁制成，而摩擦片由石棉、半金属和陶瓷等几种材料制成。铸铁的成分、金相组织、硬度以及石棉摩擦材料的成分、工艺过程及结构对摩擦副的摩擦性能都有影响。

例如保时捷 911 采用了特殊的陶瓷制动盘后，将其的性能与雷克萨斯 SC430 进行比较，见表 5-6。

表 5-6 保时捷 911 与雷克萨斯 SC430 的指标比较

性能指标　　　　　车型	保时捷 911 冷/热	雷克萨斯 SC430 冷/热
制动距离/m	34.1/34.1	39.4/44.3
$a_{\text{b max}}/(\text{m/s}^2)$	11.3/11.3	9.8/8.7
前制动器温度/℃	228/480	180/685
后制动器温度/℃	214/278	118/365

按照 ECE R13 的规定，由于石棉有害人体健康，不允许使用含石棉的摩擦片。正常制动时，摩擦副的温度在 200℃ 左右，摩擦副的摩擦因数为 0.3~0.4。此时摩擦因数是稳定的。但在更高的温度时，有些摩擦片的摩擦因数会有很大降低而出现热衰退现象。另外，如果制动器结构不合理或使用不当会引起制动液的温度急剧上升，当温度超过制动液的沸点时会发生汽化现象，使制动完全失效。

摩擦材料都含有有机聚合物，诸如合成树脂、天然或合成橡胶等。生产加工过程中，它们都在加温加压的条件下固化。为了提高材料的耐热能力，通常在使摩擦材料保持良好、均匀的摩擦性能与耐磨能力的前提下，尽量提高其加热的温度。在正常和中等负荷的制动工况下，摩擦片的温度没有超过生产时的最高温度。但在重负荷的情况下，摩擦片温度很高，大大超过制造时的最高温度。于是，材料中的有机物发生分解，产生了一些气体和液体，它们在两接触面间形成有润滑作用的薄膜，使摩擦因数下降，因而出现了热衰退现象。

提高摩擦材料的抗热衰退性能的办法如下：

1）采用耐热的黏合剂，如环氧树脂等改性的酚醛树脂，有时还用无机黏合剂。

2）减少有机成分的含量，增加金属添加剂的成分。

3）使摩擦片具有一定的气孔。

4）多数树脂模制摩擦片，经初期衰退后便不再衰退，因此可在使用前先进行表面处理，使其产生表面热稳定层来缓和衰退。

2. 制动器的结构形式

制动器的抗热衰退性能不仅受摩擦材料摩擦因数下降的影响，而且与制动器的结构形式有密切关系。常用制动器效能因数 K_{ef} 与摩擦因数 μ 的关系曲线来说明各种类型制动器的效能及其稳定程度。制动器效能因数是指单位制动泵推力 F_{pu} 所产生的制动器摩擦力 F，即

$$K_{\text{ef}} = \frac{F}{F_{\text{pu}}}$$

式中，$F = T_\mu / r$，r 为制动鼓半径。

图 5-10 所示为具有典型尺寸的各种形式制动器制动效能因数与摩擦因数的关系曲线。由图可知，

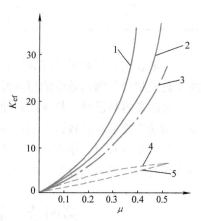

图 5-10　制动效能因数与
摩擦因数的关系曲线
1—双向自动增力蹄制动器
2—双领蹄制动器　3—领、从蹄制动器
4—双从蹄制动器　5—盘式制动器

对于双向自动增力蹄制动器 1 及双领蹄制动器 2，由于结构上的几何力学的关系产生增力作用，具有较大的制动效能因数。但是，摩擦因数变化时制动效能按非线性关系迅速改变。因此，摩擦因数的微小改变，能引起制动效能大幅度变化，即制动器的稳定性差。双从蹄制动器 4 的情况与之相反。领、从蹄制动器 3 介于二者之间。这里要特别强调的是盘式制动器 5，其制动效能没有鼓式制动器大（一般盘式制动器常加装真空助力器以增大制动效能），但其稳定性好。高强度制动时，摩擦材料的摩擦因数虽有下降，但对制动效能影响不大。

同时盘式制动器和鼓式制动器相比，反应时间短且不会因为热膨胀而增加制动间隙。因此，盘式制动器已普遍用作轿车的前制动器，用作轿车后制动器的也不少。目前各种吨位的货车，包括重型货车（行驶于公路上做长途运输的）、牵引车采用盘式制动器的也日益增多。总之，盘式制动器越来越广泛地用于高速轿车、重型矿用车。

图 5-11 所示为一辆装有自动增力蹄式制动器的轿车在不同起始车速制动时的汽车减速度曲线。起始车速低时，制动很灵，减速度达到 $0.8 \sim 0.9g$。起始车速增加后，由于摩擦片的热衰退效应，制动减速度越来越小。起始车速为 119km/h 时，制动减速度仅达 $0.25g$。这个试验结果突出地反映了自动增力蹄式制动器制动效能的不恒定。

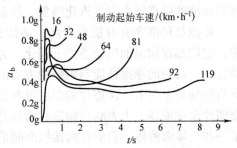

图 5-11　起始车速对制动减速度的影响

但对四轮都装有盘式制动器的奔驰 600 轿车进行制动试验，测得的数据见表 5-7。

表 5-7　四轮都装有盘式制动器的奔驰 600 轿车制动试验数据

起始制动车速/$(km \cdot h^{-1})$	制动减速度/$(m \cdot s^{-2})$	起始制动车速/$(km \cdot h^{-1})$	制动减速度/$(m \cdot s^{-2})$
50	8.5~8.9	100	7.8~8.5
80	8.3~8.6	120	7.3~7.7

结果表明，起始车速提高后，汽车的制动减速度下降很小。这个试验结果突出地反映了盘式制动器制动效能的恒定性。

制动盘容易散热、热膨胀后使摩擦片与制动盘压得更紧、涉水后水恢复性能好等是盘式制动器能够保持较恒定的制动效能的原因。

当汽车涉水时，水进入制动器，短时间内制动效能的降低称为水衰退。此时，汽车应在短时间内迅速恢复原有的制动效能。

第四节　制动时汽车的方向稳定性

在对汽车实施制动过程中，有时会出现制动跑偏、后轴侧滑或前轮失去转向能力等现象，从而造成汽车失去控制而离开原来的行驶方向，甚至发生撞入对方车辆行驶轨道、下沟、滑下山坡的危险情况。一般称汽车在制动过程中维持直线行驶或按预定弯道行驶的能力为制动时汽车的方向稳定性。

汽车试验中常规定一定宽度的试验通道(如1.5倍车宽或3.7m),制动时方向稳定性合格的车辆,在试验过程中不允许产生不可控制而使它离开这条通道的效应。制动时的方向不稳定主要有制动跑偏、制动侧滑或失去转向能力等现象。

制动跑偏是指制动时汽车自动向左或向右偏驶的现象。制动侧滑是指制动时汽车的某一轴或两轴发生横向移动的现象。最危险的情况是在高速制动时发生后轴侧滑,此时汽车常发生不规则的急剧回转运动而失去控制。跑偏与侧滑是有联系的,严重的跑偏有时会引起后轴侧滑,易于发生侧滑的汽车也有加剧跑偏的趋势。图5-12示出了单纯制动跑偏和由跑偏引起后轴侧滑时轮胎留在地面上的印迹的示意图。

前轮失去转向能力,是指弯道制动时汽车不再按原来的弯道行驶而沿弯道切线方向驶出;直线行驶制动时,虽然转动转向盘但汽车仍按直线方向行驶的现象。失去转向能力和后轴侧滑也是有联系的,一般如果汽车后轴不会侧滑,前轮就可能失去转向能力;后轴侧滑,前轮通常仍有转向能力(后面将做具体分析)。

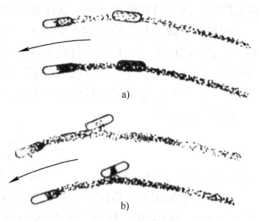

图5-12 制动时跑偏和侧滑的情形

a) 制动跑偏时轮胎留下的印痕

b) 制动跑偏引起后轴轻微侧滑时轮胎留下的印痕

制动跑偏、侧滑与前轮失去转向能力是造成交通事故的重要原因。例如,我国某市市郊一山区公路,根据两周(雨季)发生的七起交通事故分析,发现其中六起是由于制动时后轴发生侧滑或前轮失去转向能力造成的。西方一些国家的统计表明,发生人身伤亡的交通事故中,在潮湿路面上约有1/3与侧滑有关;在冰雪路面上有70%~80%与侧滑有关。根据对侧滑事故的分析,发现有50%是由制动引起的。

一、汽车的制动跑偏

制动时汽车跑偏的原因有两个:

1) 汽车左、右车轮,特别是前轴左、右车轮(转向轮)制动器的制动力不相等。

2) 制动时悬架导向杆系与转向系拉杆在运动学上的不协调(互相干涉)。

其中,第一个原因是制造、调整误差造成的,汽车究竟向左或向右跑偏,要根据具体情况而定;而第二个原因是设计造成的,制动时汽车总是向左(或向右)一方跑偏。

图5-13给出了由于转向轴左、右车轮制动力不相等而引起跑偏的受力分析。为

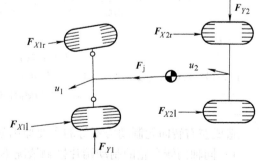

图5-13 制动跑偏时的受力图

了简化，假定车速较低，跑偏不严重，且跑偏过程中转向盘是不动的，在制动过程中也没有发生侧滑，并忽略汽车做圆周运动时产生的离心力及车身绕质心的惯性力偶矩。

设前左轮的制动器制动力大于右轮，故地面制动力 $F_{X1l}>F_{X1r}$ 时，前、后轴分别受到的地面侧向反作用力为 $\boldsymbol{F}_{Y1}$ 和 $\boldsymbol{F}_{Y2}$。显然，$\boldsymbol{F}_{X1l}$ 绕主销的力矩大于 $\boldsymbol{F}_{X1r}$ 绕主销的力矩。虽然转向盘不动，由于转向系统各处的间隙及零部件的弹性变形，转向轮仍产生一向左转动的角度而使汽车有轻微的转弯行驶，即跑偏。同时，由于主销有后倾，也使 $\boldsymbol{F}_{Y1}$ 对转向轮产生一同方向的偏转力矩，这样也增大了向左转动的角度。

在轿车上做了专门的试验来观察左、右车轮制动力不相等的程度对制动跑偏的影响。试验车的前轴左、右车轮制动泵装有可以调节液压的限压阀，以产生不同的制动器制动力。后轴上也装有一个可调节的限压阀，以改变前、后轴制动力之比，使汽车在制动时产生后轴车轮抱死与不抱死两种工况；转向盘可以锁住。左、右车轮制动力之差用不相等度表示，即

$$\Delta F_{\mu r}=\frac{F_{\mu b}-F_{\mu l}}{F_{\mu b}}\times100\%$$

式中，$F_{\mu b}$ 为大的制动器制动力；$F_{\mu l}$ 为小的制动器制动力。

试验的结果用车身横向位移和汽车的航向角来表示。航向角为制动时汽车纵轴线与原定行驶方向的夹角。试验结果如图 5-14 和图 5-15 所示。由图可见，制动跑偏随着 $\Delta F_{\mu r}$ 的增加而增大；当后轮抱死时，跑偏的程度加大。

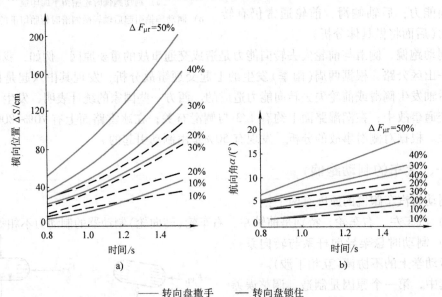

图 5-14　后轮未抱死时制动器制动力不相等度 $\Delta F_{\mu r}$ 对制动跑偏的影响（起始车速 62.7km/h）

a）车身的横向位移　b）航向角

造成左右转向轮制动力不等的主要原因如下：

1）同轴两侧车轮的制动蹄片接触情况不同。

2）同轴两侧车轮制动蹄、鼓间隙不一致。

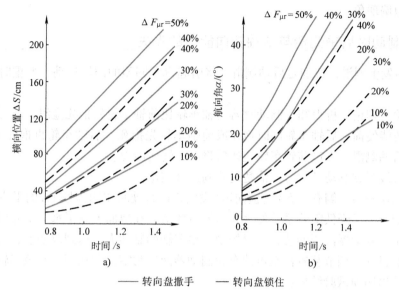

—— 转向盘撒手 — 转向盘锁住

图 5-15 后轮抱死时制动器制动力不相等度 $\Delta F_{\mu r}$ 对制动跑偏的影响(起始车速 62.7km/h)

a) 车身的横向位移 b) 航向角

3)同轴两侧车轮的胎压不一致或胎面磨损不均。

4)前轮定位参数失准。

5)左右轴距不等。

造成跑偏的第二个原因是悬架导向杆系与转向系拉杆发生运动干涉,且跑偏的方向不变。例如一试制中的货车,在紧急制动时总是向右跑偏,在车速 30km/h 时,最严重的跑偏距离为 1.7m。分析其原因主要是转向节上节臂处的球头销离前轴中心线太高,且悬架钢板弹簧的刚度又太小。图 5-16 给出了该货车的前部简图。在紧急制动时,前轴向前扭转了一个角度,转向节臂球头销本应相应的移动,但由于球头销又连接在转向纵拉杆上,仅能克服转向拉杆的间隙,使拉杆有少许弹性变形而不允许球头销做相应的移动,致使转向节臂相对于主销做向右的偏转,于是引起转向轮向右转动,造成汽车跑偏。后来改进了设计,使转向节上节臂处球头销位置下移,在前钢板弹簧扭转相同角度时,球头销位移量减少,转向节偏转也减少;同时增加了前钢板弹簧的刚度,从而基本

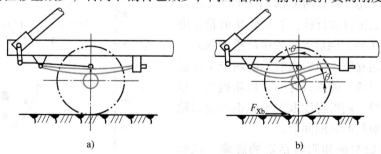

图 5-16 悬架导向杆系与转向系拉杆在运动学上的不协调引起的制动跑偏

a) 未制动时 b) 制动时前轴转动(转角为 θ)

上消除了跑偏现象。

二、制动时后轴侧滑与前轴转向能力的丧失

制动时发生侧滑，特别是后轴侧滑，将引起汽车剧烈的回转运动，严重时可使汽车调头。

由试验与理论分析得知，制动时若后轴车轮比前轴车轮先抱死拖滑，就可能发生后轴侧滑。若能使前、后轴车轮同时抱死或前轴车轮先抱死，后轴车轮再抱死或不抱死，则能防止后轴侧滑。不过前轴车轮抱死后将失去转向能力。

下述直线行驶制动试验可以清楚地看到这些结论。

试验是在一条一侧有 2.5% 的横向坡（设定正向行驶时左侧为坡下）的平直混凝土路面上进行的。为了降低附着系数使之容易发生侧滑，在地面上洒了水。试验用的轿车有调节各个车轮制动器液压的装置，以控制每根车轴的制动力，达到改变前、后车轮抱死拖滑次序的目的。调节装置甚至可使车轮制动器液压为零，即在制动时该车轮根本不制动。下面给出四项试验结果：

（1）**前轮无制动力而后轮有足够的制动力**　试验结果如图 5-17 中曲线 A 所示。曲线 A 说明，随着车速提高，侧滑的程度更加剧烈。在车速为 48km/h 时，汽车纵轴与行驶方向的夹角（航向角）可达 180°。

（2）**后轮无制动力而前轮有足够的制动力**　试验结果如图 5-17 中曲线 B 所示。由图可知，即使车速达到 65km/h，汽车的纵轴转角也不大，夹角的最大值只有 10°，即汽车基本上维持直线行驶。不过应当指出，前轴车轮抱死后，汽车将失去转向能力，若遇到障碍，只有放松制动踏板，才能绕开行驶。

（3）**前、后车轮都有足够的制动力，但它们抱死拖滑的次序和时间间隔不同**　试验时利用车上制动器液压调节装置，可使前、后车轮在制动到抱死拖滑时有不同的先后次序和时间间隔。以 64.4km/h 起始车速制动，若前轮比后轮先抱死拖滑（此时前轮丧失转向能力），或后轮比前轮先抱死且时间间隔在 0.5s 以内，则汽车基本上按直线行驶；若后轮比前轮先抱死拖滑超过 0.5s，则后轴将发生严重的侧滑。

试验时还发现，前轴或后轴的两个车轮也不是同时抱死的。如果只有一个后轮抱死，也不会发生侧滑，侧滑程度取决于先抱死的后轮与晚抱死的前轮的时间间隔。

（4）**起始车速和附着系数的影响**　试验时还做了起始车速为 48.2km/h 及 72.3km/h 时的制动。试验表明，起始车速为 48.2km/h

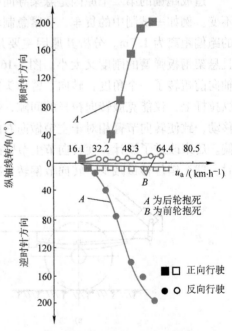

图 5-17　前轮抱死或后轮抱死时汽车
纵轴线转过的角度（航向角）

时，即使后轮比前轮先抱死拖滑在 0.5s 以上，汽车纵轴线的转角也只有 25°；起始车速为 72.3km/h 时，侧滑的情况与 64.4km/h 时一样。这说明只有在起始车速超过 48km/h 时，后轴侧滑才成为一种危险的侧滑。

为了查明附着系数对侧滑的影响，还在干燥路面上做了同样的试验。试验时前轮无制动力，后轮可制动到抱死拖滑。干燥路面的制动距离是湿路面的 70%，就是说在湿路面上制动时的制动时间要长。在干燥路面上，汽车纵轴转角比湿路面上要小。每次试验还记录后轮开始拖滑的时间，在同样的时间内，干、湿路面的汽车纵轴转角相差不多。可见，在低附着系数路面上制动，侧滑程度的增加主要是由于制动时间的增加。

以上四项试验可以总结为两点：

1）制动过程中，若是只有前轮抱死或前轮先抱死拖滑，汽车基本上沿直线向前行驶（减速停车）；汽车处于稳定状态，但丧失转向能力。

2）若后轮比前轮提前一定时间（如对试验中的汽车为 0.5s 以上）先抱死拖滑，且车速超过某一数值（如试验中的汽车车速超过 48km/h）时，汽车在轻微的侧向力作用下就会发生侧滑。路面越滑、制动距离和制动时间越长，后轴侧滑越剧烈。

下面从受力情况分析汽车前轮抱死拖滑和后轮抱死拖滑的两种运动情况。

图 5-18a 所示为前轮抱死而后轮滚动。设转向盘固定不动，汽车受到偶然且短暂的侧向外力作用后，前轴发生侧滑，因此前轴中点 A 的前进速度 u_A 与汽车纵轴线的夹角为 α；后轴因未发生侧滑，所以 u_B 的方向仍为汽车纵轴方向。此时，汽车将发生类似转弯的运动，其瞬时回转中心为速度 u_A、u_B 两垂线的交点 O；汽车做圆周运动时产生了作用于质心 C 的惯性力 F_j。显然，F_j 的方向与汽车侧滑的方向相反，就是说 F_j 能起到减小或阻止前轴侧滑的作用，即汽车处于一种稳定状态。图 5-18b 所示为后轮制动抱死而前轮滚动。如有侧向力作用，后轴发生侧滑的方向正好与惯性力 F_j 的方向一致，于是惯性力加剧后轴侧滑；后轴侧滑又加剧惯性力 F_j，汽车将急剧转动。因此，后轴侧滑是一种不稳定的、危险的工况。

上面是直线行驶条件下的制动试验，在弯道行驶时进行的制动试验也会得到类似结果，即只有后轮抱死或后轮提前抱死，在一定车速条件下，后轴才会发生侧滑。另外，只有前轮抱死或前轮先抱死时，因为侧向力系数接近零，地面不能产生任何侧向反作用力，汽车无法按原弯道方向行驶而沿与弯道相切的切线方向驶出，即失去了转向能力。

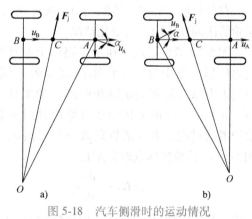

图 5-18　汽车侧滑时的运动情况
a）前轴侧滑　b）后轴侧滑

因此，为了保证汽车制动时的方向稳定性，首先不能出现只有后轴车轮抱死或后轴车轮比前轴车轮先抱死的情况，以防止危险的后轴侧滑；其次，尽量少出现只有前轴车轮抱死或前、后车轮都抱死的情况，以维持汽车的转向能力。最理想的情况就是前、后车轮都处于滚动状态而不抱死，这样就可以确保制动时的方向稳定性。目前汽车上普遍采用的防抱死制动系统(ABS)就基本上解决了制动时车轮的抱死问题(后面将详细阐述)。

以上讨论了评价汽车制动性的三项指标,即制动效能、制动效能的恒定性以及制动时汽车的方向稳定性,并分析了各种影响因素。下面讨论与方向稳定性密切相关的制动器制动力在前、后轴间的分配和调节问题。

第五节　前、后制动器制动力的比例关系

对于一般汽车而言,根据其前、后轴制动器制动力的分配情况、载荷情况及道路附着系数等因素,当制动器制动力足够时,制动过程可能出现如下三种情况:

1) 前轮先抱死拖滑,然后后轮抱死拖滑。

2) 后轮先抱死拖滑,然后前轮抱死拖滑。

3) 前、后轮同时抱死拖滑。

并得出结论:情况1)是稳定工况,但在制动时汽车丧失转向能力,附着条件没有充分利用(分析详见后);情况2)中,后轴可能出现侧滑,是不稳定工况,附着条件的利用程度也低;而情况3)可以避免后轴侧滑,同时前转向轮只有在最大制动强度下才使汽车失去转向能力,较之前两种工况,附着条件利用情况较好。

所以,前、后制动器制动力分配的比例,将影响汽车制动时的方向稳定性和附着条件利用程度,是设计汽车制动系统时必须考虑的问题。

一、制动时地面对前、后车轮的法向反作用力

在分析前、后制动器制动力分配比例以前,必须先了解在制动时地面作用于前、后车轮的法向反作用力的变化情况。

图 5-19 给出了汽车在水平路面上制动时的受力情形。图中忽略了汽车的滚动阻力偶矩、空气阻力以及旋转质量减速时产生的惯性力偶矩。此外,下面的分析中还忽略制动时车轮边滚边滑的过程,附着系数只取一个定值 φ_0。由图 5-19 对后轮接地点取力矩得

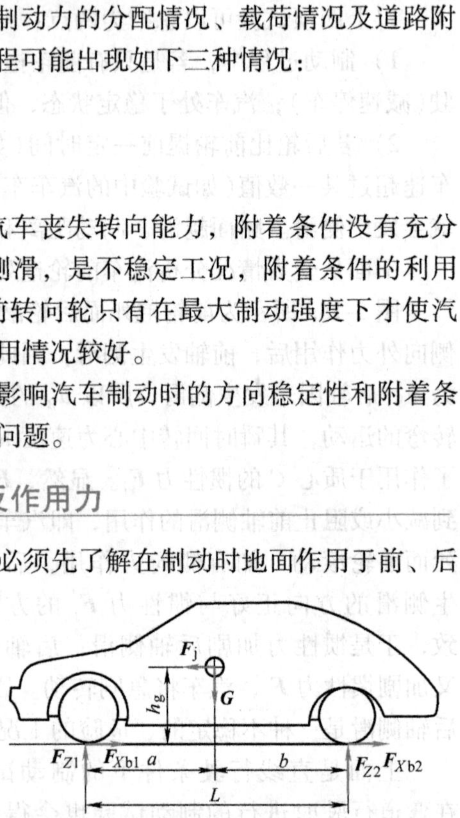

图 5-19 制动时汽车受力图

$$F_{Z1}L = Gb + m\frac{\mathrm{d}u}{\mathrm{d}t}h_g$$

式中,F_{Z1} 为地面对前轮的法向反作用力;G 为汽车重力;b 为汽车质心至后轴中心线的距离;m 为汽车质量;h_g 为汽车质心高度;$\mathrm{d}u/\mathrm{d}t$ 为汽车减速度。

根据平衡条件,对前轮接地点取力矩,得

$$F_{Z2}L = Ga - m\frac{\mathrm{d}u}{\mathrm{d}t}h_g$$

式中,F_{Z2} 为地面对后轮的法向反作用力;a 为质心至前轴中心线的距离。令 $\mathrm{d}u/\mathrm{d}t = zg$,$z$ 称为制动强度,则可求得地面法向反作用力为

$$\begin{cases} F_{Z1} = \dfrac{G(b+zh_g)}{L} \\[2mm] F_{Z2} = \dfrac{G(a-zh_g)}{L} \end{cases} \tag{5-6}$$

若在不同附着系数的路面上制动，前、后轮都抱死（不论是同时抱死或分别先后抱死），此时 $F_{Xb} = F_{\varphi}$ $= G\varphi$ 或 $du/dt = \varphi g$。则地面作用于前、后轮的法向反作用力为

$$\begin{cases} F_{Z1} = \dfrac{G}{L}(b+\varphi h_g) \\[2mm] F_{Z2} = \dfrac{G}{L}(a-\varphi h_g) \end{cases} \tag{5-7}$$

式(5-6)、式(5-7)均为直线方程。图 5-20 给出了 BJ1041（实线）和 BJ2021（虚线）汽车前、后轮法向反作用力随减速度与四轮均抱死后随地面附着系数变化的情况。由图 5-20 可知，当制动强度或附着系数改变时，前、后轮法向反作用力的变化是很大的。例如 BJ1041 汽车，当 $du/dt = 0.7g$ 时，亦即 $\varphi = 0.7$ 时，前轮法向反作用力增加了 53.1%，而后轮减少了 34.2%。

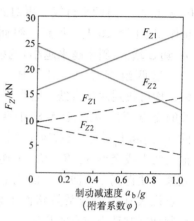

图 5-20 制动时地面对前、后轮法向反作用力的变化

二、理想的前、后制动器制动力分配曲线

前已指出，制动时前、后车轮同时抱死，对附着条件的利用、制动时汽车的方向稳定性均较为有利。此时的前、后轮制动器制动力 $F_{\mu1}$ 和 $F_{\mu2}$ 的关系曲线，常称为理想的前、后轮制动器制动力分配曲线。

在任何附着系数 φ 的路面上，前、后车轮同时抱死的条件是：前、后轮制动器制动力之和等于附着力，并且前、后轮制动器制动力分别等于各自的附着力，即

$$\begin{cases} F_{\mu1}+F_{\mu2} = \varphi G \\ F_{\mu1} = \varphi F_{Z1} \\ F_{\mu2} = \varphi F_{Z2} \end{cases}$$

或

$$\begin{cases} F_{\mu1}+F_{\mu2} = \varphi G \\ \dfrac{F_{\mu1}}{F_{\mu2}} = \dfrac{F_{Z1}}{F_{Z2}} \end{cases}$$

将式(5-7)代入上式，得

$$\begin{cases} F_{\mu1}+F_{\mu2} = \varphi G \\ \dfrac{F_{\mu1}}{F_{\mu2}} = \dfrac{b+\varphi h_g}{a-\varphi h_g} \end{cases} \tag{5-8}$$

由式(5-8)画成的曲线,即为前、后车轮同时抱死时前、后轮制动器制动力的关系曲线——理想的前、后轮制动器制动力分配曲线,简称 I 曲线。

I 曲线可用作图法直接求得。先将式(5-8)中第一式按不同 φ 值($\varphi = 0.1, 0.2,$ $0.3, \cdots$)作图画在图 5-21 上,得到一组与坐标轴成 45°、与坐标轴截距依次为 $\varphi g(0.1g,$ $0.2g, 0.3g, \cdots)$ 的平行线;再对式(5-8)第二式按不同 φ 值($\varphi = 0.1, 0.2, 0.3, \cdots$)代入,也作图于图 5-20 上;得到一组通过坐标原点、斜率不同(斜率等于 F_{Z2}/F_{Z1} ,即与 φ 有关,随 φ 增大,斜率越来越小)的射线。

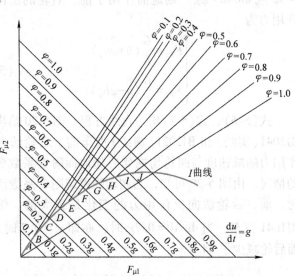

这两组直线中,对于某一 φ 值,均可找到两条直线,这两条直线的交点便是满足式(5-8)中两式的 $F_{\mu 1}$ 值和 $F_{\mu 2}$ 值。把对应于不同 φ 值的两直线交点 A、B、C、$\cdots$ 连接起来,便得到了 I 曲线。曲线上任一点代表在该附着系数路面上前、后制动器制动力应有的数值。

由此可见,只要给出汽车的总质量(或汽车的重力)、汽车的质心位置(a、b 和 h_g),就能作出 I 曲线。另外, I 曲线随汽车载荷增加而上移。

图 5-21　理想的前、后制动器制动力分配曲线

应当指出, I 曲线是踏板力增长到前、后车轮同时抱死拖滑时的前、后制动器制动力的分配曲线。车轮同时抱死时, $F_{\mu 1} = F_{Xb1} = F_{\varphi 1}$, $F_{\mu 2} = F_{Xb2} = F_{\varphi 2}$,所以 I 曲线也是车轮同时抱死时 $F_{\varphi 1}$ 和 $F_{\varphi 2}$ 的关系曲线。

还应进一步指明,汽车前、后制动器制动力常不能按 I 曲线的要求来分配。制动过程中常是一根车轴的车轮先抱死,随着踏板力的进一步增加,接着另一根车轴的车轮抱死。显然, I 曲线还是前、后轮都抱死后的地面制动力 F_{Xb1} 与 F_{Xb2} ,即 $F_{\varphi 1}$ 与 $F_{\varphi 2}$ 的关系曲线。

其实,这里讨论的"理想的前、后制动器制动力分配曲线"是汽车工程技术中的习惯称呼,并非真正"理想的制动力分配",只有能根据四个车轮上的载荷与地面情况使每个车轮均能利用峰值附着系数,同时有较大的侧向力系数,才是"理想的制动力分配"。

三、具有固定比值的前、后制动器制动力与同步附着系数

一般两轴汽车的前、后制动器制动力之比为一固定值,即按一定比例分配前、后制动器制动力。常用前制动器制动力与汽车总制动器制动力之比来表明分配的比例,其比值的大小称为制动器制动力分配系数,并以符号 β 表示,即

$$\beta = \frac{F_{\mu 1}}{F_{\mu}}$$

式中，$F_{\mu 1}$ 为前制动器制动力；F_{μ} 为汽车总制动器制动力，$F_{\mu}=F_{\mu 1}+F_{\mu 2}$，$F_{\mu 2}$ 为后制动器制动力。

故

$$F_{\mu 1}=\beta F_{\mu}$$

$$F_{\mu 2}=(1-\beta)F_{\mu}$$

且

$$\frac{F_{\mu 1}}{F_{\mu 2}}=\frac{\beta}{1-\beta} \tag{5-9}$$

由式(5-9)可见，$F_{\mu 1}$ 与 $F_{\mu 2}$ 的关系曲线为一直线，此直线通过坐标原点，且其斜率为

$$\tan\theta=\frac{1-\beta}{\beta}$$

这条直线称为实际前、后制动器制动力分配线，简称 β 线。图 5-22 给出了某汽车的 β 线，同时还给出了该车空载和满载时的 I 曲线。

由图 5-22 可见，实际前、后制动器制动力分配线(β 线)与理想前、后制动器制动力分配线(I 曲线)只有一个交点，此交点对应的路面附着系数符合使汽车处于前、后轮同时抱死的条件。故称 β 线与 I 曲线交点处所对应的路面附着系数为同步附着系数。同步附着系数所对应的制动减速度称为临界减速度。

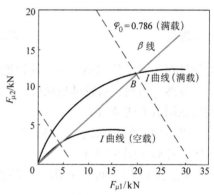

图 5-22　某汽车的 β 线与 I 曲线

同步附着系数说明，前、后制动器制动力为固定比值的汽车，只有在一种附着系数，即同步附着系数路面上制动时，才能使前、后车轮同时抱死。在其他附着系数的路面上制动时，只能是一个车轮先抱死，而另一车轮后抱死。

同步附着系数也可用解析法求得。设汽车在同步附着系数路面上制动，此时前、后轮同时抱死，则将式(5-8)代入式(5-9)，得

$$\frac{\beta}{1-\beta}=\frac{b+\varphi_0 h_{\mathrm{g}}}{a-\varphi_0 h_{\mathrm{g}}}$$

经整理，得

$$\varphi_0=\frac{L\beta-b}{h_{\mathrm{g}}} \tag{5-10}$$

式中，L 为汽车轴距，$L=a+b$。

图 5-22 中 β 线与 I 曲线交于 B 点，此时的路面附着系数 $\varphi_0=0.786$，说明该汽车满载时的同步附着系数 $\varphi_0=0.786$。

由图 5-22 及式(5-10)可以看出，同步附着系数是由汽车结构参数所决定的反映汽车制动性能的一个参数；汽车满载时，同步附着系数最大，随着载荷减小，同步附着系数越来越小。

四、前、后制动器制动力具有固定比值的汽车在各种路面上制动过程的分析

利用 β 线与 I 曲线的配合，就可以分析前、后制动器制动力具有固定比值的汽车在各种路面上的制动情况。为了便于分析，先介绍两组线组——f 线组与 r 线组。f 线组是后轮没有抱死，在各种 φ 值路面上前轮抱死时的前、后地面制动力关系曲线；r 线组是前轮没有抱死而后轮抱死时的前、后地面制动力关系曲线。普通轿车在制动中踏板力逐渐加大时，常有后轮没有抱死而前轮先抱死这样的过程；有的空载货车在制动中踏板力逐渐加大时，会出现前轮没有抱死而后轮先抱死的过程。

先求 f 线组。当前轮抱死时，前轮地面制动力等于前轮附着力，即

$$F_{Xb1} = \varphi F_{Z1} = \varphi \left(\frac{Gb}{L} + \frac{F_{Xb} h_g}{L} \right)$$

由于

$$F_{Xb} = F_{Xb1} + F_{Xb2}$$

$$F_{Xb1} = \varphi \left(\frac{Gb}{L} + \frac{F_{Xb1} + F_{Xb2}}{L} h_g \right)$$

故整理得

$$F_{Xb2} = \frac{L - \varphi h_g}{\varphi h_g} F_{Xb1} - \frac{Gb}{h_g} \tag{5-11}$$

这就是在不同 φ 值路面上只有前轮抱死时的前、后地面制动力的关系式。

显然，当前、后轮都抱死后，式(5-11)也成立，只是此时的后轮地面制动力也已达到后轮附着力的数值。

以不同 φ 值代入式(5-11)，即得到 f 线组，并画于图 5-23 中。

从式(5-11)，可以看出，此线组与纵坐标的交点为 $\left(0, -\frac{Gb}{h_g} \right)$，而与 φ 值无关，即无论 φ 取何值，f 线组永远经过该点。应指出，F_{Xb2} 为负值时已是地面驱动力，此处不再讨论。

当 $F_{Xb2} = 0$ 时，$F_{Xb1} = \frac{\varphi Gb}{(L - \varphi h_g)}$。利用此式可求出在不同 φ 值时相应的 F_{Xb1} 值，即线组与横坐标的交点 a、b、c、…。根据汽车结构参数的具体数值，可以知道此情况下的总地面制动力 $F_{Xb} = F_{Xb1} + 0 = F_{Xb1}$，$F_{Xb} < \varphi g$，即后轮未抱死。随着 F_{Xb1} 与 F_{Xb2} 的增加 F_{Xb} 也增加，最后 f 线组与 I 曲线相交。如前所述，I 曲线也是前、后车轮都抱死后的 $F_{\varphi1}$ 与 $F_{\varphi2}$ 的关系曲线。

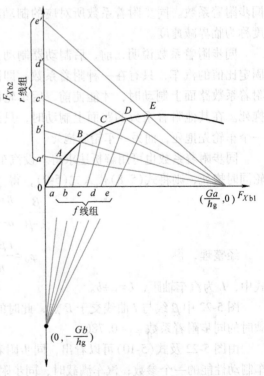

图 5-23　f 线组和 r 线组

因此，相交点处的 $F_{Xb1}+F_{Xb2}=F_{\varphi1}+F_{\varphi2}=\varphi g$，后轮也抱死。由此可见，$I$ 曲线以上的 f 线段已无意义（参看图 5-23）。

再求 r 线组。当后轮抱死时，后轮地面制动力等于后轮附着力，即

$$F_{Xb2}=\varphi F_{Z2}=\varphi\left(\frac{Ga}{L}-\frac{F_{Xb}h_g}{L}\right)$$

代入 $F_{Xb}=F_{Xb1}+F_{Xb2}$，并经整理，得

$$F_{Xb1}=-\frac{L+\varphi h_g}{\varphi h_g}F_{Xb2}+\frac{Ga}{h_g} \tag{5-12}$$

此即在不同 φ 值路面上只有后轮抱死时的前、后地面制动力的关系式。

显然，当前、后轮都抱死时，式（5-12）也成立，只是此时的前轮地面制动力也已达到前轮附着力。

以不同 φ 值代入式（5-12），即得 r 线组。由式（5-12）可见，r 线组与横坐标的交点为 $\left(\dfrac{Ga}{h_g},0\right)$，而与 φ 值无关，即无论 φ 取何值，r 线组永远经过该点。当 $F_{Xb1}=0$ 时，$F_{Xb2}=\dfrac{\varphi Ga}{(L+\varphi h_g)}$。由此，可求出不同 φ 值时对应的 F_{Xb2} 值，即随 φ 值增大，线组与纵坐标的交点依次为 a'、b'、c'、…。显然，这些点的情况下总地面制动力 $F_{Xb}=0+F_{Xb2}<\varphi g$，即前轮未抱死。随着 F_{Xb1} 的增加与相应的 F_{Xb2} 的稍稍减少，F_{Xb} 增加，最后，r 线组与 I 曲线相交。相交点处的 $F_{Xb1}+F_{Xb2}=\varphi g$，前轮也抱死，故 I 曲线以下的 r 线段已无意义（参看图 5-24）。

显然，对于同一 φ 值下 f 线组与 r 线组的交点 A、B、C、…，既符合 $F_{Xb1}=\varphi F_{Z1}$，又符合 $F_{Xb2}=\varphi F_{Z2}$，所以这些交点便是前、后车轮都（包括同时）抱死的点。因此，连结 A、B、C、…各点的曲线也就是前面讨论过的 I 曲线。

下面利用 β 线、I 曲线、f 和 r 线组分析汽车在不同 φ 值路面上的制动过程。参看图 5-24，为了便于说明问题，以某货车为例，其同步附着系数为 $\varphi_0=0.42$。图中还画上了 F_{Xb1} 与 F_{Xb2} 之和为 $0.1g$ 或 $0.2g$ 或 $0.3g$…的 45°斜直线组。同一根斜直线上的点均有同样大小的总地面制动力 F_{Xb}，相应的制动减速度也是常数，即为 $0.1g$ 或 $0.2g$ 或 $0.3g$…，故此 45°斜直线组称为"等地面制动力线组"或"等制动减速度线组"。分析制动过程时，常

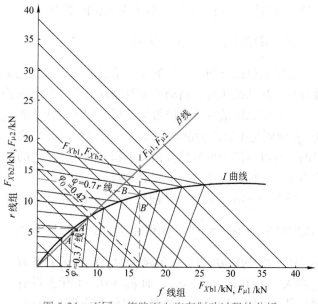

图 5-24　不同 φ 值路面上汽车制动过程的分析

利用此线组来确定制动过程中的总地面制动力与制动减速度 du/dt 的数值。

1) 当 $\varphi<\varphi_0$ 时，设 $\varphi=0.3$，则制动开始时，前、后制动器制动力 $F_{\mu1}$ 与 $F_{\mu2}$ 按 β 线上升。因前、后车轮均未抱死，故地面制动力 F_{Xb1} 和 F_{Xb2} 也按 β 线上升。到 A 点时，β 线与 $\varphi=0.3$ 的 f 线相交，前轮开始抱死，制动减速度为 $0.27g$。此时的地面制动力 F_{Xb1}、F_{Xb2} 已符合后轮没有抱死而前轮先抱死的状况。驾驶人如继续增加踏板力，F_{Xb1}、F_{Xb2} 将沿 f 线变化，前轮的地面制动力 F_{Xb1} 不再等于 $F_{\mu1}$，但继续制动，前轮法向反作用力增加，故 F_{Xb1} 沿 f 线稍有增加。但因后轮未抱死，所以当踏板力增大，$F_{\mu1}$、$F_{\mu2}$ 沿 β 线上升时，F_{Xb2} 仍等于 $F_{\mu2}$ 而继续上升。当 $F_{\mu1}$、$F_{\mu2}$ 至 A' 点时，f 线与 I 曲线相交，此时后轮达到抱死所需的地面制动力 F_{Xb2}（也就是后轮的附着力），于是前、后车轮均抱死，汽车获得的减速度为 $0.3g$。

可见，β 线位于 I 曲线下方，制动时总是前轮先抱死。前已指出，前轮先抱死虽是一种稳定工况，但会丧失转向能力。

2) 当 $\varphi>\varphi_0$ 时，设 $\varphi=0.7$（见图 5-24），则开始制动时，前、后车轮均未抱死，故前、后轮地面制动力和制动器制动力一样均按 β 线增长。到 B 点时，β 线与 $\varphi=0.7$ 的 r 线相交，地面制动力 F_{Xb1}、F_{Xb2} 符合后轮先抱死的状况，后轮开始抱死，此时的制动减速度为 $0.62g$。从 B 点以后，再增加踏板力，F_{Xb1}、F_{Xb2} 将沿 $\varphi=0.7$ 的 r 线变化。但继续制动时，后轮法向反作用力有所减少，因而后轮地面制动力沿 r 线稍有下降。但前轮未抱死，当 $F_{\mu1}$、$F_{\mu2}$ 沿 β 线增长时，始终有 $F_{Xb1}=F_{\mu1}$。当 $F_{\mu1}$、$F_{\mu2}$ 到达 B' 点时，r 线与 I 曲线相交，F_{Xb1} 达到前轮抱死的地面制动力，前、后轮均抱死，汽车获得的减速度为 $0.7g$。

可见，β 线位于 I 曲线上方，制动时总是后轮先抱死，因而容易发生后轴侧滑使汽车失去方向稳定性。

3) 当 $\varphi=\varphi_0$ 时，制动时汽车的前、后轮将同时抱死，此时的减速度为 $\varphi_0 g$，即 $0.42g$，也是一种稳定工况，但也失去转向能力。

五、同步附着系数的选择

由以上讨论可知，汽车的制动情况取决于 β 线与 I 曲线的配合，或者说同步附着系数对汽车制动减速度、制动效率及制动时汽车的方向稳定性有着重要的影响。

汽车的总质量及质心位置给定后，即可作出 I 曲线。β 线则是由制动器制动力在前、后轴上的分配确定的。所以设计中可调整 β 值以求得 β 线与 I 曲线的恰当配合，保证合适的同步附着系数。

图 5-25 示出了汽车的 I 曲线及三条不同的 β 线。β 线的斜率为 $\tan\theta=\dfrac{1-\beta}{\beta}$，$\beta$ 值越大，β 线的斜率越小，图 5-25 中 $\beta_1<\beta_2<\beta_3$。β 值越大时，同步附着系数 φ_0 越大。图中 $\varphi_{01}<\varphi_{02}<\varphi_{03}$，而 $\varphi_{01}=0$，实际上没有同步附着系数，即没有一种路面可使汽车制动时前、

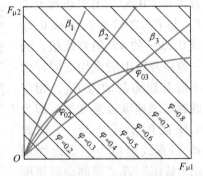

图 5-25　β 线与 I 曲线的配合

后车轮同时抱死。对应于 β_2 有 $\varphi_{02}=0.35$，这时在一般溜滑的路面（如 $\varphi=0.4$），还会出现后轮先抱死拖滑的情况，可能引起危险的后轴侧滑；且在较高附着系数路面上制动时，由于 β 线远离 I 曲线，因此制动系统的工作效率是较低的。在更大的 β 值时有 β_3。同步附着系数 $\varphi_{03}=0.85$，即使在较高附着系数路面上制动也不会发生后轴侧滑，且在高附着系数路面上制动系统效率较高。但是在多数路面上制动时，前轮先抱死而可能失去转向能力。

同步附着系数一般是根据车型和使用条件来选择的。

越野汽车常采用较高的同步附着系数。这样，即使在很低的附着系数路面上制动，也不会发生后轴侧滑；且在高附着系数路面上制动时，制动系统效率较高。但是，在多数路面上制动时，前轮先抱死可能失去转向能力。某轻型越野车，原设计 $\varphi_0=0.57$，制动时经常发生后轴侧滑。后改为 $\varphi_0=0.7$，侧滑现象有所改进。某厂试制的 BJ2020 越野车，原设计满载时 $\varphi_0=0.35$，空载时 $\varphi_0'<0.1$，在试验样车过程中经常发生制动时后轴侧滑。后来把前轮制动泵的直径由 $\phi35$ 改为 $\phi38$，而把后轮制动泵由 $\phi38$ 改为 $\phi35$，这样就改变了 β 值，同步附着系数提高到满载时 $\varphi_0=0.7$，空载时 $\varphi_0'=0.32$（见图 5-26）。因此就显著地消除了后轴侧滑现象。

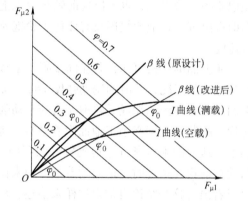

图 5-26 BJ2020 越野车 I 曲线与 β 线的配合

对货车而言，由于车速较低，制动时后轴侧滑的危险性较少，但在较滑的路面上制动时汽车可能丧失转向能力，同步附着系数一般不超过 0.6。因此曾有过如下一种观点，前、后制动器制动力的分配应满足两个要求：一是在干燥路面上制动时应使满载汽车的后轮制动力足以使后轮抱死拖滑；二是在湿路面上制动时应使空载汽车的前轮不致抱死。按照这种观点设计的制动系统，其前轮制动器制动力自然很小，同步附着系数可能很低。但是由于道路条件的改善和汽车行驶速度的提高，存在着提高同步附着系数的趋势。

使用条件也影响 φ_0 的选择。在多雨的山区，坡路弯道多，下急弯坡制动时如果汽车失去转向能力，将是十分危险的。因此经常在山区使用的车辆，同步附着系数应取低值。我国西南山区有些运输单位，为了安全行车，宁愿调小前轮制动器制动力。前轮制动力调小后，还带来另外一个好处，就是消除了由于左、右前轮制动器制动力不等而引起的制动跑偏。

某矿用重型自卸车装有干湿路面气压调整阀，在湿滑路面行驶时，可使前轮气压（制动器制动力）下降 50%，以保持在制动时汽车的转向能力。

轿车的行驶车速较高，目前一般轿车的最高车速为 140~200km/h，或更高。高速下后轴侧滑是十分危险的。因此一般采用较高的同步附着系数。

从上述分析可以知道：为了防止因后轮抱死而发生危险的侧滑，汽车制动系统的实际前、后轮制动器制动力分配线（β线）应总是在理想的前、后轮制动器制动力分配曲线（I曲线）的下方。为了减少制动时前轮抱死而失去转向能力的机会，尽量提高制动效能，β线应尽量接近I曲线。对于具有固定比值的前、后轮制动器制动力的制动系统特性，其实际制动力分配曲线与理想的制动力分配曲线相差很大，可能出现因前轮抱死而失去转向能力，或因后轮抱死而有发生后轴侧滑的危险情况。因此，现代汽车均装有各种制动力调节装置，用来改变前轮或后轮制动器分泵的油压或气压，从而改变前、后制动器制动力的比值，使之接近于理想制动力分配曲线。

六、利用附着系数与制动效率

为了防止后轴侧滑和前轮失去转向能力，汽车在制动过程中最好既不出现后轴车轮先抱死的危险工况，也不出现前轴车轮先抱死或前、后车轮都抱死的工况。所以，应当以即将出现车轮抱死但还没有任何车轮抱死时的制动减速度作为汽车能产生的最高制动减速度。

从上面的分析可知，若在同步附着系数的路面上制动，则汽车的前、后车轮将同时达到抱死的工况，此时的制动强度 $z=\varphi_0$，φ_0 为同步附着系数。在其他附着系数的路面上制动时，达到前轮或后轮抱死前的制动强度比路面附着系数要小，即不出现前轮或后轮抱死的制动强度必小于地面附着系数，也就是 $z<\varphi$。因此可以说，只有在 $\varphi=\varphi_0$ 的路面上，地面的附着条件才得到较好的利用。而在 $\varphi<\varphi_0$ 或 $\varphi>\varphi_0$ 的路面上，出现前轮或后轮提前抱死情况时，地面附着条件均未得到较好的利用。这一点在上面分析的例子中可以看出。这个结论也常常这样来描述：汽车以一定减速度制动时，除去制动强度 $z=\varphi_0$ 以外，不发生车轮抱死所要求的（最小）路面附着系数总大于其制动强度（制动强度为汽车制动减速度与重力加速度 g 的比值，即 $\dfrac{du}{dt}/g$）。为了定量说明这一点，我们引进利用附着系数的概念，又称为被利用的附着系数，其定义为

$$\varphi_i = \frac{F_{Xbi}}{F_{Zi}}$$

式中，F_{Xbi} 为对应于制动强度 z，汽车第 i 轴产生的地面制动力；F_{Zi} 为对应于制动强度 z 时，地面对第 i 轴的法向反力；φ_i 为第 i 轴对应于制动强度 z 的利用附着系数。

显然，利用附着系数越接近制动强度，地面的附着条件发挥得越充分，汽车制动力分配的合理程度越高。通常以利用附着系数与制动强度的关系曲线（图5-27）来描述汽车制动力分配的合理性。最理想的情况是利用附着系数总是等于制动强度这一关系，即图5-27中的对角线（$\varphi=z$）。

图5-27画出了与图5-26同一汽车的利用附

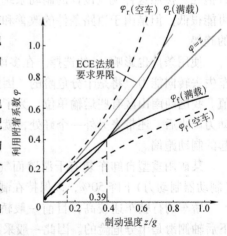

图5-27　附着系数与制动强度的关系曲线

着系数与制动强度曲线。

应当指出,前、后制动力分配曲线(图 5-22 与图 5-24)与利用附着系数曲线是一一对应的。例如,具有理想制动力分配的汽车,其利用附着系数就是对角线($\varphi = z$)。

下面分别求出前轮或后轮提前抱死时,前轴和后轴的利用附着系数。

前轴的利用附着系数可按下式求出。

设汽车前轮刚要抱死或前、后轮同时刚要抱死时产生的减速度为 $\dfrac{du}{dt} = zg$,式中 z 为制动强度,则

$$F_{\mu 1} = F_{Xb1} = \beta \frac{G}{g} \frac{du}{dt} = \beta Gz$$

而

$$F_{Z1} = \frac{G}{L}(b + zh_g)$$

故

$$\varphi_f = \frac{F_{Xb1}}{F_{Z1}} = \frac{\beta z}{\dfrac{1}{L}(b + zh_g)} \tag{5-13}$$

同理,后轴的利用附着系数可求得如下

$$F_{Xb2} = (1-\beta)\frac{G}{g}\frac{du}{dt} = (1-\beta)Gz$$

$$F_{Z2} = \frac{G}{L}(a - zh_g)$$

故

$$\varphi_r = \frac{F_{Xb2}}{F_{Z2}} = \frac{(1-\beta)z}{\dfrac{1}{L}(a - zh_g)} \tag{5-14}$$

由图 5-27 可以看出,$z = 0.39$ 时,前、后轴利用附着系数均为 0.39,即无任何车轮抱死所要求的(最小)地面附着系数(实际上为刚要抱死)为 0.39,这就是这一汽车的同步附着系数。在 $\varphi < \varphi_0$ 的路面上,前轮提前抱死,φ_r 曲线无意义,汽车的利用附着系数应取 φ_f 所确定的曲线。在 $\varphi > \varphi_0$ 的路面上,情况正好相反,φ_f 线无意义,汽车的利用附着系数应取 φ_r 所确定的曲线。因为利用附着系数总是大于或等于制动强度的,即 $\varphi_f \geqslant z$、$\varphi_r \geqslant z$,故也可以根据 φ_f 线与 φ_r 线在 45°对角线的上方或下方,来判断并选取汽车的利用附着系数曲线,即应选取在对角线上方的曲线作为汽车利用附着系数曲线。

由图 5-27 中还可以看出,空车时 φ_r 全在 45°对角线上面,所以实际上汽车总是出现后轮先抱死的工况,φ_r 曲线就是汽车的利用附着系数曲线,而且此时利用附着系数很大,远远大于制动强度,汽车的制动力分配是不合理的。

通常还用制动效率的概念来描述地面附着条件的利用程度,并说明实际制动力分配的合理性。制动效率定义为车轮不抱死的最大制动减速度与车轮和地面间摩擦因数的比值。也就是车轮将要抱死时的制动强度与被利用的附着系数之比。不难看出,由式(5-13)和式(5-14)即可得到前轴的制动效率为

$$E_f = \frac{z}{\varphi_f} = \frac{\dfrac{b}{L}}{\beta - \dfrac{\varphi_f h_g}{L}}$$

后轴的制动效率为

$$E_r = \frac{z}{\varphi_r} = \frac{\dfrac{a}{L}}{(1-\beta) + \dfrac{\varphi_r h_g}{L}}$$

　　图 5-28 给出了制动效率曲线。由图可知，当 $\varphi = 0.6$ 时，空载时后轴制动效率约等于 0.67。这说明后轮不抱死时，汽车最多只利用可供制动的附着力的 67%，即其制动减速度不是 $0.6g$，而只有 $0.6 \times 0.67g = 0.402g$。

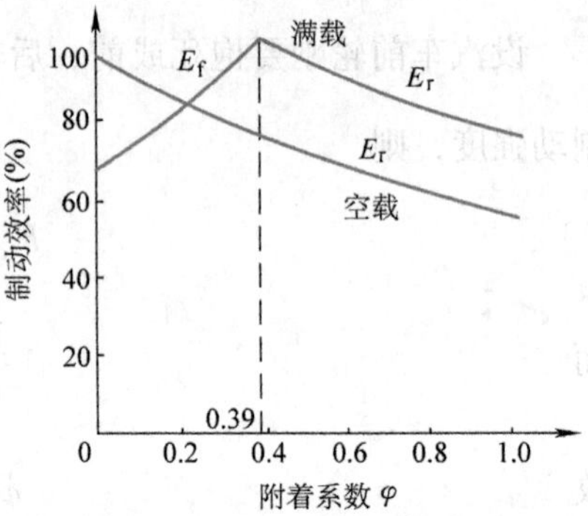

图 5-28　前、后制动效率曲线

　　例 5-2　某型号轿车改型后制动系统结构为液压驱动，参数如下：

载　　荷	质量 m/kg	质心高 h_g/m	轴距 L/m	质心距后轴距离 b/m
空载	1160	0.46	2.54	1.423
满载	1540	0.48	2.54	1.369

　　制动器制动力分配系数 $\beta = 0.66$，计算并绘制该车的利用附着系数曲线，并说明其制动系统是否满足法规的要求。

　　解：

同步附着系数　　　　　　　$\varphi_0 = \dfrac{\beta L - b}{h_g}$

空载　　　　　　　　$\varphi_0 = \dfrac{0.66 \times 2.54 - 1.423}{0.46} = 0.5509$

满载　　　　　　　　$\varphi_0 = \dfrac{0.66 \times 2.54 - 1.369}{0.48} = 0.6404$

利用附着系数　　　　　　　$\varphi_f = \dfrac{\beta z l}{b + z h_g}$

　　　　　　　　　　　　$\varphi_r = \dfrac{(1-\beta) z l}{a - z h_g}$

制动效率　　　　　　　　$E_f = \dfrac{z}{\varphi_f}$

　　　　　　　　　　　　$E_r = \dfrac{z}{\varphi_r}$

计算结果见表 5-8 及表 5-9，由计算结果绘图如图 5-29 所示。

按照我国的行业标准 ZBT 24007—1989（该标准虽已作废，但目前暂无新标准替代）规定，未装防抱死制动装置的轿车和最大总质量不大于 3.5t 的货车应符合下列要求：当 $0.2 \leqslant \varphi \leqslant 0.8$ 时，制动强度 $z \geqslant 0.1 + 0.85(\varphi - 0.2)$，即 $\varphi \leqslant \dfrac{z + 0.07}{0.85}$；在各种装载状态下，前轴利用附着系数曲线应在后轴利用附着系数曲线之上；但是，当制动强度在 0.3~0.4 之间，后轴利用附着系数不超过 $\varphi = z + 0.05$ 的条件下，允许后轴利用附着系数曲线在前轴利用附着系数曲线的上方。

从图中可以看出符合法规。

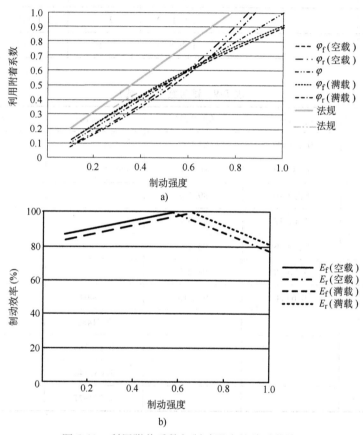

图 5-29 利用附着系数与制动强度的关系曲线

表 5-8 试验结果（空载）

z	φ_f（空载）	E_f（空载）	φ_r（空载）	E_r（空载）	法 规	法 规
0.1	0.114862	87.1%			0.2	0.15
0.2	0.222749	89.8%			0.317647	0.25
0.3	0.324277	92.5%			0.435294	0.35
0.4	0.419993	95.2%			0.552941	0.45

（续）

z	φ_f（空载）	E_f（空载）	φ_r（空载）	E_r（空载）	法　规	法　规
0.5	0.510382	98.0%			0.670588	0.55
0.5509	0.5509	100%	0.5509	100%		
0.6			0.608332	98.6%	0.788235	0.65
0.7			0.750786	93.2%	0.905882	0.75
0.8			0.910738	87.8%	1.023529	0.85
0.9			1.091622	82.4%	1.141176	0.95
1			1.297836	77.1%	1.258824	1.05

表 5-9　试验结果（满载）

z	φ_f（满载）	E_f（满载）	φ_r（满载）	E_r（满载）
0.1	0.119077	84.0%		
0.2	0.230351	86.8%		
0.3	0.334565	89.7%		
0.4	0.43237	92.5%		
0.5	0.524339	95.4%		
0.6	0.61098	98.2%		
0.6404	0.6404	100.0%	0.6404	100.0%
0.7			0.71482	97.9%
0.8			0.866763	92.3%
0.9			1.038444	86.7%
1			1.233977	81.0%

七、发动机制动

为避免山区行驶的车辆下长坡时，车轮制动器长时间工作而过热，或冬季行驶在冰雪路面上制动力过大引起侧滑，常利用发动机制动。

用发动机制动时，放松加速踏板但不脱开发动机，驱动轮在汽车惯性作用下，通过传动系统迫使发动机高于怠速转速旋转。此时，行驶中的汽车发动机，如果关闭节气门，发动机就在汽车惯性力的作用下变为压气机，并产生一个制动力矩，制动力矩对汽车产生制动力。汽车的一部分动能为发动机的内摩擦、压缩空气和其他机械损失所吸收。

发动机的制动力矩 T_e，可由下列近似关系式来计算

$$T_e = 77.928 p_m V_e$$

式中，p_m 为燃烧室中的平均制动压力（kPa）；V_e 为发动机的排量（m^3）。

与发动机制动有关的平均制动压力，汽油机约在 310~482kPa 范围内；柴油机约在 413.5~654.7kPa 范围内。制动压力值与发动机曲轴的转速有关，制动压力的上限产生于高速，下限产生于低速。车辆驱动轮上的制动力 F_{ret} 为

$$F_{ret} = T_e \frac{i}{\eta_T R}$$

式中，R 为轮胎的有效半径（m）；η_T 为传动效率；i 为发动机与车轮之间的传动比。

事实上，发动机制动的制动力是非常有限的。为提高发动机的制动能力，有的汽车在排气支管（旧称歧管）安装排气制动器来增加发动机的压气机作用。排气制动器由安装在排气系统中的节流阀组成，制动时排气制动器阀门关闭，切断油、电路，利用排气支管中的反压力产生制动作用。该节流阀可通过机械、电动或气动方法来关闭。发动机产生的制动力矩取决于发动机和传动系统的转速。传动系统传动比越大，发动机转速越高，发动机内阻力矩消耗的能量越多，制动效果越显著。通常，发动机所能产生的制动力矩局限于发动机驱动力矩的 70% 左右，因此在中速和高速时，还应使用汽车的主制动器。

使用排气制动器时，按照不同的情况，制动蹄和制动鼓的磨损可减少 25%~50%。排气制动器既适用于柴油机汽车也适用于汽油机汽车，只是后者的制动性能稍低于前者。因为在较低的压缩比下运转具有较大的余隙容积，所以当汽油机作为压气机使用时其效率较低。

研究结果指出，当车辆下坡时若使用车轮制动器制动，则内燃机气缸表面的温度将由 223℃ 降到 93℃。在同样的试验条件下，使用排气制动器，其温度只由 223℃ 降至 168℃。可见，排气制动对发动机工作的热状况是较为有利的。

通过改变凸轮轴配气正时，借以增加发动机的压气机作用，可以进一步提高发动机的制动力矩。发动机的制动力矩可达到发动机最大驱动力矩的 100% 以上。然而，这样大的制动力矩，只有在低档下才能获得。这将导致车辆行驶速度过低，从而增加了每单位行程的运行费用。

关于排气制动器的主要结论，可概括为以下几点：

1）对于紧急停车制动来说，除了正常的车轮制动器之外，加用排气制动器，只能使车辆的最大制动性能略有增加。

2）当只使用发动机制动时，车辆总的平均减速度约为 $0.015g$；而采用排气制动器时，其总的平均减速度可提高到近 $0.03g$。

3）为了使车辆在挂最高档、下坡行驶时保持 32km/h 左右的稳定速度行驶，在 0.045 或更小的坡道上不必使用主制动器。观测表明，在 0.1 的坡道上，排气制动器可使主制动器的使用率减少 33% 左右。

4）在正常交通情况下，使用排气制动器可使车轮主制动器的使用率减少 20% 左右。

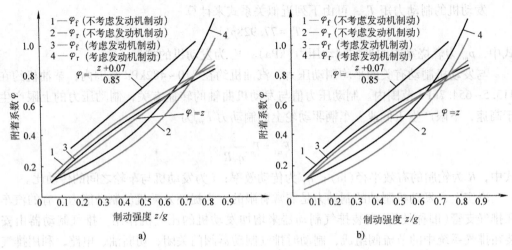

图 5-30 附着系数与制动强度的关系曲线

a）满载 b）空载

另外，发动机制动对汽车的制动性能有一定的影响。当发动机制动参与整个制动过程时，前述的制动力分配曲线将发生变化。对于后轮驱动的车辆，后轮制动力将增加。图 5-30a、b 所示分别为某款 BJ2020 越野车满载工况下和空载工况下前、后轴的利用附着系数（φ_f 和 φ_r）与制动强度的关系曲线。该车的制动力分配系数 $\beta = 0.8$。从图 5-30a 中可以看出，满载工况下，利用附着系数曲线总体上更接近于 $\varphi = z$ 这一理想制动曲线，说明制动效能有所提高。但是如果不考虑发动机制动的影响，在制动强度不大于 0.8 的情况下是不会出现后轮抱死这一不稳定工况的，而如果考虑发动机制动的影响，在制动强度大于 0.7 以后就可能出现后轮抱死。从图 5-30b 中可以看出，空载工况下，不管是否考虑发动机制动的影响，前轴的利用附着系数总是在后轴的利用附着系数之上，说明是稳定的。此时发动机制动的影响同时使前、后轴利用附着系数更加接近 $\varphi = z$ 曲线，提高了制动效能。

对于装有限压阀和比例阀的后轮驱动的两轴汽车，若在设计上过分追求高的车轴利用附着系数，使制动力分配线尽量接近理想制动力分配曲线，则发动机制动将更容易导致后轮抱死的不稳定工况。因此，为提高发动机接合状态下的制动稳定性，必须重新设计比例阀的结构，改变分配线的斜率和转折点。

满载时从较高的车速开始制动，应尽量脱开离合器。在空载制动时离合器接合，发动机辅助制动无损于制动稳定性。

第六节 汽车防抱死制动系统（ABS）和制动辅助系统（BAS）

一、防抱死制动系统

凡驾驶过汽车的人都有一些体验：在被雨淋湿而带有泥土的柏油路上或在积雪道路上紧急制动时，汽车会发生侧滑甚至调头旋转；左、右两侧车轮如果行驶在不同的路面上，如一侧车轮在积雪路面上，另一侧车轮在显露出来的柏油路面上，紧急制动时，汽车就会失去方向控制；高速行驶在弯道上进行紧急制动时，有可能从路边滑出或闯入对面的车道。这是由于制动系统都不能真正保证前、后车轮制动器制动力按理想制动器制动力分配曲线分配，即使加装了制动力调节装置，也不能保证 β 线在 I 曲线的下方，因此，不管在什么 φ 值路面上制动，总会有一个车轮（前轮或后轮，加装了制动调节装置的汽车只能是前轮）先抱死，而使汽车发生后轴侧滑或前轮失去转向能力。

从图 5-5 的 $\varphi\text{-}S$ 曲线可以知道车辆在制动行驶时，地面作用于车轮的制动力 F_{xb} 和侧向力 F_y 随车轮制动滑移率 S 的变化关系。由曲线可见，侧向力随滑移率的增加而下降，当滑移率为 1 时降至为 0，而制动力开始随滑移率的增加而迅速增加，当滑移率增至峰值系数 S_p 时，则随滑移率的增加而逐渐减小。也就是说，制动力通常在滑移率为 S_p 这一特定值附近时达到最大值，同时具有一定的防侧滑能力。如果在制动时控制车轮的滑移率始终在 S_p 附近，即可以保证车轮具有最大的制动效能且不失方向稳定性。防抱死制动系统（Antilock Braking System, ABS）就是为了防止这些危险状况发生而研制的。它是在制动过程中强制性地把车轮的滑移率控制在峰值附着系数附近，从而防止车轮被制动抱死，提高汽车的方向稳定性和转向操纵能力，缩短制动距离，达到最佳制动效果的安全装置。除 ABS 外，还有驱动过程中防止驱动轮发生滑转的控制系统（Acceleration Slip Regulation, ASR），因其是通过牵引力控制来实现驱动轮滑转控制的，又称为牵引力控制系统（Traction Control System, TCS）。高级轿车一般把 ABS 和 TCS 结合为一体，组成统一的防滑控制系统。

（一）ABS 的工作原理

由上述可知，车轮滑移率能较好地反应车轮制动状况，但由于滑移率通常不易直接测量得到。因此必须采用其他参数作为 ABS 的控制目标参数。

由图 5-2 所示的制动车轮受力情况，如考虑车轮的惯性力矩，根据力矩平衡方程可得出车轮制动器制动力矩 M_μ 为

$$M_\mu = F_{xb}r - I_w\frac{d\omega}{dt} = \varphi F_Z r - I_w\frac{d\omega}{dt} \tag{5-15}$$

由式（5-15）可见，制动过程中，当超出地面最大附着系数 S_p 后，地面制动力 φF_Z 和地面制动力矩 $\varphi F_Z r$ 将会减少；而当 M_μ 保持恒定时，势必导致车轮角加速度的减少，即增加了车轮角减速度。由于地面提供的制动力矩 $\varphi F_Z r$ 比车轮惯性力矩 $I_w\dfrac{d\omega}{dt}$ 大得多，路面附着系数 φ 的微小变化将会引起很大的车轮角速度变化。因此，车轮的角减速度 $\dfrac{d\omega}{dt}$ 可作为一个主要的 ABS 控制目标参数。

电子控制的防抱死装置通常采用轮速传感器测量车轮转速信号，通过车轮转速信号的微分来获得车轮的角减速度。但若要准确地控制制动强度，还需要更多的控制目标参数。

通常的方法是采用所谓的相对滑转率作为第二控制目标参数。根据每个车轮的实际转速，通过一定关系推算出一个理想的参考车速，它对应于当前时刻的最佳附着情况。比较该参考车速与实际车速，即可得出相对滑转率的目标值。

图 5-31 所示为博世公司采用的一种典型的逻辑门限值控制的制动过程。制动开始时，如果车轮的角减速度低于门限值 $-a$（本节均指绝对值），则取此刻车轮速度作为初始的参考车速 u_{refo}，此后，参考车速 $u_{ref} = u_{refo} - a_b t$，$a_b$ 为由车轮减速度计算得到的汽车减速度。根据 u_{ref} 就可以计算出车轮的滑动率 S。当车轮的角减速度达到 $-a$ 而 S 小于滑动率的门限值 S_1 时，则使制动压力进入保持阶段（第 2 阶段）；当 S 大于 S_1 时，使制动压力减少（第 3 阶段）；这时车轮的角减速度也会减小，恢复到 $-a$ 值时，就使之保持制动压力（第 4 阶段）；这时车轮因惯性会进一步加速，越过门限值 $+a$（该门限值是用来判断低附着系数路面的）后继续加速，一直达到门限值 $+A_k$（表明是高附着系数路面），

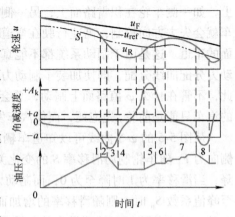

图 5-31　在高附着系数路面上的
防抱死制动过程

u_F—汽车实际速度　u_{ref}—汽车参考速度
u_R—车轮速度

这时使制动压力再次增加（第 5 阶段）；当车轮角加速度再回到 $+A_k$ 时，进行保压（第 6 阶段）；车轮角加速度值回落到 $+a$ 值，说明此时是在峰值附着系数附近，使制动压力进入缓慢升压阶段，以便保持在峰值附着系数附近，一直到车轮减速度再次达到 $-a$ 值，构成一个循环。以后循环往复一直到汽车停止。

另一个方法是将可测的车辆减速度作为第二个控制目标参数，并为车轮角减速度提供参考。采用这种方法需在车中加装一个加速度传感器。

（二）应用实例

实际中应用的防抱死制动装置有机械控制式和电子控制式两种。早期应用机械式防抱死装置的主要原因是它的成本低，但与电子控制系统相比，其控制动作慢，而且成本优势越来越小，因此机械式防抱死装置已被淘汰。目前车辆中常用的多为电子控制的 ABS。图 5-32 所示为一个典型的 ABS 系统。

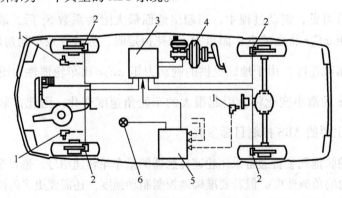

图 5-32　典型的 ABS 系统

1—转速传感器　2—制动轮缸　3—液压调节器　4—制动主缸　5—ECU　6—报警灯

系统通常由以下三个模块构成（见图 5-33）：

1）传感器：检测运动状态，作为检测判断依据。

2）电控单元（Electronic Control Unit，ECU）：处理传感器信号。

3）液压执行单元：利用电磁阀将 ECU 发出的命令变为车轮上制动压力的变化。

由于对制动系统安全性的严格要求，电控单元必须有一套备用系统，系统由两个相同的微处理器组成，通过控制信号的比较来识别微处理器的故障。

博世公司的防抱死系统采用前轮单独控制和后轮低选控制方式，作为一套附加的结构单元安装于制动系统中。根据制动回路的不同布置方式，分别采用了三个或四个制动阀和若干个传感器。三通道 ABS 在后轴差速器位置装有一个测量转速的传感器，通过轮速计算出车轮角减速度作为第一控制目标参数，得出的相对滑转率作为第二控制目标参数。根据这两个控制目标，ECU 发出控制指令给电磁阀，控制制动系统压力。电磁阀的工作原理如图 5-34 所示，它有增压、保压和减压三个工作位置。每次

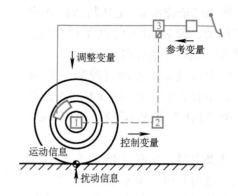

图 5-33　电子控制的 ABS 结构
和控制回路示意图
1—传感器　2—电控单元（ECU）
3—液压执行单元

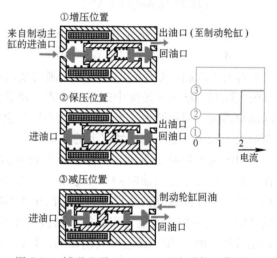

图 5-34　博世公司 ABS—3/3 型电磁阀工作原理

停车后，ECU 和液压执行单元中的电子部件都例行自检，以确保系统正常工作。如果出现故障，ABS 将关闭，常规制动系统仍然工作，同时警示信号灯提醒驾驶人：ABS 系统出现故障。

奔驰轿车装有以车轮角减速度作为参量的 ABS 防抱死制动系统，其道路试验结果见表 5-10。

表 5-10　奔驰轿车的道路试验结果

试验条件		装有"ABS"			无"ABS"		
混凝土路面	起始车速/$(km \cdot h^{-1})$	制动距离/m	平均减速度/$(m \cdot s^{-2})$	制动距离减小量/m	制动距离/m	平均减速度/$(m \cdot s^{-2})$	残余速度$u_R/(km \cdot h^{-1})$
干	100	41.8	9.25	8.2	50	7.73	40
湿	100	62.75	6.71	37.25	100	3.9	60
干	130	81.2	8.0	12.5	93.7	7.0	47.5
湿	130	97.1	6.71	41.1	138.2	4.72	70.9

所列残余速度 u_R 是从制动距离缩短算得的, 即装 ABS 的汽车停住时, 不装 ABS 的汽车还有残余速度。

以上试验是在直线行驶制动时测得的。还做了车速为 80km/h, 装和不装 ABS 的转弯制动试验, 如图 5-35 所示。

结果表明, 装有 ABS 的汽车能准确地按弯道行驶, 而不装 ABS 的汽车未能按弯道行驶。装有 ABS 汽车的制动距离可缩短 3.9m(干路面)和 7.3m(湿路面)。

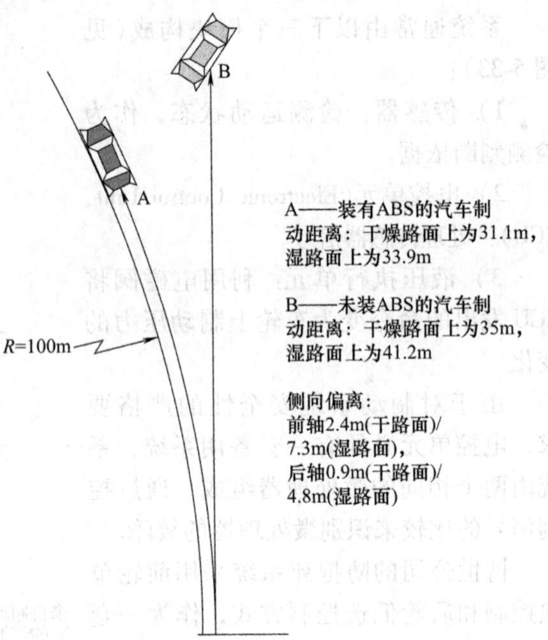

A——装有ABS的汽车制动距离: 干燥路面上为31.1m, 湿路面上为33.9m,

B——未装ABS的汽车制动距离: 干燥路面上为35m, 湿路面上为41.2m

侧向偏离:
前轴2.4m(干路面)/7.3m(湿路面),
后轴0.9m(干路面)/4.8m(湿路面)

$R=100m$

图 5-35　装 ABS 和不装 ABS 转弯试验对比

二、制动辅助系统(BAS)

制动辅助系统(Brake Assist System,BAS), 在紧急情况下有 90% 的汽车驾驶人踩制动踏板时不够果断, 制动辅助系统正是针对这一情况而设计, 它可以从驾驶人踩制动踏板的速度中探测到车辆行驶中遇到的情况, 当驾驶人在紧急情况下迅速踩制动踏板, 但踩踏力又不足时, 此系统便会协助, 并在不到 1s 的时间内把制动力增至最大, 缩短在紧急制动情况下的制动距离。

ABS 能缩短制动距离, 并能防止车辆在制动时失控, 从而减少了事故发生的可能性。但如果采用点制动时制动不够有力, 车轮就不会被抱死, ABS 也没有机会发挥作用, 从而达不到预期的效果。为此, 汽车工程师们设计了制动辅助系统 BAS, 即让现有的 ABS 具有一定的智能, 当踩制动踏板动作快、力量大时, BAS 就判断驾驶人在紧急制动并让 ABS 工作, 迅速增大制动力。BAS 分机械式和电子控制式两种。机械式 BAS 实际上是在普通制动加力器的基础上稍加修改而成, 在制动踏板力量不大时, 它起到加力器的作用, 随着制动力量的增加, 加力器压力室的压力增大, 起动 ABS。电子控制式 BAS 的制动加力器上有一个传感器, 向 ABS 控制器输送有关踏板行程和移动速度的信息, 如果 ABS 控制器判断是紧急制动, 它就让加力器内螺线阀门开启, 加大压力室内的气压, 以提供足够的助力。

第七节　汽车驻车制动性

汽车的驻车制动性是衡量汽车长期停放在坡道上的能力。驻车制动一般靠手或脚操纵驱动机构使后轴制动器或中央制动器(在传动轴上)产生制动力矩并传到后轮, 使路面对后轮产生地面制动力, 以实现整车制动(即驻车制动)。

对驻车制动性能的要求是实施驻车制动的汽车不会因为停车时间过长或人员离开汽车而丧失驻车性能。驻车制动性能常用驻坡度来衡量。

图 5-36 所示为汽车驻车的受力情况。α 为坡道的倾角，F_{b2} 为驻车制动时的地面制动力（驻车制动都在后轮）。

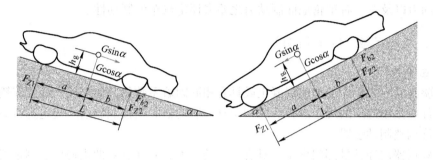

图 5-36　汽车驻车的受力情况

根据力和力矩平衡条件，列出力（力矩）平衡方程，得上坡方向

$$\begin{cases} F_{b2}=G\sin\alpha \\ F_{Z2}=\dfrac{Ga\cos\alpha+Gh_{g}\sin\alpha}{L} \end{cases}$$

汽车可能停驻的极限上坡路倾角 α 可根据后轮上的附着力与制动力相等的条件求得。即 $F_{b2}=\varphi F_{Z2}$，得

$$\alpha=\arctan\frac{\varphi a}{L-\varphi h_{g}}$$

下坡方向

$$\begin{cases} F_{b2}=G\sin\alpha \\ F_{Z2}=\dfrac{Ga\cos\alpha-Gh_{g}\sin\alpha}{L} \end{cases}$$

同上坡方向可导出汽车可能停驻的极限下坡路倾角

$$\alpha'=\arctan\frac{\varphi a}{L+\varphi h_{g}}$$

因为 $\alpha>\alpha'$，所以汽车最大驻车坡度应为下坡方向驻车极限坡度值 i_{α}

即

$$i_{\alpha}=\tan\alpha'=\frac{\varphi a}{L+\varphi h_{g}} \tag{5-16}$$

由上式可见，降低汽车重心的高度，可以提高汽车的驻坡度，即提高汽车的驻车制动性。

第八节　汽车制动性试验

汽车的制动性试验分为道路试验和室内试验，主要是通过道路试验来评定。一般要测定冷制动及高温下（热态）汽车的制动距离、制动减速度、制动时间等参数。另外还要测定在转弯与变更车道时汽车制动的方向稳定性。

　　路面试验虽能全面地反映汽车的制动性，但试验需要有特定的场地，且颇费时间。因此，在汽车生产与使用企业及一般实验单位，也常用室内制动试验台通过测定汽车的地面制动力以及左、右车轮地面制动力之差来评定汽车的制动性。

一、道路试验(行车制动)

1. 试验条件

　　试验路面应为干燥平整的混凝土或具有相同附着系数的其他路面。试验车辆制动系统的部件应按制造厂的规定进行装配和调整，制动器必须按照制造厂规定进行磨合，试验前允许调整制动装置。

　　试验仪器需经计量部门标定，具有一定的精度，并在有效期内使用。测量仪器包括控制力测定仪(制动踏板力测定仪)、减速度仪、压力表、温度测定仪、非接触测速仪等。

2. 试验方法

(1) 磨合试验

　　1) 磨合前的检查试验。首先检查仪表及汽车的技术状况。制动初速度为30km/h，保持制动减速度为$3m/s^2$或保持相应的踏板力、管路压力值，直至车辆完全停止。制动间隔为1.6km，制动次数不超过10次，记录管路压力和踏板力、减速度、制动初温。

　　2) 磨合前的效能试验。试验在汽车空载和满载两种工况下进行。制动初速度为30km/h和50km/h，对于最高车速大于100km/h的汽车增加初速度80km/h的制动效能试验。每次制动前制动器的初始温度不超过90℃，离合器断开，制动到汽车完全停止。对每种初速度，制动减速度从$1.5m/s^2$，以$1m/s^2$为间隔，逐步提高踏板力，每种初速度至少测5点，往返各进行一次，总计不超过40次(或60次)制动。

　　制动效能的评价：由于整车制动效能的发挥与地面制动力利用的程度有关，制动要在产生最大减速度，并且不失去汽车方向控制的条件下，求得汽车的最大制动效能。对汽车制动效能进行评判时，只要能在空载和满载的任意一种制动强度下，满足制动距离和减速度规定值的要求，就认为符合标准的要求。由于在制动过程中，虽然制动踏板力保持恒定，但减速度值仍有波动，有的差别还比较大，应以减速度曲线中的初始值、中期值和终期值三点的算术平均值来判定制动性能是否合格。

　　3) 磨合试验。汽车满载且不脱开发动机的情况下，按表5-11提供的规范进行试验。

表5-11　磨合试验规范

项　目	A　类	B　类	项　目	A　类	B　类
制动初速度/(km·h⁻¹)	50	50	汽车加速条件	一般	一般
制动末速度/(km·h⁻¹)	0	30	制动间隔/s	1.6	1.6
变速器档位	正常档位	正常档位	制动次数/次	200	200
制动减速度/(m·s⁻²)	4.5	3.0			

　　记录减速度、踏板力、管路压力及制动器初温。

（2）**行车制动冷态制动效能试验**　同磨合前的效能试验。

（3）**行车制动热衰退恢复试验**　热衰退恢复试验在汽车满载、连接发动机的条件下进行。分三步：基准试验、衰退试验和恢复试验。其性能指标以衰退率或恢复率表示。

$$衰退率或恢复率=\frac{第\,i\,次踏板力（或管路压力）-基准踏板力（或管路压力）}{基准踏板力（或管路压力）} \qquad (5\text{-}17)$$

试验方法见表 5-12。

表 5-12　行车制动热衰退恢复试验方法

项　目	基　准　试　验	衰　退　试　验	恢　复　试　验
制动初速度/(km·h⁻¹)	50	50	50
制动末速度/(km·h⁻¹)　A 类/B 类	0/0	0/30	0/30
变速器档位	最高档位（超速档除外）		
制动器初温/℃	≤90	≤90（仅第一次）	≤120（最后一次）
制动减速度/(m·s⁻²)　A 类/B 类	4.5/3.0	4.5/3.0	4.5/3.0
制动间隔/s	—	60	180
冷却车速/(km·h⁻¹)	65	65	65
制动次数	3	20	15
记录参数	踏板力或管路压力、制动减速度、制动器初温		

另一种高温工况是下长坡连续制动。令汽车在坡度为 6%~10%、长 7~10km 的坡道上以车速 30km/h 制动下坡，最后检查制动性指标。

（4）**制动时的方向稳定性试验**　汽车转弯制动试验在平坦的干地面上进行。试验时汽车沿一定半径做圆周行驶，侧向加速度为（5±0.5）m/s²，相应车速为 51km/h 或 57km/h；或者转弯半径为 100m，侧向加速度为（4±0.4）m/s²，相应车速为 72km/h。保持转向盘转角不变，关节气门，迅速踩制动踏板，离合器可以分离也可以不分离，使汽车以不同的等减速度制动。记录制动减速度、汽车横摆角速度、航向角的变动量、制动时侧向路径偏离量等参数。

因为湿路面附着系数降低很多，转弯制动试验也常在湿路面上进行。评定制动时方向稳定性的试验，也在汽车的左、右两侧车轮行经不同附着系数的路面上进行，如左轮行经 0.7 的路面，右轮则为 $\varphi=0.3$ 的路面。

（5）**紧急制动试验**　汽车到达起点路段标杆时，实施紧急制动，同时按下显示屏上的"起动"开关，记录制动初速度、制动距离和制动时间。

二、室内制动试验

路上试验虽能全面地反映汽车的制动性，但试验需要有特定的场地，且也颇费时间。因此，在汽车使用企业及一般车辆检测单位，常用室内试验装置测试汽车制动器的摩擦力矩，来检查汽车的制动性。

室内试验装置主要有滚筒式及平板式两种。

1. 滚筒式制动试验台

图 5-37 所示为一种广泛采用的滚筒式制动试验台简图。试验台主要由滚筒装置、驱动装置、检测装置、指示与控制装置等组成。滚筒 2 由电机 3 经减速装置驱动。旋转的滚筒带动车轮 1 旋转，当踩制动踏板时，车轮受到的制动器摩擦力矩增加滚筒旋转的阻力，电机的反作用力矩由测力传感器 4 测得，这样就能测出每个车轮制动器的摩擦力矩，也就得到每个车轮的制动力大小。

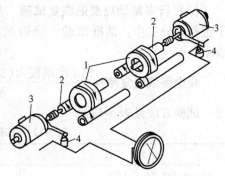

图 5-37　滚筒式制动试验台简图
1—车轮　2—滚筒　3—电机　4—测力传感器

筒面应有横向槽形花纹以增加筒面与轮胎胎面间的附着系数。制动试验台滚筒表面应干燥，没有松散物质及油污。驾驶人将汽车驶上滚筒，位置摆正，起动滚筒，使用制动，测取所要求的参数值，并记录车轮是否抱死。

在测量制动时，为了获得足够的附着力，以避免车轮抱死，允许在汽车上增加足够的附加质量或施加相当于附加质量的作用力（附加质量或作用力不计入轴荷）；也可采取防止车辆移动的措施（例如加三角垫块或采取牵引等方法）。

2. 平板式制动试验台

图 5-38 所示为一种普遍采用的平板式制动试验台简图。平板式试验台主要由测试平板（两块或四块）、传感器和控制柜等组成。测试平板是制动力和轮重的承受和传递装置，其结构如图 5-38 所示。

测试平板为长方形钢板，在每块平板的下表面四个角上均安装有传感器，用以检测被测车辆的轮重。压力传感器底部和底板处分别加工成可以放置钢珠的纵向 V 形沟槽，这样，测试平板既可以通过钢珠在底板上沿纵向移动，又可以通过钢珠将作用于平板上的垂直力传递到底板上。此外，移动平板还通过拉力传感器的纵向拉杆与底板连接。实验时驾驶人以较低车速（5~10km/h）将汽车对正平板台并驶上平板，变速器置于空档，急踩制动踏板，车轮与平板 4 之间产生一对水平方向的作用力与反作用力，车轮受到的平板 4 提供的作用力即为车轮的地面制动力。由于每块平板由四个钢珠支承，水平作用力只能通过装有拉力传感器 5 的拉力杆传至地脚。拉力杆受到的力即为车轮的制动力。只要测得每块平板受到的水平作用

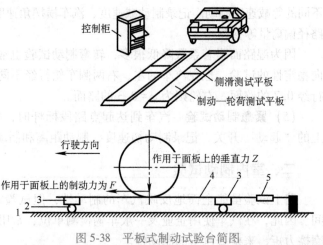

图 5-38　平板式制动试验台简图
1—底板　2—钢珠　3—压力传感器　4—平板　5—拉力传感器

力，也就得到每个车轮的地面制动力。为了增加车轮轮胎与平板间的附着系数，平板表面有网状花纹，保持附着系数在 0.65 以上。有时还应使用一定加载装置，以增加附着质量。平板式试验台的缺点是不容易测量制动鼓的失圆度，测量制动力随踏板力的变化不如滚筒式试验台方便。

平板式制动试验台与滚筒式制动试验台相比具有测试过程接近实际状况、能测试实际制动时的动态轴荷变化、测试方便、时间短、检测效率高等优点。

三、驻车制动性能试验

驻车制动试验用以鉴定车辆驻车制动性能。一般分为坡道试验、牵引试验和台架试验三种方法。

1. 坡道试验法

汽车的驻车性能试验使用坡道试验法时，车辆应在空载和满载下进行试验，上坡和下坡各进行 3 次。试验时将试验车驶到试验的坡道上，用行车制动器停车，将变速杆放到空档位置，以表 5-13 规定的控制力操纵驻车制动控制装置，然后解除行车制动，在确认停车稳定后读出控制力，观察 5min，试验车不能发生任何移动。

表 5-13　操纵驻车制动控制装置规定的控制力

车 辆 类 型	驻 坡 度	控制力/N	
		手　力	脚　力
轿车(包括特种轿车)	≥20%	≤400	≤600
$G_总$≤4.5t 的货车、客车、牵引车、特种车	≥20%	≤500	≤700
4.5t<$G_总$≤12t 的货车、客车、牵引车、特种车	≥18%	≤600	≤700
$G_总$≥12t 的货车、客车、牵引车、特种车	≥16%	≤600	≤700
挂车	≥16%	≤600	≤700
汽车列车	≥12%	≤600	≤700

2. 牵引试验法

采用牵引试验法时，车辆应满载，正向和反向各进行 3 次。试验时，须将试验车驶到试验路段上，用行车制动停车。将试验车的变速杆置于空档，以规定的控制力操作驻车制动控制装置，然后解除行车制动。以牵引设备牵引试验车，缓慢均匀地增加牵引力，当试验车产生运动的瞬时，读出牵引力数值。按下式计算牵引试验法相应的驻坡度

$$\alpha = \tan\left(\arcsin\frac{P_i}{G}\right) \tag{5-18}$$

式中，P_i 为牵引力(N)；G 为试验车总重。

四、汽车防抱死制动系统制动性能试验

装有防抱死制动系统(ABS)的车辆还应进行防抱死制动系统性能试验。GB 13594—

2003《机动车和挂车防抱制动性能和试验方法》中规定了汽车防抱死制动系统的分类、性能要求和试验方法。主要包括防抱死制动系统指示灯检查试验、剩余制动效能试验、防抱死制动系统特征校核试验、附着系数利用率试验、对开路面上的适应性和制动因数试验、对接路面上的适应性试验、能耗试验和抗电磁干扰试验等。

1. 防抱死制动系统性能试验典型路面

防抱死制动系统性能试验所用的典型路面见表 5-14。

表 5-14　防抱死制动系统性能试验所用的典型路面

路面类型	路面类型代号	轮胎与路面附着系数
高附着系数路面	G	$\varphi_G \geqslant 0.5$
低附着系数路面	D	$\varphi_D < 0.5$
高低附着系数对开路面	DK	$\varphi_G \geqslant 0.5,\ \varphi_D < 0.5$
高低附着系数对接路面	DJ	$\varphi_G / \varphi_D \geqslant 2$

2. 防抱死制动系统特征校核

在"G"、"D"两种路面上,以较低的初速度($v = 40\mathrm{km/h}$)和较高的初速度($v = 0.8v_{max} \leqslant 120\mathrm{km/h}$),急踩制动踏板,则由防抱死系统直接控制的车轮不应抱死,车辆任何部分不许超出试验通道。

试验时车辆初速度为 40km/h 和 $0.8v_{max} \leqslant 120\mathrm{km/h}$。每种车速在"G"、"D"两种路面上各做四次急踩制动踏板,直到车辆停止。检查直接控制车轮是否抱死,车辆任何部分是否超出试验通道。

3. 附着系数利用率(ε)

装有一、二类防抱死系统的车辆,在"G"($K_G \approx 0.8$)、"D"($K_D \approx 0.3$)路面的附着系数利用率(ε)应不小于 0.75。装有三类防抱死系统的车辆,只要求至少装有一个直接控制车轮的轴必须满足附着系数利用率(ε)不小于 0.75;对于间接控制和无控制车轮的轴,必须满足目前仍在沿用的 ZBT 24007 中的规定。

4. 对开路面适应性及制动因数

对开路面适应性及制动因数试验包括装有一、二类防抱死系统车辆的适应性试验和装有一类防抱死系统车辆确定制动因数(Z_{DK})试验。

装有一、二类防抱死系统的车辆,在"DK"路面上,以 50km/h 的初速度,急踩制动踏板,直接控制车轮不应抱死,车辆任何部分不许超出试验通道。对于装有一类防抱死系统的车辆在满载状态下的制动因数(Z_{DK})应满足

$$Z_{DK} \geqslant \frac{0.75(4K_D + K_G)}{5} \quad \text{和} \quad Z_{DK} \geqslant K_D$$

5. 对接路面适应性

按规定的速度条件在"DJ"路面上急踩制动踏板,当防抱死系统在"G"路面上完全起作用时,以高、低两种速度从"G"路面驶往"D"路面,直接控制车轮不应抱死,车辆任何部分不许超出试验通道。

在"D"路面上急踩制动踏板,当防抱死系统在"D"路面上完全起作用时,从"D"路面以大约(50±5)km/h的速度驶往"G"路面,车辆制动减速度应明显增加,车辆任何部分不许超出试验通道。

6. 能耗

装有防抱死系统的制动系统,在"D"($K_D \approx 0.3$)路面上,满载车辆以不低于50km/h的初速度在时间 t 内做全行程操纵制动,所有装有防抱死系统的车轮在该时间内必须处于控制状态。

制动时间 t 应符合下式规定

$$t = \frac{v_{max}}{7} \qquad (15s \leqslant t \leqslant 23s)$$

式中,v_{max} 为最大设计车速。

然后使发动机停止工作或中断对储能器(一个或几个)的能量供给。在停车状态连续全行程操纵制动系统四次。在进行第五次全行程制动时,其储能器中的剩余压力应能满足满载车辆规定的应急制动效能的要求。

思考题与习题

5-1 什么是汽车的制动性能?有哪些评价指标?

5-2 什么是汽车的地面制动力、制动器制动力及附着力?汽车制动过程中三者之间有何关系?

5-3 什么是车轮的滑动率?它与附着系数有何关系?

5-4 汽车制动过程可划分为几个时间段?评价汽车制动效能的制动距离主要是指什么?与哪些因素有关?

5-5 某轿车由真空助力制动系统改为压缩空气助力(气顶油)制动系统后,制动器作用时间 t_2 由原来的0.89s减少为0.54s,以30km/h为起始车速制动时,其最大制动减速度由原来的7.25m/s^2 增加到7.65m/s^2。试计算两种制动系统的制动距离,并以此分析制动器作用时间的重要性。

5-6 什么是汽车的同步附着系数?同步附着系数的选择原则是什么?

5-7 某汽车总质量为5400kg,质心高度 $h_g = 1.25$m,质心至前轴距离 $a = 2.315$m,至后轴距离 $b = 0.985$m,制动器制动力分配系数 $\beta = 0.446$,求该车的同步附着系数。在 $\varphi = 0.6$ 的道路上制动时是否会出现后轴先抱死的现象?

5-8 某汽车在附着系数为 φ 的道路上制动时,若能保证前、后轴车轮同时抱死,求此时汽车的前、后轮制动力的比值。

5-9 一中型货车装有前、后制动器分开的双管路制动系统,其有关参数如下:

载荷	质量 m/kg	质心高 h_g/m	轴距 L/m	质心距前轴距离 a/m	制动力分配系数 β
空载	4080	0.845	3.950	2.100	0.38
满载	9290	1.170	3.950	2.950	0.38

1)计算并绘制利用附着系数与制动效率曲线。

2)求行驶车速 $u_a = 30$km/h,在 $\varphi = 0.80$ 路面上车轮不抱死的制动距离。计算时取制动系统反应时间 $t_2' = 0.02$s,制动减速度上升时间 $t_2'' = 0.02$s。

3)求制动系统前部管路损坏时汽车的制动距离,制动系统后部管路损坏时汽车的制动距离。

5-10　在附着系数非常低的冰雪路面上，驾驶人常用点制动或驻车制动器制动而不用紧急制动，为什么？

5-11　试述 ABS 的工作原理。为什么装有 ABS 的汽车具有优良的制动性能？

5-12　某旅行车轴距 $L=2.405\mathrm{m}$，满载时质心高度 $h_\mathrm{g}=0.836\mathrm{m}$，质心至前轴距离 $1.322\mathrm{m}$，求在附着系数 $\varphi=0.6$ 的下坡道上的最大驻车坡度。

第六章 汽车的操纵稳定性

第一节 概 述

汽车的操纵稳定性是指在驾驶人不感到过分紧张、疲劳的条件下，汽车能遵循驾驶人通过转向系统及转向车轮给定的方向行驶，且当遭遇外界干扰时，汽车能抵抗干扰而保持稳定行驶的能力。

汽车的操纵稳定性包括两个相互关联的部分，即操纵性和稳定性。操纵性是指汽车能够确切地响应驾驶人指令的能力。稳定性是指汽车抵抗改变其行驶方向的各种外界干扰（路面扰动或风扰动），并保持稳定行驶而不失去控制，甚至翻车或侧滑的能力。

汽车操纵稳定性不仅影响汽车驾驶的操纵方便程度，也是影响汽车安全性的重要因素之一。由于受研究目的、驾驶任务、人为感觉及环境条件等多种因素的影响，使得对汽车操纵稳定性的研究和评价变得更为复杂。

一、汽车坐标系

图 6-1 描述了汽车的运动及其坐标系。图中 $Oxyz$ 坐标系固定在地面上，称为惯性坐标系或大地坐标系。$Oxyz$ 坐标系固定在车身上，原点为汽车的质心位置。x 轴为车身纵向水平轴，方向向前。y 轴水平向左，z 轴垂直于由 x、y 轴构成的平面，方向向上。x，y，z 轴构成一个右手直角坐标系，称为车辆坐标系。

如果将汽车作为一个整体来研究，其在三维空间中的运动主要包括：沿 x 方向的平动——纵向运动；沿 y 方向的平动——侧向运动；沿 z 方向的平动——上下运动；绕 x 轴的转动——侧倾运动；绕 y 轴的转动——俯仰运动；绕 z 轴的转动——

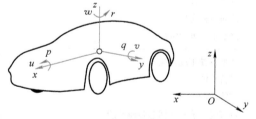

图 6-1 汽车坐标系以及运动描述

横摆运动。其中沿 x 方向的平动、沿 z 方向的平动以及绕 y 轴的转动与转向操纵没有直接的关系，而其他的运动是由转向操纵直接引起的，因此也就是汽车操纵稳定性研究的主要内容。

在车辆坐标系中描述的汽车的运动可以用表 6-1 的符号以及名称来详细说明。

表 6-1 汽车运动描述的符号说明

符 号	名 称	说 明	符 号	名 称	说 明
u	纵向速度	车身质心速度沿 x 轴分量	p	侧倾角速度	车身角速度沿 x 轴分量
v	侧向速度	车身质心速度沿 y 轴分量	q	俯仰角速度	车身角速度沿 y 轴分量
w	垂直速度	车身质心速度沿 z 轴分量	r	横摆角速度	车身角速度沿 z 轴分量

汽车操纵稳定性是汽车的主要性能之一。汽车操纵稳定性可以借助一些相关的物理量进行评价和分析。在汽车操纵稳定性的研究中，主要是分析汽车做曲线运动时的响应，并以相关的物理量来表征汽车的操纵稳定性能。对于给定的汽车，在转向盘输入下的响应特性，如侧向运动、横摆运动以及侧倾运动等响应，常用作汽车操纵稳定性的评价。

汽车操纵稳定性的基本内容以及主要评价参量见表6-2。

表6-2 汽车操纵稳定性的基本内容以及主要评价参量

基 本 内 容	主要评价参量
1. 转向盘角阶跃输入下进入的稳态响应——转向特性 转向盘角阶跃输入下的瞬态响应	稳态横摆角速度增益——转向灵敏度 反应时间、横摆角速度波动的无阻尼圆频率
2. 横摆角速度频率响应特性	共振峰频率、共振时振幅比、相位滞后角、稳态增益
3. 转向盘中间位置操纵稳定性	转向灵敏度、转向盘力特性——转向盘转矩梯度、转向功灵敏度
4. 回正性	回正后剩余横摆角速度与剩余横摆角、达到剩余横摆角速度的时间
5. 转向半径	最小转向半径
6. 转向轻便性 　原地转向轻便性 　低速行驶转向轻便性 　高速行驶转向轻便性	转向力、转向功
7. 直线行驶性能 　直线行驶性 　侧向风稳定性 　路面不平度稳定性	转向盘转角 侧向偏移 侧向偏移
8. 典型行驶工况性能 　蛇行性能 　移线性能 　双移线性能——回避障碍性能 　……	转向盘转角、转向力、侧向加速度、横摆角速度、侧偏角、车速等
9. 极限行驶能力 　圆周行驶极限侧向加速度 　抗侧翻能力 　发生侧滑时的控制性能 　……	极限侧向加速度 极限车速 回至原来路径所需时间

二、驾驶人-汽车系统

对汽车操纵稳定性的研究中可以将汽车仅作为一个开路系统进行分析和研究。在这种开路系统中，不考虑驾驶人的情况，只是机械地将转向盘作必要的转动，不允许根据汽车的转向运动做任何的操纵修正命令，即不存在反馈作用。因此将汽车当作是开路系统进行的研究，汽车的响应完全取决于汽车的结构参数，能够较好地反映汽车的固有特性。

虽然汽车的开路系统研究可以为汽车的操纵稳定性提供可靠的分析手段，但是汽车的操纵稳定性是与汽车驾驶人员相联系的。因此操纵稳定性的研究对象中应该将驾驶人也包括在内，进行包含驾驶人反馈的汽车响应的研究。图 6-2 所示为一种闭环的汽车系统分析框图。

汽车做曲线行驶的转向盘输入一般分为角位移输入（简称角输入）和力矩输入（简称力输入）。角输入是指给转向盘作用一个角位移。力输入是指给转向盘作

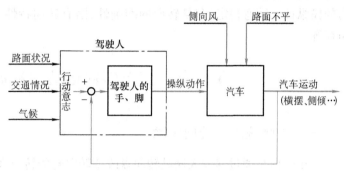

图 6-2　驾驶人-汽车系统

用一个力矩。驾驶人在实际驾驶车辆时，对转向盘的输入是上述两种形式都存在的。外界侧向干扰输入主要是侧向风以及路面不平等产生的侧向力。

三、汽车操纵稳定性试验的评价方法

虽然关于汽车操纵稳定性方面的研究很多，并提出了不同复杂程度的数学模型、评价指标、试验方法及试验手段，但迄今为止还没有找到公认的客观定量评价操纵稳定性的最佳方法。对汽车进行闭环系统的分析，可以真实地反映汽车的操纵稳定性能，但是由于驾驶人员的个性差别，因此闭环系统分析的客观性也受到了一定程度的降低。

汽车的性能通过试验来进行测定和评价也是非常重要的。对试验中汽车性能的评价可分为主观评价和客观评价两种。主观评价法是让试验评价人员根据试验时自己的感觉进行评价的方法。客观评价法是通过测试仪器测出能够表征汽车操纵稳定性能的参数，如横摆加速度、侧向加速度以及侧倾角等来评价操纵稳定性的方法。在研究汽车的固有特性的开路系统中应用的是客观评价法。而在采用闭环系统研究汽车的操纵稳定性时，通常同时采用客观评价与主观评价两种方法。

在汽车操纵稳定性闭环评价中，闭环试验一般选取汽车的一些典型行驶工况，评价比较接近于实际交通情况。典型行驶工况中的汽车操纵性包含了人、车的相互作用，是人-车系统意义上的性能，因此，以此为基础的评价更为合理、可信。

汽车操纵稳定性的主观评价是驾驶人根据不同的驾驶任务操纵汽车时，依据对操纵动作难易程度的感觉来对汽车进行评价，即驾驶人对汽车的易操纵性所进行的评价。由于个体的生理心理存在很大差异，因此，不同的驾驶人对同一汽车同一特性的评价可能大不相同，致使主观评价结果产生很大的离散性。为减小其离散性，使主观评价真实可信，通常要指定一组评价者，一般为 10～25 名，用统计的方法来获得评价结果。在选取评价者时，要对评价者的评价能力提出要求。即评价者应具有较好的分辨能力和记忆

力；要尽可能排除其他干扰因素，如因评价者是被测车辆的设计者而产生的偏袒，或被测车辆与自己已习惯的车相比较而导致评价的片面性等；被测车辆对评价者应当是未知的，以避免评价者利用自己的技术知识弥补观察和感觉的不足。

汽车操纵稳定性的主观评价包含不同驾驶任务的多项目评价和总评价。评价项目可分为：直线行驶稳定性（包括转向回正能力、侧风敏感性、路向不平敏感性等）、行车变道的操纵性、转弯稳定（包括转向的准确性、固有转向特性、转弯制动特性等）以及操纵负荷等。

第二节　汽车转向运动学和动力学

一、无侧偏时的转向运动

汽车转向是通过驾驶人操纵转向盘改变转向轮的转角来实现的。以前轮转向的汽车为例，当汽车在良好路面上低速转向时，作用于机体的离心力较小，由此而产生的悬架弹簧变形和轮胎的侧向变形可以忽略。此时汽车转向行驶，为减小轮胎磨损和提高汽车的行驶稳定性，须沿着一个转向中心旋转，这样可保证各车轮在转向行驶中与地面保持纯滚动接触而无滑动现象。该中心称为瞬时转向中心，从瞬时转向中心到汽车纵轴线之间的距离称为转向半径，如图 6-3 所示。

由图 6-3 可知，要保持理想的汽车转向，内、外转向轮的转角必须保持一定的关系，即

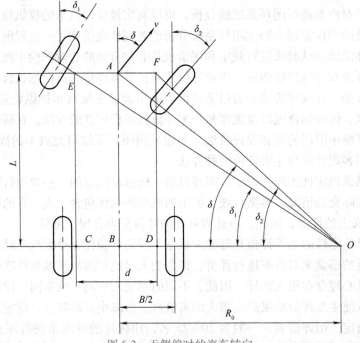

图 6-3　无侧偏时的汽车转向

$$\cot\delta_1 - \cot\delta_2 = \frac{OC}{L} - \frac{OD}{L} = \frac{d}{L} \tag{6-1}$$

式中，δ_1 为外侧车轮转角(°)；δ_2 为内侧车轮转角(°)；L 为轴距(m)；d 为左、右转向主销中心距(m)。

式(6-1)表明，汽车不论以什么转向半径转向，两侧转向轮相对于机体所偏转的角度 δ_1 和 δ_2 应该满足式(6-1)。在实际的汽车上所采用的转向梯形机构，在选择合适的参数后可以使 δ_1 和 δ_2 接近上述要求。

不考虑轮胎侧偏时，设汽车前轴中点的速度方向与汽车纵轴线之间的夹角为 δ，δ 与左、右转向轮转角 δ_1 和 δ_2 的关系大致为

$$\delta = \frac{\delta_1 + \delta_2}{2}$$

由三角形 ABO 可得无侧偏时的转向半径为

$$R_0 = \frac{L}{\tan\delta} \tag{6-2}$$

当汽车转向角度较小时，用弧度表示 δ 的大小，则 $\tan\delta \approx \delta$，故

$$R_0 \approx \frac{L}{\delta} \tag{6-3}$$

二、有侧偏时的转向运动

汽车转向时的离心力会使弹性轮胎产生侧偏，轮胎的侧偏会影响实际的转向半径，如图6-4所示。为便于分析，假设在离心力作用下，同一轴车轮的侧偏角度相等，前轴车轮的侧偏角为 α_1，后轴车轮的侧偏角为 α_2。

汽车转向时，由于弹性轮胎的侧偏，使前、后轴中点速度方向和瞬时转向中心都发生改变。与无侧偏时相比，前、后轴中点的速度分别由 u_1 和 u_2 变为 u'_1 和 u'_2，过前、后轴中点分别作前、后轴中点实际速度 u'_1 和 u'_2 的垂线交于 O' 点，此点即为有侧偏时的瞬时转向中心，可见瞬时转向中心也不再是原来的 O 点。过 O' 点作汽车纵轴线的垂线交于 D 点，$O'D$ 即为有侧偏时汽车的转向半径，

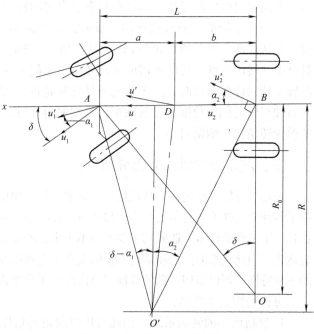

图6-4　有侧偏时的汽车转向

用 R 来表示。

由图 6-4 中的三角关系可得

$$\tan(\delta-\alpha_1) = \frac{AD}{O'D}$$

$$\tan\alpha_2 = \frac{BD}{O'D}$$

将以上两式相加，并且 $AD+BD=L$，$O'D=R$，$\tan(\delta-\alpha_1) \approx \delta-\alpha_1$，$\tan\alpha_2 \approx \alpha_2$，整理可得汽车的转向半径为

$$R \approx \frac{L}{\delta+\alpha_2-\alpha_1} \tag{6-4}$$

式中，R 为汽车的转向半径；δ 为汽车前轴中点的速度方向与汽车纵轴线之间的夹角；α_1、α_2 为汽车前、后轮胎的侧偏角。

由式(6-4)可得汽车前轴中点的速度方向与汽车纵轴线之间的夹角为

$$\delta = \frac{L}{R}+\alpha_1-\alpha_2 \tag{6-5}$$

比较有侧偏和无侧偏时的转向半径公式，可得出如下结论：

1)对一定汽车而言，当前轮转角（或转向盘转角）一定时，即 δ 一定，前、后轴车轮的侧偏角度影响转向半径。当前、后轴车轮的侧偏角度相等时，有侧偏时的转向半径与无侧偏时的转向半径相等，称汽车具有中性转向特性；当后轴车轮的侧偏角度小于前轴车轮的侧偏角度时，有侧偏时的转向半径大于无侧偏时的转向半径，称汽车具有不足转向特性；当后轴车轮的侧偏角度大于前轴车轮的侧偏角度时，有侧偏时的转向半径小于无侧偏时的转向半径，称汽车具有过多转向特性。

2)当汽车沿给定的弯道转向行驶时，即转向半径一定，前、后轴车轮的侧偏角影响汽车转向所需的前轮转角(或转向盘转角)。当前、后轴车轮的侧偏角相等时，汽车具有中性转向特性，转向所需的前轮转角与无侧偏时相等；当后轴车轮的侧偏角度小于前轴车轮的侧偏角度时，汽车具有不足转向特性，转向所需的前轮转角比无侧偏时大；当后轴车轮的侧偏角度大于前轴车轮的侧偏角度时，汽车具有过多转向特性，转向所需的前轮转角比无侧偏时小。

三、汽车转向时的受力分析

表达汽车操纵稳定性的物理模型非常多，从简单的线性二自由度到运用多体动力学包括了各种非线性关系复杂的几十个自由度的都存在。但许多复杂的模型不仅计算要求高，而且由于参数的繁多，造成其主要矛盾不突出，不能直接导出确定各种响应或评价指标的表达式，因此汽车的性能和结构参量的关系不直观明显。为了更好地分析汽车操纵稳定性的本质特性，可以应用下面的线性二自由度汽车模型进行汽车操纵稳定性的研究。

分析的假设条件是：

1)忽略汽车的转向系统，因此直接以前轮转角作为汽车系统的输入。

2)忽略汽车悬架系统，认为汽车车厢只做平行于地面的运动，因此汽车的垂直位

移、俯仰以及侧倾均为零。

3）汽车内、外侧车轮的转向角以及侧偏角相等。

4）汽车行驶的车速不变。

5）汽车的侧向加速度限定在 0.4g 以下，因此轮胎的侧偏特性可以简化为线性，且忽略左、右侧车轮由于载荷的变化引起的轮胎特性的改变以及轮胎回正力矩的作用。

6）汽车运动时的驱动力不大，因此不考虑地面切向力对轮胎特性的影响。

7）不考虑空气动力的作用。

根据上述假设，汽车成为一个二自由度的摩托车模型。此时汽车转向时所受的力主要有以下几种：

汽车转向行驶时的离心力 $F_L = m\dfrac{u^2}{R}$（式中 m 为汽车质量，u 为汽车的质心速度，R 为汽车的转向半径）；$F_L = m\dfrac{u^2}{R}$ 可分解为 F_{LY} 和 F_{LX}。地面对前车轮的侧偏力 F_{Y1} 和后车轮的侧偏力 F_{Y2}。同汽车直线行驶相比，转向行驶时，汽车增加了部分驱动力 F_t'，以克服由于前轮偏转增加的纵向阻力 F_{XA} 和离心力的纵向力 F_{LX}。

由图 6-5 可见，地面对汽车前、后车轮的侧向作用力分别为

$$F_{Y1}\cos(\delta-\alpha_1) = \frac{F_{LY}}{L}b = \frac{mu^2 b}{RL}\cos\beta$$

$$F_{Y2} = \frac{F_{LY}}{L}a = \frac{mu^2 a}{RL}\cos\beta$$

式中，β 为汽车质心处的侧偏角。由于汽车质心处的侧偏角 β 较小，$\cos\beta \approx 1$，$(\delta-\alpha_1)$ 也较小，故前、后轮侧偏力近似为

$$F_{Y1} \approx \frac{mbu^2}{RL} \qquad (6-6)$$

$$F_{Y2} \approx \frac{mau^2}{RL} \qquad (6-7)$$

稳态转向时，由于离心力的影响，汽车的前、后车轮将发生侧向变形，产生侧偏角。侧偏角的大小取决于离心力和轮胎侧偏刚度的大小。

又根据轮胎的侧偏特性在侧偏较小时有 $F_{Y1} = k_1\alpha_1$，$F_{Y2} = k_2\alpha_2$，式中 k_1、k_2 分别为前、后轮胎的侧偏刚度，侧偏刚度为负值。则前、后轮胎的侧偏角为

$$\alpha_1 = \frac{m\,b\,u^2}{L\,k_1\,R} \qquad (6-8)$$

$$\alpha_2 = \frac{m\,a\,u^2}{L\,k_2\,R} \qquad (6-9)$$

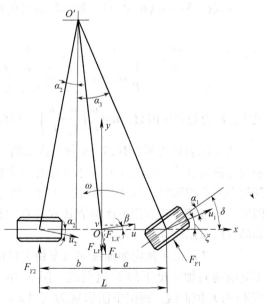

图 6-5　二自由度汽车受力模型

第三节　汽车的稳态转向

在一定的力输入或角位移输入下，汽车的响应可以分为不随时间变化的稳态响应和随时间变化的瞬态响应，如图 6-6 所示。汽车的等速直线运动就是一种稳态运动。如果在汽车等速直线运动时，给汽车转向盘一个角阶跃输入，即一个定值的转向盘转角，汽车经一短暂时间后即进入等速圆周运动，即进入稳态转向过程（也称稳态响应）。以一定的前轮转角和一定速度行驶的汽车将做一定半径的等速圆周运动，即稳态转向。而在等速直线行驶以及进入等速圆周运动的中间过程是一种瞬态过程，即瞬态响应。

图 6-6　汽车运动的响应分类框图

通过研究汽车等速圆周运动的特性，可以较好地理解汽车转向运动的基本性质。

一、汽车稳态转向特性

稳态转向特性可用稳态横摆角速度增益进行描述。稳态横摆角速度增益也称为转向灵敏度，定义为汽车横摆角速度 ω_r 与汽车前轮转向角 δ 之比。它是反映汽车稳定性的一个重要参数。横摆角速度是指汽车纵轴线绕汽车中心横向摆动的角速度，即汽车绕瞬时转向中心转动的角速度，亦即汽车沿纵轴方向前进的速度 u 与转向半径 R 之比。

$$\omega_r = \frac{u}{R} \tag{6-10}$$

由式（6-5）~式（6-10）可得稳态转向时的横摆角速度增益

$$\left(\frac{\omega_r}{\delta}\right)_s \approx \frac{\dfrac{u}{R}}{\dfrac{L}{R}+\alpha_1-\alpha_2} = \frac{\dfrac{u}{R}}{\dfrac{L}{R}+\dfrac{m}{L}\left(\dfrac{a}{k_2}-\dfrac{b}{k_1}\right)\dfrac{u^2}{R}} = \frac{\dfrac{u}{L}}{1+\dfrac{m}{L^2}\left(\dfrac{a}{k_2}-\dfrac{b}{k_1}\right)u^2} = \frac{\dfrac{u}{L}}{1+Ku^2} \tag{6-11}$$

式中，K 为稳定性因数，$K=\dfrac{m}{L^2}\left(\dfrac{a}{k_2}-\dfrac{b}{k_1}\right)$，单位为 s^2/m^2。

从 K 的表达式可以看到，K 仅与汽车的质量、汽车质心的位置以及前、后轮的侧偏刚度等系数有关，它是汽车本身具有的一个特性。但是实际上汽车的稳定性因数 K 受到很多因素的影响，如悬架系统，转向系统等。如果需要考虑这些影响因素，则稳定性因数 K 不能简单地利用上面的表达式计算求得。通常在计算 K 值时非常复杂，因此试验的方法应用较普遍。

图 6-7 示出了侧向加速度对汽车稳定性因数的影响曲线。图 6-7a 是桑塔纳 Xi5 在不同的侧向加速度下的 K 值曲线。图 6-7b 是 1996 年《Motor Fan》杂志给出的奔驰 E320 的 K 值曲线。而图中阴影区为《Motor Fan》杂志在前 4 年测得的轿车 K 值曲线范围。

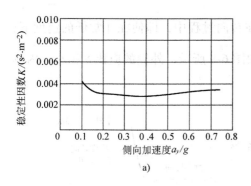
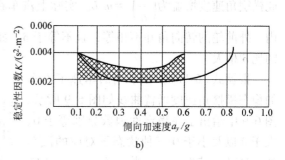

图 6-7 侧向加速度对汽车稳定性因数的影响曲线

由于汽车以行驶速度 u 做角速度 ω_r 的等速圆周运动，如果等速圆周运动的半径为 R，则有

$$R = \frac{u}{\omega_r} = (1+Ku^2)\frac{L}{\delta} \tag{6-12}$$

式(6-12)表示汽车的转向半径与汽车的行驶速度、稳定性因数以及汽车转向轮转角之间的关系，也说明了转向半径随上述参数的变化情况。

二、稳态转向响应的类型

稳定性因数 K 是表征汽车稳态响应的一个重要参数。随着汽车行驶车速的变化，汽车的稳态转向响应可以按照稳定性因数 K 的数值分为中性转向、不足转向和过多转向三类。

1. 中性转向(Neutral Steer,NS)

当稳定性因数 $K=0$ 时，$\left(\dfrac{\omega_r}{\delta}\right)_s = u/L$，即横摆角速度增益与车速成正比关系，斜率为 $1/L$。这种响应称为中性转向。同时也可以利用转向半径来判断。由式(6-12)可知，当 $K=0$ 时，汽车的转向半径 R 与汽车的行驶速度 u 无关，无论行驶速度怎么改变，只要前轮的转向角 δ 保持不变，汽车的转向半径总是保持一定值 L/δ。

图 6-8 表示了汽车以极低车速行驶而无侧偏角时的转向几何关系。由于汽车行驶的速度非常低，汽车所受的离心力可以忽略，故前、后轮上无侧偏力作用，车轮也就不产生侧偏角，前、后轮都沿着车轮的旋转平面前进。在无侧偏角时，前轮的转角可表示为 $\delta \approx L/R$，因此转向半径为 $R \approx L/\delta$，这种几何学关系称为 Ackermann 转向几何学，δ 称为 Ackermann 角。横摆角速度 $\omega_r \approx u/R = (u/L)\delta$，因

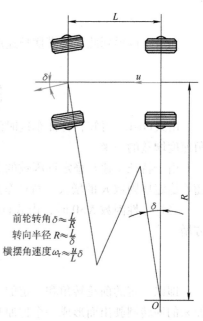

图 6-8 轮胎没有侧偏角时汽车的转向几何关系

此横摆角速度增益为 $\left(\dfrac{\omega_r}{\delta}\right)_s = u/L$。实际上汽车在转向过程中，即使在非常低的速度下，内、外前轮的转向角并不相等，且不等于 δ。如图 6-8 所示，外侧的应比 δ 稍小，内侧的比 δ 稍大。

根据式（6-11），在不同的车速下汽车的稳态横摆角速度增益曲线如图 6-9 所示。图 6-9 中给出了在稳定性因数分别等于 0、大于 0 以及小于 0 三种状态下对应的汽车的三种转向特性。u_{cr} 为临界车速，u_{ch} 为特征车速。

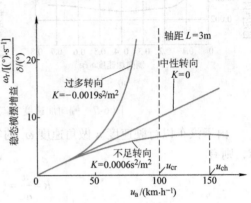

图 6-9　汽车的稳态横摆角速度增益曲线

2. 不足转向（Under Steer, US）

当稳定性因数 $K>0$ 时，横摆角速度增益 $\left(\dfrac{\omega_r}{\delta}\right)_s$ 比中性转向时小。$\left(\dfrac{\omega_r}{\delta}\right)_s$ -u 曲线是低于中性转向的汽车稳态增益曲线，且随着汽车行驶速度的增加，曲线呈现向下的趋势，如图 6-9 所示。具有这样特性的汽车称为不足转向汽车。随着稳定性因数的增大，横摆加速度增益曲线越低，不足转向量越大。

从图 6-9 中还可以看出，在不足转向特性下横摆加速度增益有一个最大值，即特征车速 u_{ch}。对行驶车速与稳态横摆角速度增益曲线取极值可以得到特征车速为

$$u_{ch} = \sqrt{\dfrac{1}{K}}$$

同时可以得到此时的横摆角速度增益为

$$\left(\dfrac{\omega_r}{\delta}\right)_s = \dfrac{\dfrac{u}{L}}{1+Ku^2} = \dfrac{\dfrac{u_{ch}}{L}}{2} \tag{6-13}$$

由式（6-13）可知，特征车速时的横摆角速度增益为相应车速下的中性转向汽车横摆角速度增益的一半。

由于特征车速与稳定性因数的关系，因此特征车速也是表征不足转向的一个参数。随着稳定性因数 K 的增大，特征车速 u_{ch} 将减小。

当稳定性因数 $K>0$ 时，由式（6-12）可知，汽车的转向半径增大，且随着车速的平方增大。

$$R = (1+Ku^2)\dfrac{L}{\delta_0} \tag{6-14}$$

即以一定的前轮转角和一定的行驶速度做圆周运动的汽车，若速度增加，汽车将从原来的回转圆驶出而形成一个比原来半径更大的回转圆，如图 6-10 所示。

若保持前轮的转角不变，随着汽车的行驶速度增大，而仍要保持原来的半径做圆周运动时就显得前轮转角不足，呈现不足转向的特性。汽车的行驶车速与回转半径之间的

关系如图 6-11 所示。

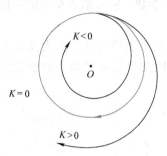 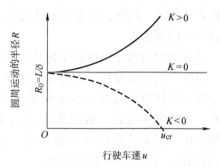

图 6-10　汽车的行驶速度对回转半径的影响　　图 6-11　汽车的行驶速度与回转半径的关系曲线

又因前轮转角与汽车的回转半径之间的关系为

$$\delta = (1+Ku^2)\frac{L}{R_0} \tag{6-15}$$

如 $K>0$，要使汽车做一定半径的圆周运动，就必须随着汽车行驶速度的增加而增大前轮转角。前轮转角与汽车行驶速度的关系如图 6-12 所示。

汽车的横摆角速度与汽车行驶速度的关系可表示为

$$\omega_r = \frac{1}{1+Ku^2}\frac{u}{L}\delta_0 \tag{6-16}$$

在一定的前轮转角下，汽车的横摆角速度随稳定性因数 K 的变化而改变。汽车的行驶速度与横摆角速度的关系如图 6-13 所示。

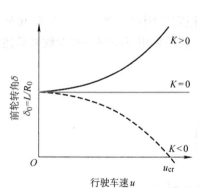 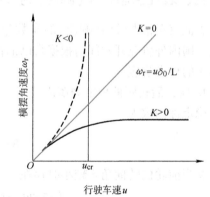

图 6-12　前轮转角与行驶车速的关系曲线　　图 6-13　行驶速度与横摆角速度的关系曲线

3. 过多转向（Over Steer, OS）

当稳定性因数 $K<0$ 时，横摆角速度增益 $\left(\dfrac{\omega_r}{\delta}\right)_s$ 比中性转向时大，如图 6-9 所示。

$\left(\dfrac{\omega_r}{\delta}\right)_s$-$u$ 曲线是高于中性转向的汽车稳态增益曲线，且随着汽车行驶速度的增加，曲线呈现向上的趋势。具有这种特性的汽车称为过多转向汽车。

显然，利用横摆角速度与行驶车速的曲线关系也可以得到在过多转向特性下汽车的

临界车速 u_{cr}，即当汽车行驶速度为 $u_{cr}=\sqrt{-1/K}$ 时，稳态横摆角速度增益趋于无穷大，如图 6-9 所示。同理，它也是表征过多转向量的一个参数。随着临界车速的降低，汽车的过多转向量增大。

过多转向的汽车当行驶车速达到临界车速 u_{cr} 时将失去稳定性。因为在临界车速附近，横摆角速度增益趋于无穷大，如图 6-13 所示。因此只要极其微小的前轮转角便会产生极大的横摆角速度。这意味着汽车的转向半径极小，汽车发生激转导致侧滑或者翻车事故。一般来说，由于过多转向的汽车容易失去稳定性，故汽车都应具有适度的不足转向特性。

在过多转向特性下，汽车的回转半径与行驶车速的关系曲线如图 6-10 和图 6-11 所示。

横摆角速度增益同时也称为转向灵敏度，它是反映汽车稳定性的一个重要参数。因此，很多国家对其有一些具体的要求。

美国对安全试验车的要求是横摆角速度增益曲线应落在图 6-14 所示的满意区域。图中的满意区域

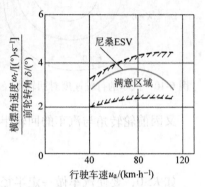

图 6-14　美国试验安全车稳态横摆角速度增益的满意区域

是通用公司根据不同种类的轿车，如豪华轿车、旅行轿车以及运动型轿车进行的操纵稳定性试验提出的。图 6-14 中的实线是一种尼桑车的稳态横摆角速度增益随汽车行驶车速的变化。

三、表征稳态转向（响应）的参数

表征汽车稳态转向（响应）的参数除了上述的稳定性因数以外，为了试验和分析的方便，国内外研究开发部门根据自己的传统习惯，还经常用下面的一些参数来描述和评价汽车的稳态响应。

1. 前、后轮侧偏角绝对值之差 $(\alpha_1-\alpha_2)$

稳定性因数为

$$K=\frac{m}{L^2}\left(\frac{a}{k_2}-\frac{b}{k_1}\right)$$

又当前轮的转向角 δ 较小时存在

$$F_Y=ma_y=F_{Y1}+F_{Y2}=k_1\alpha_1+k_2\alpha_2$$

$$F_{Y1}=\frac{b}{L}F_Y$$

$$F_{Y2}=\frac{a}{L}F_Y$$

将上式改为

$$K=\frac{ma_y}{L^2a_y}\left(\frac{a}{k_2}-\frac{b}{k_1}\right)=\frac{1}{a_yL}\left(\frac{F_{Y2}}{k_2}-\frac{F_{Y1}}{k_1}\right)=\frac{1}{a_yL}(\alpha_2-\alpha_1) \tag{6-17}$$

由于侧向加速度 a_y 与前、后轮的侧偏角 α_1 和 α_2 符号相反，当前、后轮侧偏角取

绝对值时，侧向加速度也取绝对值，故上式可写成

$$K = \frac{1}{a_y L}(\alpha_1 - \alpha_2) \tag{6-18}$$

由式（6-18）可知，$(\alpha_1 - \alpha_2)$ 的符号关系与稳定性因数 K 的符号关系相一致，因此利用前、后轮侧偏角绝对值之差 $(\alpha_1 - \alpha_2)$ 也能够表征汽车的稳态响应特性。

为了测定汽车的稳态响应，常输入一固定转向盘转角，令汽车以不同等速度做圆周运动，最后测出其前、后轮侧偏角的绝对值 α_1、α_2，并以 $(\alpha_1 - \alpha_2)$ 与侧向加速度 a_y 的关系曲线来评价汽车的稳态响应，如图 6-15 所示。

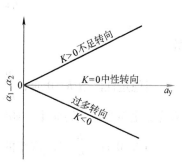

图 6-15　$(\alpha_1 - \alpha_2)$ 与 a_y 的关系

为了进一步说明 $(\alpha_1 - \alpha_2)$ 与汽车稳态响应的内在联系，也可以分析 $(\alpha_1 - \alpha_2)$ 与汽车转向半径之间的关系。

利用式（6-11）和式（6-18）以及 $\omega_r = u/R$、$a_y = \dfrac{u^2}{R}$ 可以得到下式

$$\delta = \frac{L}{R} + (\alpha_1 - \alpha_2) \tag{6-19}$$

故可得到汽车的转向半径和 $(\alpha_1 - \alpha_2)$ 的关系为

$$R = \frac{L}{\delta - (\alpha_1 - \alpha_2)} \tag{6-20}$$

由式（6-20）可知，在前轮输入转角一定时，转向半径随 $(\alpha_1 - \alpha_2)$ 的符号而变化。当以较低的车速行驶时，$(\alpha_1 - \alpha_2) \approx 0$，此时的转向半径为 $R_0 = L/\delta$，即表现为中性转向的特性。若 $(\alpha_1 - \alpha_2) > 0$，则有 $R > R_0$，汽车的转向效果受到抑制，呈现出不足转向的特性。若 $(\alpha_1 - \alpha_2) < 0$，则有 $R < R_0$，汽车的转向效果加强，表现为过多转向的特性。因此通过 $(\alpha_1 - \alpha_2)$ 也可以作为表征汽车稳态转向（响应）的参数对汽车的性能进行评价。

图 6-16 所示为试验测得的 $(\alpha_1 - \alpha_2)\text{-}a_y$ 关系曲线。从图中可知，当侧向加速度大于 $0.3 \sim 0.4g$ 以后，$(\alpha_1 - \alpha_2)$ 与侧向加速度不再存在线性关系，主要是因为轮胎的侧偏特性已经进入明显的非线性区域。同时也可以看到在图中示出的汽车存在设计所要求的一定程度的不足转向特性。

2. 转向半径之比 R/R_0

当汽车以较低的速度做曲线运动时，汽车的侧向加速度接近于零，因此前、后轮的侧偏角可以忽略不计，这种工况下的转向半径为 $R_0 = L/\delta$。在一定的车速下，并存在侧向加速度时的转向半径为 R。很明显，这两种工况下的转向半径之比 R/R_0 也可以用来表

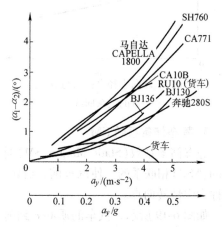

图 6-16　试验测得的 $(\alpha_1 - \alpha_2)\text{-}a_y$ 的关系曲线

征汽车的稳态响应。

汽车的转向半径为

$$R = \frac{u}{\omega_r} = (1+Ku^2)\frac{L}{\delta} = (1+Ku^2)R_0 \tag{6-21}$$

故

$$\frac{R}{R_0} = 1+Ku^2$$

当稳定性因数 $K=0$ 时，$\frac{R}{R_0}=1$，汽车呈现中性转向的特性，汽车的转向半径不随车速的变化而变化，转向半径始终为 R_0。

当 $K>0$ 时，$\frac{R}{R_0}>1$。汽车的转向半径将随着车速的变化而改变，且转向半径总大于中性转向时的半径 R_0。汽车呈现出不足转向的特性。

当 $K<0$ 时，$\frac{R}{R_0}<1$。汽车的转向半径总小于中性转向时的半径 R_0。汽车呈现出过多转向的特性。

在上述三种不同程度的稳定性因数下，汽车的转向半径之比与行驶车速平方的关系曲线如图 6-17 所示。因此，转向半径之比也可以方便地用于描述汽车的稳态响应的特性。

图 6-18 所示为利用试验测得的某型汽车的转向半径之比与侧向加速度的关系曲线。随着侧向加速度的增大，汽车的转向半径之比也增大。依据上述的分析，则该车存在一定程度的不足转向特性。

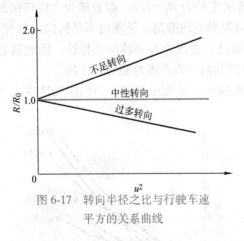

图 6-17　转向半径之比与行驶车速
平方的关系曲线

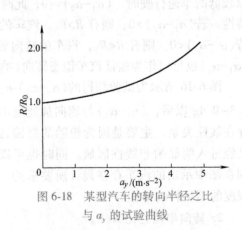

图 6-18　某型汽车的转向半径之比
与 a_y 的试验曲线

3. 静态储备系数 SM

静态储备系数（Static Margin，SM）是和处于汽车纵轴上的中性转向点（Neutral Steer Point，NSP）相联系的。使汽车前、后轮产生相同的侧偏角的侧向力在汽车纵轴上的作用点称为中性转向点。

如图 6-19 所示，汽车的质心 c 到前、后轴的距离分别为 a 和 b，轴距为 L。汽车的前、后轴上所受到的侧向力分别为 F_{Y1} 和 F_{Y2}。通过力矩的平衡可以得到位于汽车纵轴上的中性转向点的位置。

由中性转向点的定义可知，当侧向力作用于中性转向点的位置时，汽车的前、后轮将产生相同的侧偏角，即

$$\alpha_1 = \alpha_2 = \alpha$$

则前、后车轮上的侧偏力分别为

$$F_{Y1} = k_1\alpha_1 = k_1\alpha$$
$$F_{Y2} = k_2\alpha_2 = k_2\alpha$$

利用力矩的平衡可得到中性转向点到前轴的距离为

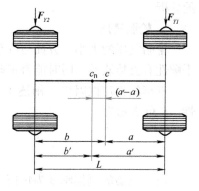

图 6-19 汽车的中性转向点

$$a' = \frac{F_{Y2}L}{F_{Y1} + F_{Y2}} = \frac{k_2}{k_1 + k_2}L$$

静态储备系数 SM 为汽车的中性转向点至汽车前轴的距离 a' 和汽车质心至前轴的距离 a 之差 $(a'-a)$ 与汽车的轴距 L 的比值，即

$$SM = \frac{a'-a}{L} = \frac{k_2}{k_1 + k_2} - \frac{a}{L} \tag{6-22}$$

从上式还可以看出，静态储备系数仅与汽车的前、后轮胎的侧偏刚度以及汽车的布置参数有关，是汽车本身所固有的特性。

综上所述，汽车前、后轮侧偏角之差 $(\alpha_1 - \alpha_2)$ 可以用来表征汽车稳态响应特性，而前、后轮上的侧偏角的大小直接地与静态储备系数相关。

当 SM = 0 时，中性转向点与汽车的质心相重合，因此在质心位置上作用的侧向力将使汽车前、后车轮上的侧偏角相等，即前、后轮侧偏角之差为 0，故使汽车具有中性转向的特性。

当 SM>0 时，汽车的质心处于汽车的中性转向点之前。在质心位置上作用的侧向力将引起汽车前轴上的侧偏角 α_1 大于后轴上的侧偏角 α_2，使汽车具有不足转向的特性。

当 SM<0 时，汽车的质心处于汽车的中性转向点之后。在质心位置上作用的侧向力将引起汽车前轴上的侧偏角 α_1 小于后轴上的侧偏角 α_2，使汽车具有过多转向的特性。

虽然稳定性因数是表征汽车稳态响应的一个重要参数，但通过与之相关的几个参数，如前、后轮侧偏角绝对值之差，转向半径之比以及静态储备系数，也可以很方便地分析和评价的汽车的稳态转向（响应）特性。

四、影响汽车稳态响应的一些使用参数

前文中已经分析了汽车的几种稳态响应特性参数以及它们与汽车操纵稳定性的关系。汽车在使用过程中一些参数或技术条件的变化，如轮胎的充气压力、装载质量、轮胎的混装以及轮胎型号和结构等，也将导致汽车的稳态响应特性发生变化，最终影响汽车的操纵稳定性。下面就两个主要的汽车使用参数对汽车稳态响应特性的影响进行一定

的分析。

1. 轮胎气压

轮胎气压的大小一方面与汽车的行驶阻力相关，另一方面还与后面将要学习的汽车平顺性有直接联系。同时能否正确地使用轮胎的气压也影响汽车的操纵稳定性。

汽车的稳定性因数 K 阐述了汽车的稳态响应特性，同时也说明了汽车的操纵稳定性。K 可表示为

$$K = \frac{m}{L^2}\left(\frac{a}{k_2} - \frac{b}{k_1}\right) \tag{6-23}$$

由于轮胎的侧偏刚度为负值，故可将上式改写为

$$K = \frac{m}{L^2}\left(\frac{a}{-|k_2|} - \frac{b}{-|k_1|}\right) \tag{6-24}$$

式中，k_1，k_2 分别用轮胎刚度的绝对值代入。

图 1-26 描述了轮胎的充气压力与侧偏力的关系。从图中可以看到，随着充气压力的增加，在某一侧偏角下轮胎的侧偏力将增大，即在轮胎的充气压力增大的情况下，轮胎的侧偏刚度将增大；反之，则相反。

假设汽车前轮充气压力增大后，前轮的侧偏刚度的绝对值将增大为 $|k'_1|$，即 $|k_1| < |k'_1|$；汽车的稳定性因数变为 K'。比较变化前后的稳定性因数有

$$K' - K = \frac{m}{L^2}\left(\frac{a}{-|k_2|} - \frac{b}{-|k'_1|}\right) - \frac{m}{L^2}\left(\frac{a}{-|k_2|} - \frac{b}{-|k_1|}\right) = \frac{m}{L^2}\left(\frac{b}{|k'_1|} - \frac{b}{|k_1|}\right) \tag{6-25}$$

同时注意到 $|k_1| < |k'_1|$，故式(6-25)小于 0，即汽车前轮充气压力增大后将使得汽车的稳定性因数 K 的数值降低，极限情况下将使得 $K < 0$，汽车稳态响应特性变为过多转向特性，使汽车的操纵稳定性变坏。

同理，也可以推导前轮气压减小或者后轮气压变化情况下汽车转向特性的变化情况。

2. 装载质量

在汽车的使用过程中，不可避免地将使汽车装载质量发生变化，如载货汽车运输的货物量的变化。装载质量的变化也将影响汽车的操纵稳定性。

汽车的装载质量一方面影响了轮胎上的侧偏力大小，如图 1-24b 所示；另一方面也改变了汽车质心的位置，即式(6-24)中的 a 和 b。

为了简单，假设轮胎的侧偏力大小与装载质量无关，并假设在汽车装载质量增大的情况下，汽车的质心位置将向后移动(一般载货汽车的特性)，为 b'，即存在 $b > b'$。在改变汽车的装载质量后汽车的稳定性因数变为 K'。比较变化前后的稳定性因数有

$$K' - K = \frac{m}{L^2}\left(\frac{a}{-|k_2|} - \frac{b'}{-|k_1|}\right) - \frac{m}{L^2}\left(\frac{a}{-|k_2|} - \frac{b}{-|k_1|}\right) = \frac{m}{L^2}\left(\frac{b'}{|k_1|} - \frac{b}{|k_1|}\right) \tag{6-26}$$

同时注意到 $b > b'$，故式(6-26)小于 0，即汽车装载质量增大后将使得汽车的稳定性因数 K 的数值降低，极限情况下将使得 $K < 0$，汽车稳态响应特性变为过多转向特性，

使汽车的操纵稳定性变坏。这也是一些超载汽车经常发生车祸的直接原因之一。

例 6-1 某轿车的总质量 m 为 1520kg，轴距 L 为 2.71m，质心到前轴的距离 a 为 1.42m，前轮总侧偏刚度 k_1 为 57.2kN/rad，后轮总侧偏刚度 k_2 为 73.1kN/rad。试计算：

1）该车的稳定性因数 K；

2）该车的特征车速 u_{ch} 或临界车速 u_{cr}；

3）如果该车后轮由于某种原因其气压在逐渐降低，试分析该车的稳态响应的变化。

解：1）汽车稳定性因数的描述为

$$K = \frac{m}{L^2}\left(\frac{a}{k_2}-\frac{b}{k_1}\right)$$

将相应的参数代入得

$$K = \frac{m}{L^2}\left(\frac{a}{k_2}-\frac{b}{k_1}\right) = \frac{1520}{2.71^2}\times\left(\frac{1.42}{-73.1\times10^3}-\frac{2.71-1.42}{-57.2\times10^3}\right)\text{s}^2/\text{m}^2$$

$$\approx 0.64142\times10^{-3}\text{s}^2/\text{m}^2$$

由于稳定性因数 $K>0$，故该车具有不足转向的特性。

2）汽车稳态响应的特征车速 u_{ch} 或临界车速 u_{cr} 与汽车的稳态响应有关，当稳定性因数 $K>0$ 时，可得到汽车的特征车速 u_{ch}；当稳定性因数 $K<0$，可得到汽车的临界车速 u_{cr}。故其特征车速为

$$u_{ch} = \sqrt{\frac{1}{K}} = 3.6\times\sqrt{\frac{1}{0.64142\times10^{-3}}}\text{km/h} \approx 142\text{km/h}$$

因为特征车速反映了在该车速下汽车的稳态响应转向灵敏度的大小，因此希望特征车速高些。

3）当后轮的充气压力降低时，则后轮的侧偏刚度 k_2 将变小，故汽车的稳定性因数 K 将降低，极限情况下将使得稳定性因数从现在的 $K>0$ 改变为 $K<0$，即汽车从不足转向改变为过多转向。

第四节　前轮角阶跃输入下汽车的瞬态响应

根据上节的假设，可以建立二自由度汽车的运动学模型，如图 6-20 所示。

一、线性二自由度汽车模型的运动微分方程

设固定于地面上的直角坐标系为 xOy。车辆坐标系的原点与汽车的质心重合，Ox 和 Oy 分别为车辆坐标系的纵轴和横轴。因此质心的速度在 t 时刻在 Ox 轴上的分量为 u，在 Oy 轴上的分量为 v。因此将汽车车身视为一个刚体，故汽车转向行驶将具有平移和转动两个运动状态。图 6-21 所示为在车辆坐标系中的汽车运动的描述。t 时刻汽车的纵向速度为 u，汽车的侧向速度为 v，同时还有绕质心作角速度 ω_r 的转动。在 t_1 时刻，车辆坐标系中质心速度的大小与方向均发生变化，而车辆坐标系的纵轴和横轴的方向也

同时发生变化。所以沿 Ox 轴的速度分量的变化为

$(u+\Delta u)\cos\Delta\theta-u-(v+\Delta v)\sin\Delta\theta=$

$u\cos\Delta\theta+\Delta u\cos\Delta\theta-u-v\sin\Delta\theta-\Delta v\sin\Delta\theta$

考虑 $\Delta\theta$ 很小，并忽略其二阶微量，上式可改写为

$$\Delta u-v\Delta\theta$$

因此汽车质心处的绝对加速度在车辆坐标系 Ox 轴上的分量为

$$a_x=\frac{\Delta u-v\Delta\theta}{\Delta t}=\frac{\mathrm{d}u}{\mathrm{d}t}-v\frac{\mathrm{d}\theta}{\mathrm{d}t}=\dot u-v\omega_r$$

$$(6\text{-}27)$$

式中，ω_r 为汽车的横摆角速度。

同理可以得到汽车质心处的绝对加速度沿 Oy 轴的分量为

$$a_y=\frac{\Delta v+u\Delta\theta}{\Delta t}=\frac{\mathrm{d}v}{\mathrm{d}t}+u\frac{\mathrm{d}\theta}{\mathrm{d}t}=\dot v+u\omega_r$$

$$(6\text{-}28)$$

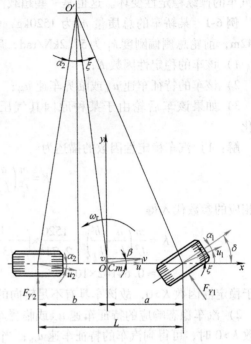

图 6-20 线性二自由度汽车模型

对二自由度汽车模型进行受力分析，外力沿 y 轴方向的合力以及绕质心的力矩分别为

$$\sum F_Y=F_{Y1}\cos\delta+F_{Y2} \qquad (6\text{-}29)$$

$$\sum M_Z=aF_{Y1}\cos\delta-bF_{Y2} \qquad (6\text{-}30)$$

式中，F_{Y1}，F_{Y2} 为地面对前、后车轮的侧向反作用力，即侧偏力；δ 为前轮转角，它表示车轮旋转平面与汽车纵向的夹角。

假设作用在轮胎上的侧偏力 F_Y 满足线性关系，即满足

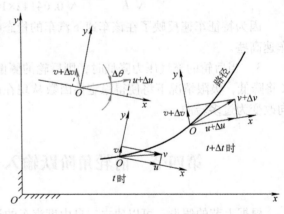

图 6-21 在车辆坐标系中汽车运动的描述

$$F_Y=k\alpha \qquad (6\text{-}31)$$

式中，F_Y 为车轮上的侧偏力；k 为轮胎侧偏刚度；α 为轮胎侧偏角，它为车轮的旋转平面与车轮行驶方向之间的夹角。根据轮胎坐标系中符号的关系，负的侧偏力产生正的侧偏角，故侧偏刚度为负值（在本书内有些地方给出的轮胎侧偏刚度为正值，则为其绝对值）。一般小型轿车的侧偏刚度在 $-28000\sim80000\mathrm{N/rad}$ 范围之内。

另外，前轮转角 δ 较小，因此可将上式改写为

$$\sum F_Y=k_1\alpha_1+k_2\alpha_2 \qquad (6\text{-}32)$$

$$\sum M_Z = ak_1\alpha_1 - bk_2\alpha_2 \tag{6-33}$$

式中，α_1，α_2 分别为汽车前、后轮的侧偏角；k_1，k_2 分别为前、后车轮的侧偏刚度。

如图 6-20 所示，汽车前、后轴中点的速度分别为 u_1 和 u_2，侧偏角为 α_1 和 α_2。而汽车质心处的侧偏角为 $\beta(\beta = \nu/u)$。汽车在做曲线运动，而汽车车身为刚体，因此存在一个瞬时的转动中心 O'。汽车前、后轴中点的速度以及汽车质心处的速度都交于该瞬时转动中心。

图 6-20 中 ξ 是汽车前轴中心的速度 u_1 与汽车纵轴 Ox 之间的夹角，可表示为

$$\xi = \frac{\nu + a\omega_r}{u} = \beta + \frac{a\omega_r}{u} \tag{6-34}$$

因此前、后轮的侧偏角为

$$\alpha_1 = -(\delta - \xi) = \beta + \frac{a\omega_r}{u} - \delta \tag{6-35}$$

$$\alpha_2 = \frac{\nu - b\omega_r}{u} = \beta - \frac{b\omega_r}{u} \tag{6-36}$$

将上面两式代入式（6-32）和式（6-33）得

$$\sum F_Y = k_1\left(\beta + \frac{a\omega_r}{u} - \delta\right) + k_2\left(\beta - \frac{b\omega_r}{u}\right) \tag{6-37}$$

$$\sum M_Z = ak_1\left(\beta + \frac{a\omega_r}{u} - \delta\right) - bk_2\left(\beta - \frac{b\omega_r}{u}\right) \tag{6-38}$$

根据牛顿运动定律，线性二自由度汽车模型的运动微分方程可写为

$$\sum F_Y = k_1\left(\beta + \frac{a\omega_r}{u} - \delta\right) + k_2\left(\beta - \frac{b\omega_r}{u}\right) = m(\dot{\nu} + u\omega_r) \tag{6-39}$$

$$\sum M_Z = ak_1\left(\beta + \frac{a\omega_r}{u} - \delta\right) - bk_2\left(\beta - \frac{b\omega_r}{u}\right) = I_Z\dot{\omega}_r \tag{6-40}$$

式中，I_Z 为汽车绕 z 轴的转动惯量。

将上式进行整理后得二自由度汽车的运动微分方程为

$$(k_1 + k_2)\beta + \frac{1}{u}(ak_1 - bk_2)\omega_r - k_1\delta = m(\dot{\nu} + u\omega_r) \tag{6-41}$$

$$(ak_1 - bk_2)\beta + \frac{1}{u}(a^2k_1 + b^2k_2)\omega_r - ak_1\delta = I_Z\dot{\omega}_r \tag{6-42}$$

线性二自由度汽车的运动微分方程虽然非常简洁，但是却包含了汽车的质量与轮胎的侧偏特性等方面的参数，因此能够反映汽车做曲线运动的最基本的特征。

汽车的二自由度模型将汽车看成一个做平面运动的刚体，仅用横摆角速度和质心处的侧偏角来描述以匀速前进汽车的转向运动。利用该模型可以分析前、后轮侧偏刚度、质心到前、后轴的距离、轴距，整车质量以及绕 z 轴的转动惯量对汽车性能的影响。系统的输入是转向轮上的转角，系统的输出是横摆角速度和质心处的侧偏角，同时也可以输出与上述量有关联的一些变量。

例如汽车等速行驶时，在前轮角阶跃输入下进入的稳态响应就是等速圆周运动。若

汽车做等速圆周运动，则质心的侧偏角不变，并且横摆角速度也一定（参见图6-20），即

$$\dot{\beta}=0$$

则

$$\dot{v}=0 \qquad \dot{\omega}_r=0$$

因此式（6-41）和式（6-42）可改写为

$$(k_1+k_2)\beta+\frac{1}{u}(ak_1-bk_2)\omega_r-k_1\delta=mu\omega_r \tag{6-43}$$

$$(ak_1-bk_2)\beta+\frac{1}{u}(a^2k_1+b^2k_2)\omega_r-ak_1\delta=0 \tag{6-44}$$

利用上面的方程式可以写出质心侧偏角以及横摆角速度的表达式为

$$\beta=\frac{1+\dfrac{ma}{Lbk_2}u^2}{1+\dfrac{m}{L^2}\left(\dfrac{a}{k_2}-\dfrac{b}{k_1}\right)u^2}\frac{b}{L}\delta \tag{6-45}$$

$$\omega_r=\frac{1}{1+\dfrac{m}{L^2}\left(\dfrac{a}{k_2}-\dfrac{b}{k_1}\right)u^2}\frac{u}{L}\delta \tag{6-46}$$

利用上面两式联立，消去 β，可得到稳态横摆角速度增益为

$$\left(\frac{\omega_r}{\delta}\right)_s=\frac{\dfrac{u}{L}}{1+\dfrac{m}{L^2}\left(\dfrac{a}{k_2}-\dfrac{b}{k_1}\right)u^2}=\frac{\dfrac{u}{L}}{1+Ku^2} \tag{6-47}$$

式中，K 为稳定性因数，$K=\dfrac{m}{L^2}\left(\dfrac{a}{k_2}-\dfrac{b}{k_1}\right)$，单位为 s^2/m^2。

将式（6-45）稳态响应下的汽车质心处的侧偏角利用稳定性因数改写为

$$\beta=\frac{1+\dfrac{ma}{Lbk_2}u^2}{1+Ku^2}\frac{b}{L}\delta \tag{6-48}$$

则在一定的转向轮转角 δ_0 输入下，汽车质心处的侧偏角为

$$\beta=\frac{1+\dfrac{ma}{Lbk_2}u^2}{1+Ku^2}\frac{b}{L}\delta_0 \tag{6-49}$$

因此，利用式（6-49）可以很清晰地表示汽车质心处的侧偏角与行驶速度的关系。从式中可知，不管汽车的转向特性如何，质心处的侧偏角随着行驶车速的增大而增大。

在中性转向下，质心处的侧偏角可表示为

$$\beta=\left(1+\frac{ma}{Lbk_2}u^2\right)\frac{b}{L}\delta_0 \tag{6-50}$$

即在中性转向特性下，汽车质心处的侧偏角与行驶车速的平方成比例地增大。这种变化

是由于汽车在做曲线行驶时，汽车必须得到侧向力来平衡做曲线运动的离心力。同时汽车质心处的侧偏角是汽车的纵向与汽车质心处行驶速度方向的夹角，因此也表示了在做曲线运动中汽车相对于回转圆的姿态。

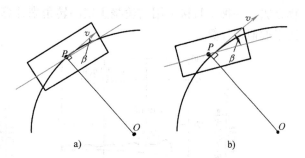

图 6-22 不同的行驶速度时汽车与回转圆之间的姿态
a）行驶车速较小 b）行驶车速较大

图 6-22 给出了不同的汽车行驶速度时汽车与回转圆之间的姿态。汽车的行驶车速越高，做曲线运动的汽车的车头侧向回转圆的倾向也越大。

在稳态响应中，汽车的参数如质心侧偏角 β 以及横摆角速度 ω_r 不随时间的变化而变化。与稳态响应相反，瞬态响应过程中，汽车的特征参数将随着时间的变化而变化。因此汽车的瞬态响应将比稳态响应更为复杂，更能表征汽车的操纵稳定性。图 6-23 所示为某型汽车在转向盘角阶跃输入下的横摆角速度瞬态响应曲线。

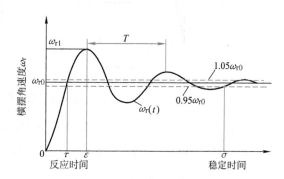

图 6-23 转向盘角阶跃输入下汽车的横摆角速度瞬态响应曲线

二、前轮角阶跃输入下汽车的瞬态响应

将前面的线性二自由度汽车的运动微分方程式（6-41）、式（6-42）重写如下

$$(k_1+k_2)\beta+\frac{1}{u}(ak_1-bk_2)\omega_r-k_1\delta=m(\dot{v}+u\omega_r)$$

$$(ak_1-bk_2)\beta+\frac{1}{u}(a^2k_1+b^2k_2)\omega_r-ak_1\delta=I_Z\dot{\omega}_r$$

横摆角加速度是汽车操纵稳定性中非常重要的一个参数，因此可以利用上面的汽车运动方程式对前轮角阶跃输入下汽车在瞬态响应中的横摆角速度的变化进行描述。

将上面的汽车运动微分方程式整理后，可改写为如下的单自由度一般强迫振动的微分方程式

$$\ddot{\omega}_r+2\omega_0\zeta\,\dot{\omega}_r+\omega_0^2\omega_r=B_1\dot{\delta}+B_0\delta \tag{6-51}$$

式中，ω_0 称为固有圆频率；ζ 称为阻尼比。

通过求解上面的常系数微分方程，即可得到汽车的横摆角速度响应特性。

图 6-24 给出了美国安全试验车的横摆角速度瞬态响应在不同的行驶车速下的满意区域，以及丰田轿车的瞬态横摆角速度响应曲线。图 6-24 中的前轮转角采用了两种计

算方法，一种是直接采用前轮绕主销的转角来计算，另一种采用了转向盘转角与总传动比来近似地计算。

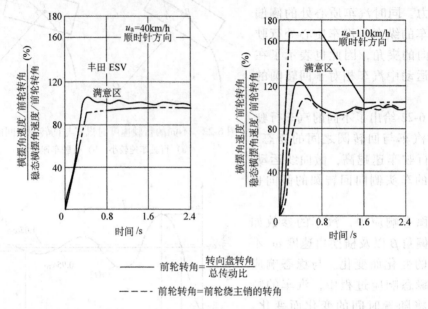

图 6-24　美国安全试验车的横摆角速度瞬态响应的满意区域与丰田轿车的瞬态响应

三、表征瞬态响应的参数

瞬态响应的好坏通过下面的参数来表征。

1. 横摆角速度 ω_r 波动时的固有（圆）频率 ω_0

由式（6-41）、式（6-42）、式（6-51）可以解得

$$\omega_0 = \sqrt{\dfrac{mu(ak_1-bk_2)+\dfrac{L^2k_1k_2}{u}}{muI_z}} = \dfrac{L}{u}\sqrt{\dfrac{k_1k_2}{mI_z}(1+Ku^2)}$$

ω_0 值是评价汽车瞬态响应的一个重要参数。ω_0 值应高些为好，这样可以减少谐振的倾向。

由上式知，汽车横摆角速度 ω_r 波动的固有频率 ω_0 与汽车的一些主要物理参数有关，如汽车的质量、绕 z 轴的转动惯量、轴距、行驶车速等。图 6-25 给出了某型汽车的横摆角速度在瞬态响应中的固有频率与上述参数之间的关系曲线。

一些欧洲以及日本轿车的横摆角速度瞬态响应中波动的固有频率与汽车的稳定性因数之间的关系如图 6-26 所示。从图中可以看到，其瞬态响应时波动的固有频率在 1Hz 左右。

2. 阻尼比 ζ

阻尼比 ζ 越大，横摆角速度 $\omega_r(t)$ 衰减越快，汽车的操纵稳定性越好。

$$\zeta = \dfrac{-m(a^2k_1+b^2k_2)-I_z(k_1+k_2)}{2L\sqrt{mI_zk_1k_2(1+Ku^2)}}$$

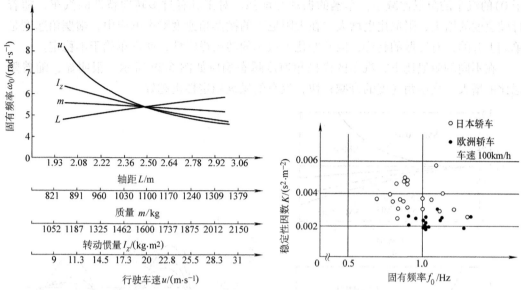

图 6-25 汽车的主要参数与横摆角速度响应
波动固有频率之间的关系

图 6-26 一些轿车的横摆角速度响应波动固
有频率与稳定性因数之间的关系

由上式知，阻尼比与很多参数有关，如汽车的质量、绕 z 轴的转动惯量、轴距以及质心的位置等。汽车的主要结构参数对其横摆角速度瞬态响应的阻尼比的影响如图 6-27 所示。

同时，在不同静态储备系数下以及不同行驶车速对汽车横摆角速度瞬态响应的阻尼比的影响如图 6-28 所示。在图中，阻尼比随静态储备系数的增大而减小，即车辆相应于转向操纵的振动性变强。随着行驶车速的增加，具有不足转向特性（静态储备系数大

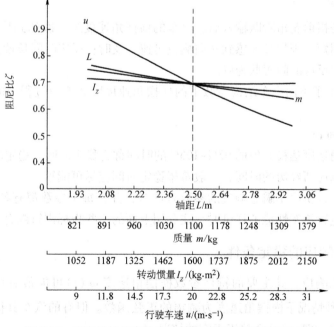

图 6-27 汽车的结构参数以及行驶车速与阻尼比的关系

于 0)的汽车的阻尼比减小，车辆的振动性增强。对于具有过多转向特性的汽车，随着行驶速度的增大，阻尼比也增大。在大阻尼下的横摆角速度瞬态响应中，横摆角速度是单调上升的，有发散的趋势，因此恶化了汽车的转向操纵性，使汽车趋于不稳定。

在不同的阻尼比下，汽车的横摆角速度瞬态响应如图 6-29 所示。很明显，随着阻尼比的增大，横摆角速度的衰减越快，汽车的操纵稳定性也越好。

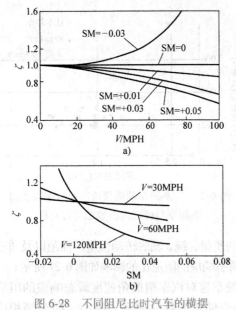

图 6-28 不同阻尼比时汽车的横摆
角速度瞬态响应曲线

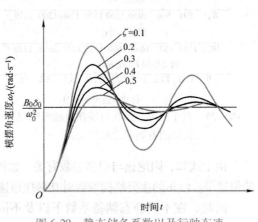

图 6-29 静态储备系数以及行驶车速
与阻尼比的关系

3. 反应时间 τ

反应时间是指前轮角阶跃输入后，汽车的横摆角速度第一次达到稳态值 ω_{r0} 所需的时间，反应时间短，则驾驶人感到转向响应迅速、及时；反应时间长就会觉得转向反应迟钝。一般希望反应时间短些为好。

图 6-30 给出了不同汽车结构参数下的横摆角速度瞬态响应过程中的反应时间与这些参数的关系。

4. 稳定时间 σ

汽车横摆角速度达稳态值的 95%~105% 的时间称为稳定时间。稳定时间表明由瞬态响应进入稳态响应所经历的时间，一般希望稳定时间应尽可能短。

综上所述，评价汽车瞬态响应的参数有许多，并且每个参数都有各自的评价指标，因此，在实际进行汽车性能的评价时往往利用上面的一些指标进行综合评价。

四、瞬态响应的稳定条件

汽车的瞬态响应，其主要的特性参数横摆角速度 $\omega_r(t)$ 可能最后趋于一个稳定值 ω_{r0}，因为在这种情况下横摆角速度为减幅的正弦函数。但有的汽车其横摆角速度响应可能出现不稳定，即 $\omega_r(t)$ 会趋于无穷的情况。

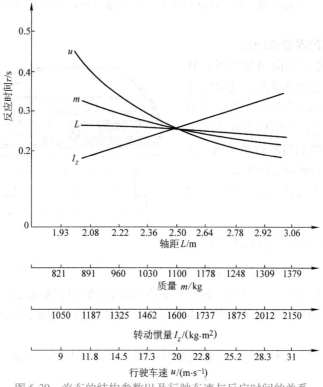

图 6-30　汽车的结构参数以及行驶车速与反应时间的关系

　　汽车的瞬态响应是否稳定，取决于其对应的汽车运动微分方程，即取决于汽车本身的固有特性。因此横摆角速度响应是否稳定，取决于在前轮角阶跃输入下的二自由度汽车模型的运动微分方程的通解。

　　从齐次微分方程的通解可以看到，当 $\xi \leqslant 1$ 时，只要 $\xi\omega_0$ 为正值，横摆角速度响应就收敛；反之，横摆角速度响应就发散，即汽车处于不稳定状态。当 $\xi > 1$ 时，只需要 ω_0 为正值时齐次方程的通解收敛于零。

　　当汽车的行驶速度较低时，汽车的横摆角速度 $\omega_r(t)$ 收敛，汽车是稳定的。随着汽车行驶速度的增加，且汽车为过多转向时，ω_0 有可能为负值，即 $\omega_r(t)$ 发散，汽车是不稳定的。

第五节　汽车横向行驶的稳定性

一、汽车的侧翻

　　汽车的侧翻是指汽车在行驶过程中绕其纵轴线转动 90°或更大的角度，是汽车车身与地面相接触的一种极其危险的侧向运动。汽车侧翻可以分为两大类，一类是汽车做曲线运动引起的侧翻，另一类是绊倒侧翻。第一类主要是由于汽车在道路（包括侧向坡度）上行驶时，由于汽车的侧向加速度超过一定的值，使汽车内侧车轮的垂直反力为零而引起的侧翻。第二类是由于汽车在行驶时产生侧向滑移,与路面上的障碍物侧向撞击而将其绊倒。

1. 刚性汽车的准静态侧翻

刚性汽车的稳态转向模型如图 6-31 所示。刚性汽车是指忽略汽车悬架以及轮胎的弹性变形而将汽车简化为一个刚体。而准静态是指汽车做稳态的转向运动。同时设道路的侧向坡道角为 β;汽车前轴的轮距和后轴的轮距相等。

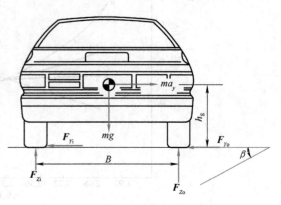

根据绕汽车外侧轮胎接地中心的力矩平衡,则有

$$ma_y h_g - mg\left(h_g\sin\beta+\frac{B}{2}\right)+F_{Zi}B=0$$
(6-52)

图 6-31   刚性汽车的稳态转向模型

式中,m 为汽车的质量;a_y 为汽车做稳态转向运动时的侧向加速度;h_g 为汽车的质心高度;F_{Zi},F_{Zo} 和 F_{Yi},F_{Yo} 分别为作用在汽车内、外侧车轮上的法向反作用力和侧向力;B 为轮距。

为了更好地说明汽车的侧翻与侧向加速度的关系,将上式改写为

$$\frac{a_y}{g}=\frac{\left(h_g\sin\beta+\frac{B}{2}\right)-F_{Zi}\dfrac{B}{mg}}{h_g}=\left(\frac{1}{2}-\frac{F_{Zi}}{mg}\right)\frac{B}{h_g}+\sin\beta$$
(6-53)

如汽车在水平路面上直线行驶时,则有 $\beta=0$,$a_y=0$。内侧车轮的垂直反力与外侧车轮上的垂直反力分别为 $F_{Zi}=F_{Zo}=mg/2$。

当汽车做曲线行驶时,$a_y\neq0$。若仍要保持汽车内、外侧车轮上的垂直反力 F_{Zi}、F_{Zo} 不变,则根据式(6-53),道路的侧向坡道角应满足 $\sin\beta=a_y/g$。一般高速公路在拐弯处的坡道角就是根据此原理来设计的,即内侧低,外侧高,从而提高汽车的稳定性和行驶速度。

由上式可知,随着侧向加速度 a_y 的增大,F_{Zi} 逐渐减小,发生内、外侧车轮上的载荷转移现象。当 F_{Zi} 减小到零时,即在做曲线行驶时,汽车的内、外侧车轮上的载荷转移达到了 100%。汽车在侧倾平面内不再能保持平衡,从而开始侧翻。汽车开始侧翻时所受到的侧向加速度(a_y/g)称为侧翻阈值。可由下式给出(考虑道路的坡道角很小)

$$\frac{a_y}{g}=\frac{B}{2h_g}+\beta$$
(6-54)

常用坡道角 $\beta=0$ 时的侧翻阈值 $B/(2h_g)$ 来预估汽车的抗侧翻能力。因为它只需要轮距和质心高度两个参数,应用非常方便。由于忽略了悬架以及轮胎的弹性将汽车假设为一个刚体,因此预估的值偏高。从式(6-54)也可以看到,汽车的质心高度对汽车的侧翻阈值的影响非常明显。因此在一些特殊的汽车,如双层公共汽车以及高栏板货车的设计中,为了减小侧翻的发生,将不得不考虑尽可能降低汽车的质心高度。

汽车的侧翻阈值表征了汽车抗侧翻的能力，但用汽车的速度以及曲线运动时的半径能更直接地反映汽车不发生侧翻的条件。当汽车在水平路面上做稳态圆周运动时，$a_y = u^2/R$，则不发生侧翻的条件可写为

$$u \leqslant \sqrt{\frac{BgR}{2h_g}} \text{ 或 } R \geqslant \frac{2h_g u^2}{Bg}$$

式中，u 为汽车作稳态圆周运动的速度；R 为圆周运动的半径。

表 6-3 给出了几种汽车的侧翻阈值的范围分布情况。图 6-32 所示为几种车辆的侧翻阈值与侧翻事故率的关系统计数据。随着侧翻阈值的增大，汽车侧翻的事故率降低。同时也说明了汽车的侧向加速度与汽车的侧翻事故的直接关系。

表 6-3 汽车的侧翻阈值范围

车 辆 类 型	质心高度/cm	轮距/cm	侧翻阈值/g
跑车	46～51	127～154	1.2～1.7
微型轿车	51～58	127～154	1.1～1.5
豪华轿车	51～61	154～165	1.2～1.6
轻型客货两用车	76～89	165～178	0.9～1.1
客货两用车	76～102	165～178	0.8～1.1
中型货车	114～140	165～190	0.6～0.8
重型货车	154～216	178～183	0.4～0.6

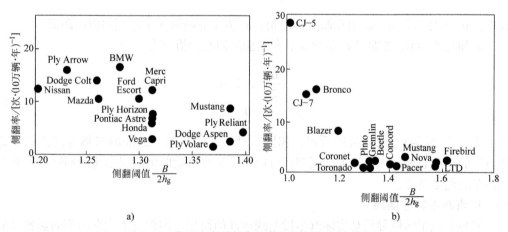

图 6-32 典型汽车的侧翻阈值以及侧翻事故率统计

a）微型轿车 b）轿车以及多用途车

例 6-2 某货车的总质量 m 为 15200kg，前后轮距 B 均约为 3.71m，质心高度 h_g 为 2.19m，该车在某弯道上做半径 R 为 150m 的转向行驶，试计算：

1）该车在此运动状态下不发生侧翻的临界车速；

2）简述减少汽车发生侧翻的主要措施。

解：1）汽车发生侧翻的条件可描述为

$$u \leqslant \sqrt{\frac{gBR}{2h_g}} = 3.6 \times \sqrt{\frac{9.8 \times 3.71 \times 150}{2 \times 2.19}} \text{km/h} = 127 \text{km/h}$$

故该车在现有的运动状态下不发生侧翻的临界车速为127km/h。

2）从汽车发生侧翻的条件中可以看到，减少汽车发生侧翻的主要措施如下：①降低汽车的车速；②降低汽车质心的高度；③增大汽车的转向半径；④合理地设置道路的侧向坡度角。

2. 带悬架汽车的准静态侧翻

带悬架汽车在侧倾平面内的模型如图6-33所示。与刚性汽车的侧翻模型不同，带悬架汽车的模型将汽车的质量分解为悬挂质量和非悬挂质量两部分。车厢用悬架质量表示。在曲线行驶时，车厢的侧倾引起汽车质心位置的偏移，从而改变了汽车自重的抗侧翻能力，使得侧翻阈值减小。

在水平路面上做稳态曲线运动的汽车，通过力矩平衡有（忽略非悬挂质量的离心力作用）

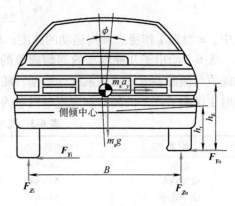

图 6-33 带悬架汽车的侧翻模型

$$m_s a_y h_g - m_s g\left[\frac{B}{2} - \phi(h_g - h_r)\right] + F_{Zi}B = 0 \tag{6-55}$$

式中，m_s 为悬挂质量；ϕ 为车厢的侧倾角；h_r 为车厢的侧倾中心到路面的距离。

侧翻时 $F_{Zi} = 0$，带悬架汽车的准静态侧翻的侧翻阈值可表示为

$$\frac{a_y}{g} = \frac{\dfrac{B}{2} - \phi(h_g - h_r)}{h_g} \tag{6-56}$$

将上式与式（6-54）比较，可以看到在相同条件下，刚性汽车的准静态侧翻阈值比带悬架汽车的准静态侧翻阈值稍大。同理，可以用不发生侧翻时的临界车速和回转半径来表示汽车的侧翻条件。

3. 汽车的瞬态侧翻

准静态汽车的侧翻只是实际汽车做曲线运动的简化，即假设了汽车的侧向加速度的变化较慢。当汽车做曲线行驶时侧向加速度变化较快时，必须分析和研究汽车的侧翻响应。

图6-34所示为汽车侧翻模型。由于计及了悬挂质量的侧翻运动，与带悬架汽车的准静态侧翻模型相比，增加了悬挂质量绕汽车纵轴的转动惯量。

计及侧翻运动的汽车在侧向加速度阶跃输入下的侧翻角响应如图6-35所示。由于瞬态响应中汽车瞬态的侧翻角比稳态时大，根据公式可知，当有一个较小的侧向加速度时，汽车的侧翻阈值就与准静态时的侧翻阈值相等，即汽车的瞬态侧翻阈值比准静态时的小。一般在阶跃输入时，汽车的瞬态侧翻阈值比准静态时低30%~50%。

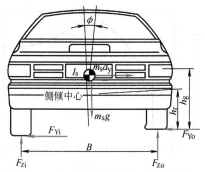

图 6-34 计及侧倾转动的汽车侧翻模型

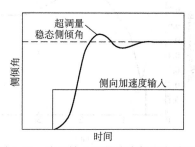

图 6-35 阶跃输入下的汽车侧翻角响应

汽车瞬态时的侧翻阈值与汽车的侧翻运动有关。因此，要改变汽车的侧翻阈值只能从抑制汽车的侧翻运动着手，即抑制侧翻角在瞬态响应中的超调量的大小。因为汽车的侧翻运动改变了汽车的质心位置，使汽车的侧翻特性发生了改变。图 6-36 给出了汽车的侧翻阈值与汽车的侧翻阻尼比之间的关系。随着侧翻阻尼比的增大，汽车的侧翻运动得到了抑制，提高了汽车的瞬态侧翻阈值的大小。

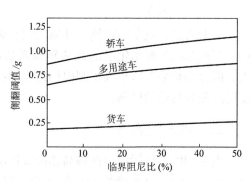

图 6-36 侧翻阻尼比与侧翻阈值的关系

4. 汽车防侧翻的控制

汽车的侧翻是一种危险的侧向运动，因此为了提高汽车的主动安全性，许多汽车实施了汽车防侧翻的控制措施。在汽车防侧翻的控制策略中，利用汽车内外侧车轮上的载荷转移系数作为控制的门槛值。控制的触发采用内外侧车轮上的载荷转移率（LTR）来确定。

LTR 定义如下

$$\mathrm{LTR} = \frac{F_{Zi} - F_{Zo}}{F_{Zi} + F_{Zo}} \leqslant \mathrm{LTR_{th}} \tag{6-57}$$

式中，F_{Zi}、F_{Zo} 分别为作用在内、外侧车轮上的法向反作用力的和，而 $\mathrm{LTR_{th}}$ 为载荷转移率的极限值。在做曲线行驶时，由于载荷的转移，有可能一侧车轮上的法向反作用力的大小变为 0，因此 LTR 的变化范围为 [-1, 1]。一般情况下 LTR 的极限值取为 0.9。LTR 的大小不仅影响汽车的防侧翻性能，同时由于一侧车轮上的载荷的减小，也对汽车的制动等性能产生影响。

图 6-37 和图 6-38 分别为某型汽车在转向轮角阶跃输入下的汽车的载荷转移率 LTR 以及侧向加速度的响应曲线。从图 6-37 中很明显地看到，汽车左右侧车轮上的载荷转移率在极限情况下接近 0.9。而在图 6-38 中的侧向加速度曲线中，加速度响应与汽车的载荷转移率的响应曲线非常近似，因此，从另一个方面说明了汽车的侧向加速度的大小，是影响汽车侧翻的直接原因。

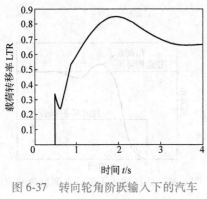

图6-37　转向轮角阶跃输入下的汽车
载荷转移率曲线

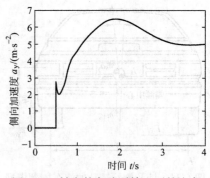

图6-38　转向轮角阶跃输入下的汽车
侧向加速度响应

综上所述，汽车的防侧翻性能与汽车做曲线行驶时的侧向加速度的大小是直接相关的。当汽车内外侧车轮上的载荷转移系数超过给定的门槛值时，汽车的侧向加速度过大，因此必须采取减小汽车侧向加速度的控制方法，如转向轮转角的减小和汽车行驶速度的降低等具体的措施。

二、汽车的侧滑

汽车的侧滑是指汽车在做高速曲线运动或制动过程中，由于侧向附着力达到了附着极限状态，引起汽车剧烈的回转运动。这也是引起汽车交通事故最常见的原因之一。

做高速曲线运动时由于离心力的作用，汽车容易发生侧滑现象。图6-39所示为做水平圆周运动时汽车的受力图。作用在汽车内、外侧车轮上的垂直反力分别为F_{zi}和F_{zo}；$\mu_y G$为作用在汽车车轮上的侧向附着极限。F_j为作用在汽车质心处的离心力。

考虑侧向的力平衡，汽车做圆周运动不发生侧滑的条件为

$$F_j \leqslant \mu_y G$$

又

$$F_j = \frac{mu^2}{R}$$

故汽车做圆周运动不发生侧滑的条件可描述为

$$u \leqslant \sqrt{\mu_y g R} \quad \text{或} \quad R \geqslant \frac{u^2}{\mu_y g}$$

从上式可以看到，整车发生侧滑与否主要与汽车的行驶速度、轮胎与路面之间的侧向附着系数以及回转半径有关。特别是侧向附着系数在很大程度上决定着汽车的侧滑。在冰面上或者湿的路面上比在干燥的路面上容易发生侧滑现象，就是由于汽车轮胎与路面的附着系数过低造成的。因此在附着系数较低的路面上行驶时，为了避免造成汽车侧滑的危险工况，不能做高速的转向运动或者急速的转向运动。

上面的分析是利用整车的简化受力分析得到的汽车发生侧滑的条件。实际上汽车发

生侧滑在很多时候是单轴的侧滑，特别是后轴的侧滑。因此要具体分析汽车后轴侧滑，需要将后轴上相关的物理量进行具体的分析和研究。

三、提高汽车操纵稳定性的控制系统

随着电子技术的发展以及控制技术的不断深入，提高汽车操纵稳定性的电子控制系统在汽车上的应用越来越广泛。一方面由于人们对汽车操纵稳定性要求的提高，另一方面是控制系统所需的传感器以及相关的执行机构的迅速发展为电子控制系统在汽车上的应用提供了可能。不断开发性能更优良、价格更低廉的汽车电子控制系统，已经是当今汽车电控技术发展的重要途径。

图 6-40 所示为利用轮胎的附着特性——附着圆说明各种电子控制系统的名称，表明各种电子控制系统的有效工作范围。四轮转向系统(4WS)的有效工作范围是附着圆中心部位，即侧向力、纵向力较小的轮胎特性线性区域；驱动力控制系统(TCS)的有效工作区是大驱动力附近的极限区域；防抱死制动系统(ABS)在大制动力附近的极限区域；稳定性控制系统(VSC)在大侧偏力的极限区域。汽车稳定性控制(Vehicle Stability Contron, VSC)系统是一种新型的主动安全控制系统，是以 ABS 系统为基础发展起来的，系统主要在大侧向加速度、大侧偏角的极限工况下工作，利用车辆动力学的状态变量反馈来调节车轮上的纵向力和侧向力的大小，利用左、右两侧制动力之差产生的横摆力偶矩来防止出现难以控制的侧滑现象，从而使汽车获得最佳的操纵稳定性。图 6-41 所示为 VSC 系统在抑制前轮侧滑和后轮侧滑中的应用。

提高汽车操纵稳定性的控制方法和方式有许多，主要是通过对汽车运动状态的识别，采用轮胎接地印迹内的纵向力和侧向力之间的调节来实现汽车稳定性。因此从控制方式上实现的形式主要有以下几个

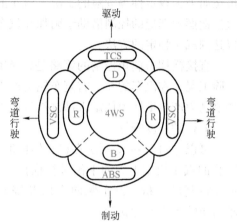

图 6-40 提高操纵稳定性的各种电子控制系统的有效工作区域

D—驱动力分配控制 R—侧倾刚度分配控制
B—制动力分配控制

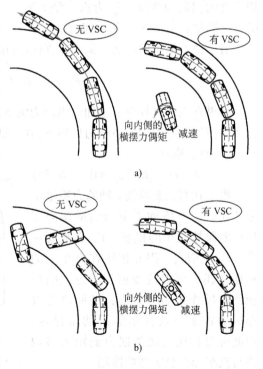

图 6-41 汽车稳定性控制
a）前轮侧滑的抑制 b）后轮侧滑的抑制

方面：①直接横摆力偶矩控制（DYC）；②电子稳定程序控制系统（ESP）。

（一）直接横摆力偶矩控制（DYC）

汽车在做曲线行驶时会发生因前轴侧滑而失去路径的跟踪能力以及后轴侧滑出现的甩尾而失去稳定性等危险的工况。汽车的横摆运动是改变汽车运动姿态最直接的原因。直接横摆力偶矩的控制借助于附加在汽车上的横摆力偶矩来改变汽车运动姿态的控制，以达到汽车稳定的方法。

直接横摆力偶矩控制的策略是以 ABS 为基础，一旦检测到汽车即将会出现上述的危险工况，在汽车的左、右侧车轮上产生不相等的制动力，借助于左、右侧车轮上不等的制动力产生横摆力偶矩来抑制汽车即将出现的危险工况，同时由于制动力的存在也使汽车的行驶速度降低。

可以通过图 6-42 所示在稳态转向时简化的汽车模型上力的平衡进行横摆力偶矩控制的分析。汽车侧向力以及绕 z 轴力矩的平衡方程式为

$$F_{Y1}+F_{Y2}=ma_y$$
$$F_{Y1}a-F_{Y2}b=I_z\dot{\omega}_r \qquad (6\text{-}58)$$

式中，F_{Y1}、F_{Y2} 为作用在汽车前、后轴上的侧向力；m 为汽车质量；a_y 为汽车质心处的侧向加速度；I_z 为汽车绕 z 轴的转动惯量；$\dot{\omega}_r$ 为横摆角加速度。

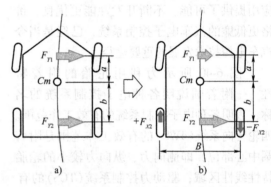

图 6-42 稳态转向行驶时汽车的受力分析

对于稳态的圆周运动，$\dot{\omega}_r=0$，则作用在汽车前、后轴上的侧向力有如下关系

$$F_{Y1}a-F_{Y2}b=0 \quad \text{或} \quad \frac{F_{Y1}}{F_{Y2}}=\frac{b}{a}$$

如果在汽车后外轮上施加的纵向力为 F_{X2}，在后内轮上施加的纵向力为 $-F_{X2}$，即在汽车上作用一个附加的横摆力偶矩 $F_{X2}B$，如图 6-42 所示。若仍保持汽车的稳定转向运动（$\dot{\omega}_r=0$），则有

$$F_{Y1}a+F_{X2}B-F_{Y2}b=0 \qquad (6\text{-}59)$$

将上式与稳态时绕 z 轴的力矩平衡公式比较，在施加了附加的横摆力偶矩后要保持汽车的稳态，F_{Y1} 必须要减小，F_{Y2} 应增大。因此作用在汽车上的横摆力偶矩可以改变前、后轮上的地面侧向反作用力的大小，继而改变汽车运动状态以及汽车的运动路径等，因此可以利用直接横摆力偶矩为参数进行汽车操纵稳定性的控制。

直接横摆力偶矩的控制方式可以通过图 6-43 进行简单分析。图 6-43a

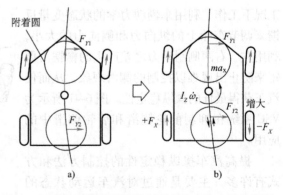

图 6-43 直接横摆力偶矩控制提高汽车稳定性的机理
a）无横摆力偶矩作用下的行驶状态
b）有横摆力偶矩作用下的行驶状态

为无横摆力偶矩施加时处于稳态的汽车曲线运动状态。图中前轮的地面切向反作用力已接近其附着力。若驾驶人企图在弯道上加速行驶，汽车将产生前进加速度与相应的横摆角加速度 $\dot{\omega}_r$，则将增加纵向以及侧向地面反作用力，而作用在前轮上的地面反作用力已接近其附着极限状态，不能提供做加速曲线运动所附加的侧向力，因此前轮必将发生侧滑而丧失路径的跟踪能力。图 6-43b 为有横摆力偶矩控制的汽车在上述条件下的运动。因为汽车的前轴达到附着极限，而后轴还有附着条件利用的可能，因此可以直接在后轴上施加相应的附加横摆力偶矩，如式(6-59)所述。同时，随着后轴上附加横摆力偶矩的施加，将减小前轮上的侧向力，为前轴创造了一个提供纵向和侧向力进行再分配的条件，提高了汽车在弯道行驶的能力以及汽车的操纵稳定性。

（二）电子稳定程序控制系统（ESP）

ESP(Electronic Stability Program)——车身电子稳定系统是车辆新型主动安全系统，是对 ABS、ASR(即 TCS) 的进一步拓展。在 ABS 和 ASR 的基础上，增加了车辆转向行驶时的横摆率传感器、侧向加速度传感器和转向盘转角传感器，通过电控单元控制前后、左右车轮上的驱动力和制动力，确保车辆行驶的侧向稳定性。

在国外，ABS 从 20 世纪 80 年代开始得到广泛应用，到目前已是一种较成熟的技术；90 年代初发展 ASR 系统，近两年发展到 ESP 系统。ESP 系统的成功开发能在所有的行驶工作状态下，为驾驶人提供主动有效的安全保证。

1. ESP 系统的基本原理

ESP 系统是一个闭环控制系统，当车辆在转向、制动或打滑时，通过制动以及动力系统的干涉来稳定车辆的行驶。ABS 是防止车轮在制动时抱死，而 ASR 主要是抑制加速时车轮空转。ESP 作为一个更全面的系统，以集成的思想来控制车辆并修正操纵方向。同时，它维持车辆稳定，防止车辆侧滑，其控制层次比 ABS 和 ASR 更高。ESP 除了"制动干预"以外，对动力系统，即发动机和变速器的操作也进行控制。ABS 和 ASR 的功能均包含在 ESP 控制模块中，这三个系统共用一个液压单元，各自按 ESP 模块的指令，在不同的时间和条件下，发挥各自的功能。

ESP 系统的控制框图如图 6-44 所示。根据驾驶人的意图与实际汽车运行状态之间的差异来识别汽车所处的状态，即不足转向和过度转向。ESP 系统根据横摆率传感器、轮速传感器等多个传感器发出的信号，及时起动相应车轮上的制动装置，以修正转向过度或转向不足的倾向。

相对于 ABS 以及 ASR 等只在出现相应的工况下才工作，ESP 系统在加速、滑行、制动等各种操作状态下都保持工作。由各种传感器组成的庞大监视网络不断将汽车的当前状态与驾驶人需要的状态进行比较，这样无论汽车处于加速、制动、滑行、直行、拐弯，或者其他状态，电控车辆稳定行驶系统都能实现更好的行驶稳定性。一旦稳定性受到影响，系统就会触发相应的制动动作。

由于传感器信号速度快、精度高，ESP 系统会比最有经验的驾驶人更快侦测到危险情况，采用高速控制的方式来稳定车辆。当车辆在行进中，ESP 计算机会连续将车辆的操纵与计算设定好的状况相比较，如车辆偏移了安全的"理想线路"，ESP 系统会非常快地介入，让车辆回到正确路线。ESP 系统也能在紧急操控、路面结冰、湿滑、有碎石

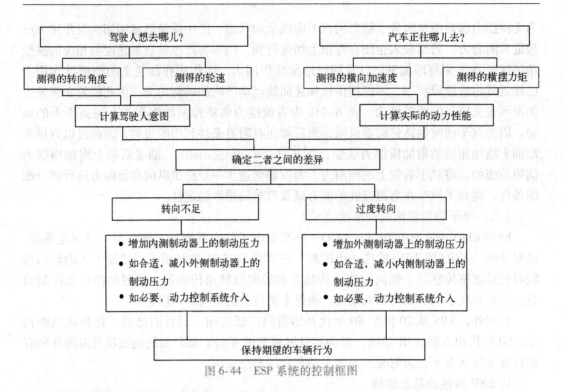

图 6-44 ESP 系统的控制框图

或其他不利的路面情况导致打滑时，保持车辆的稳定。

ESP 系统具有以下优点：保证行驶时更稳定；缩短在弯道或湿滑路面上的制动距离；减少在各种车况下的打滑危险；在弯道中加强线内行驶能力；提供最佳驾驶条件，保证最高程度的驾驶安全；驾驶更轻松。

2. ESP 的控制方法

ESP 控制方法的基础是汽车行驶状态的识别。根据传感器的信号判断出汽车运行所处的状态，继而进行控制的实施。

期望横摆角速度 ω_r 反映了在稳定行驶状态下驾驶人所期望的汽车行驶特性。这个值通过测得的前轮转向角 δ 以及车速 v 等参数由理想模型（参考模型）计算得到。

另一方面，当前的实际横摆角速度由横摆角速度传感器直接提供，也可根据测得的横摆力矩以及侧向加速度等计算得到。期望值与实际值之差就反映了实际行驶状态与理想状态的偏离程度，即

$$\Delta\omega = \omega_d - \omega_a \tag{6-60}$$

式中，ω_d 为期望的横摆角速度；ω_a 为实际的横摆角速度。

根据这个差值以及实际横摆角速度和前轮转向角，控制单元给出是过度转向还是不足转向的判断。如一辆汽车正沿向左的弯道行驶，那么对于一辆过度转向的汽车应满足

$$\Delta\omega < a$$

而对于不足转向的汽车应满足

$$\Delta\omega > b$$

式中，a 为过度转向门槛值；b 为不足转向门槛值。

汽车与路面之间力的作用全靠轮胎，轮胎通过纵向、横向滑转来传递地面施加的纵向及侧向力。轮胎力和其他外力决定了汽车的运动，也由此决定了其稳定性。根据附着椭圆可以知道轮胎的纵向附着力和侧向附着力是此消彼长的关系。ESP 系统通过对每个车轮滑动的精确控制，使各个车轮的纵向分力和侧向分力迅速改变，从而在所有工况下均能获得所期望的操纵稳定性。

（1）过多转向时的控制措施 在过度转向时，ESP 系统的控制措施如图 6-45 所示。一旦出现过度转向，驱动力分配系统就会降低驱动力矩，以提高后轴的侧向附着力。地面作用于后轴的侧向力相应会提高，从而产生一个与过度转向相反的横摆力矩。位于弯道外侧的非驱动前轮（左前轮）开始时几乎不滑动，若仅依靠动力分配系统还不能制止开始发生的不稳定状态，控制系统将自动对该前轮实施瞬时制动，使它产生较高的滑动率，导致该车轮受到的侧向力迅速减小而纵向制动力迅速增大，于是也产生一个与横摆方向相反的横摆力矩。由于对一个前轮制动，车速也会降低，从而获得了一个附带产生的有利稳定性的因素。

（2）不足转向时的控制措施 在不足转向时，ESP 系统的控制措施如图 6-46 所示，一旦 ESP 系统判定汽车具有较大的不足转向倾向，控制系统会自动对位于弯道内侧的后轮实施瞬时制动，以产生预定的滑动率，导致该车轮受到的侧向力迅速减小而纵向制动力迅速增大，于是产生了一个与横摆方向相同的横摆力矩。此外还获得了两个附带的减少不足转向倾向的因素。首先，由于制动而使车速降低；其次，由于差速器的作用，对内侧后轮制动从而导致外侧后轮被加速，即外侧后轮受到的驱动力增加而侧向力减小，于是产生了又一个所期望的横摆力矩。

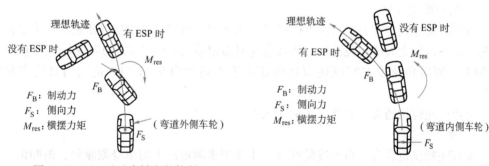

图 6-45　ESP 对过多转向的控制　　　　图 6-46　ESP 对不足转向的控制

3. ESP 系统的效果

ESP 车身电子稳定系统是新一代主动安全系统，是在 ABS 与 ASR 系统基础上的改进与结合，不仅提高了系统的集成度，减小了体积，减轻了重量；而且在原来基础上开发和改进传感器，如零频率响应轮速传感器、横摆角速度传感器等；又进一步提高电磁阀的响应速度、开发适应复杂情况的控制软件，能够对汽车瞬态运动状况进行精确定量分析、计算和控制，使整车电子控制系统从分散到集成。ESP 系统能够通过自动地向一个或多个车轮施加制动力，甚至在某些情况下每秒进行 150 次制动，以使汽车保持在驾驶人所选定的车道内。

目前它有 3 种类型：能自动向全体 4 个车轮独立施加制动力的四通道或四轮系统；

只能对两个前轮独立施加制动力的双通道系统；能对两个前轮独立施加制动力而对后轮只能一同施加制动力的三通道系统。

另外，随着电动助力转向系统在汽车上应用的日益广泛，相关的技术也日渐成熟。电控转向技术是基于电动助力转向发展起来的一种新的汽车转向技术。与电动助力转向技术相比，电控转向能够提供更好的舒适性以及主动性。

汽车操纵稳定性的控制主要集中在处理汽车在运行过程中出现的不足转向和过度转向问题，因此可以借助于电控转向系统进行汽车操纵稳定性的研究。基于主动转向技术的汽车稳定性的控制就是在上述基础上提出来的。

第六节　汽车操纵稳定性的试验

汽车操纵稳定性是汽车的一个非常重要的性能。虽然对汽车进行了物理模型建立，对汽车的性能进行了一些定性和定量的分析，为汽车操纵稳定性的评价提供了理论依据。但是汽车是一个复杂的系统，理论模型往往不能全面反映汽车的性能。因此，试验研究显得尤为重要。对汽车操纵稳定性的研究主要是研究在转向输入下汽车的运动响应特性，因此试验的设计主要有转向盘的力脉冲、回正性能等方面。

汽车操纵稳定性试验大致可以分为道路试验和室内（台架）试验两类。本节主要阐述道路试验的基本原理以及相关的理论。

一、试验仪器与设备

1. 角速度陀螺仪

角速度陀螺仪也称为二自由度陀螺仪，主要用来测定汽车的横摆角速度。为了使动态测试值不产生太大的相位滞后，当仪器相对阻尼系数 $\zeta = 0.2$ 时，其自振频率 f 应不小于 50Hz。同时角速度陀螺仪还应该保证在输入频率为 $0 \sim 2.5$Hz 范围内其输出是线性的。

角速度陀螺仪通常安装在汽车的地板上。

2. 垂直陀螺仪

垂直陀螺仪也称为三自由度陀螺仪，主要用来测定汽车的车身侧倾角、俯仰角。使用这种陀螺仪测量时应注意由于其自转轴不完全垂直于地面所造成的正弦波信号输出偏差。必要时，在试验前应使汽车以极低的车速转圈行驶，测出由此引起的偏差，以便进行修正。也有带有修正装置的三自由度陀螺仪，在试验前进行修正。

较新的陀螺仪已经利用 CAN 总线技术进行数据的传输来测量三个轴向的角速度以及轴向加速度。

3. 侧（纵）向加速度计

侧（纵）向加速度计用来测量汽车做曲线运动时的侧向加速度和纵向加速度。侧（纵）向加速度计应安装在汽车质心的位置。加速度计的安装偏差估计可达的最大值为 $0.2g/m$，因此为了使由于安装造成的测量误差不大于1%，加速度计的安装与汽车质心的偏差在汽车的坐标轴方向应控制在 $1 \sim 2$cm 范围以内。同时加速度计应尽可能安装在陀螺平台上。

一般情况下，常将二自由度陀螺仪、三自由度陀螺仪以及侧（纵）向加速度计组合在一起形成测试系统，安装在汽车的质心位置进行测试。图 6-47 所示为一种汽车操纵稳定性测试仪的框图。

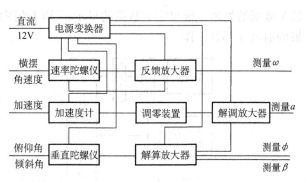

图 6-47　汽车操纵稳定性测试仪的框图

4. 车速测量仪

车速测量仪一般安装在汽车的后部，按照是否与路面接触可分为接触式和非接触式两种。

第五轮仪是一种接触式的车速测量仪器。由于第五轮仪使用上的复杂性以及测量误差的处理难度，特别是在不平路面上以及做曲线行驶时，其测量误差将更大，故现在一般采用非接触式的速度传感器进行汽车行驶车速的测量。它可以方便地安装于汽车前、后保险杠上或用真空吸盘吸附于前、后车体上进行车速的测量。

GPS（卫星定位系统）应用越来越广，在一些较先进的车速仪器上也得到了应用。利用 GPS 系统不仅可以测量车速、加速度、制动距离以及车辆的位置等，还可以测量车轮上的侧偏力等参数。

5. 转向盘测力仪

转向盘测力仪主要用于测定施加在转向盘上的力矩和转角。转向盘测力仪有两种主要的形式。一种是副转向盘形式，测力元件装在副转向盘上。试验时将副转向盘与试验汽车的转向盘刚性地串联在一起，并通过操纵副转向盘进行转向输入。另一种是仅有力传感器以及角度传感器等。将上述传感器安装在汽车转向盘下方进行测定。

6. 操纵稳定性试验数据处理系统

操纵稳定性试验数据处理系统主要用来处理试验中的数据，进行数据的实时显示、处理、打印以及保存等工作。因此可以非常方便地进行汽车的操纵稳定性等试验。

图 6-48 所示为一种汽车操纵稳定性试验系统的基本构成。整个试验系统由系统硬件和系统软件两部分组成。系统软件部分包括操纵稳定性试验数据分析程序以及与试验中数据采集相关的一些接口程序。系统的硬件主要由一些试验相关的传感器及测试仪器等组成。

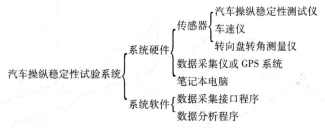

图 6-48　汽车操纵稳定性试验系统的基本构成

汽车操纵稳定性试验系统的流程图如图 6-49 所示。传感器、测试仪器上的信号进入数据采集与预处理系统中进行 A-D 转换等，再通过串行口进入笔记本计算机系统。

整个数据的处理系统将完成数据的显示、实时的图形绘制、试验数据的保存以及试验结果的输出等部分工作。

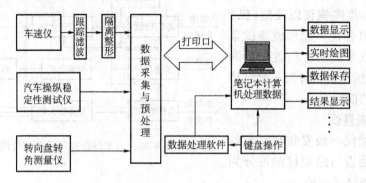

图 6-49 汽车操纵稳定性试验系统的流程图

二、汽车操纵稳定性道路试验

1. 转向轻便性试验(GB/T 6323—2014)

驾驶人操纵汽车转向盘的轻重程度主要取决于转向系统的阻力，即转向系统零部件之间的摩擦力、轮胎与路面之间的滑移摩擦力、运动速度变化时零部件的惯性力以及轮胎与前轮定位角引起的回正力矩等。

当驾驶人操纵转向盘使转向角增大时，所作用的操纵力是主动力，也称为转向力。当转向盘转角减小时，回正力矩和复原力矩等转变为主动力，也称为保持力。因此汽车转向轻便性试验测量的参数主要有转向盘转角、转向盘力矩、转向盘直径和汽车行驶速度。

汽车转向轻便性试验一般沿图 6-50 所示的双纽线轨迹以(10±2)km/h 的车速行驶。双纽线轨迹的极坐标方程为

$$L = d\sqrt{\cos 2\psi}$$

在 $\psi = 0$ 时，双纽线顶点处的曲率半径最小，其数值为 $R_{\min} = d/3$。双纽线的最小曲率半径应按试验汽车的最小转弯半径乘以 1.1，并圆整到比此乘积大的一个整数。

试验中记录转向盘转角以及转向盘转矩，并按照每一周双纽线路径整理出如图 6-51 所示的转向盘转矩与转向盘转角的关系曲线。通常以转向盘最大转矩、转向盘最大作用力及转向盘作用功等来评价转向轻便性。

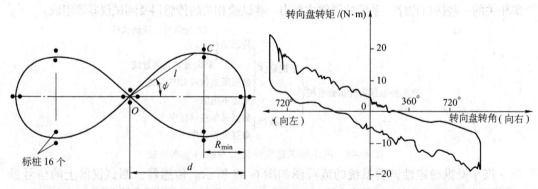

图 6-50 测定转向轻便性的双纽线　　　图 6-51 转向盘转矩与转向盘转角的关系曲线

　　图 6-51 所示为某汽车转向轻便性试验所测得的转向盘转矩与转向盘转角的关系曲线。

它同时与操纵稳定性其他试验项目一起进行汽车操纵稳定性评价。

2. 稳态回转试验（GB/T 6323—2014）

　　一般在试验场地上用鲜明的颜色画半径不小于 15m 的圆，安装好试验需要的仪器以及设备后，汽车以最低稳定车速沿所画的圆周行驶。此时转向盘的转角为 δ_{sw0}，测定此时的车速 u_0 以及横摆角速度 ω_{r0}，因此可以计算出不计轮胎侧偏（因为车速极低，忽略轮胎的侧偏角）时的转向半径 $R_0 = u_0/\omega_{r0}$。保持转向盘的转角 δ_{sw0} 不变，然后缓慢连续而均匀地加速（纵向加速度不大于 0.25m/s^2），使汽车的侧向加速度达到 6.5m/s^2。记录

不同车速 u 下的横摆角速度 ω_r，根据瞬时的 u 与 ω_r 值，按公式 $R = u/\omega_r$，$a_y = u\omega_r$ 求出相应的 R 和 a_y 值，这样就获得了不同侧向加速度下有侧偏角时的转弯半径，进

而求得 $\dfrac{R}{R_0}$-a_y 曲线（参见图 6-18）。同时绘制出不同侧向

加速度下的转弯半径曲线。对于不足转向的汽车，随车速的增加，转弯半径越来越大；反之，过多转向汽车的转弯半径越来越小。图 6-52 所示为一种在汽车定转向盘连续加速行驶过程中试验得到的汽车运行轨迹曲线。

图 6-52　定转向盘连续加速行驶汽车运行轨迹试验曲线

3. 转向盘转角阶跃输入试验（GB/T 6323—2014）

　　转向盘转角阶跃输入试验也称为转向瞬态响应试验。主要用来测定汽车对转向盘转角输入时的瞬态响应。汽车在转向盘转角阶跃输入下将从一个稳态（直线行驶）过渡到另一个稳态（圆周运动）。两个稳态之间的响应称为汽车的瞬态响应。

　　汽车开始时以一定的车速直线行驶，一段时间后突然以最快的速度转动转向盘至预先确定的转向角，并保持转向盘转角不变、节气门开度不变使汽车进入圆周运动。记录汽车的车速、时间、转向盘转角、横摆角速度和侧向加速度等参数。通常可以利用横摆角速度响应来评价汽车的特性。

4. 转向回正性能试验（GB/T 6323—2014）

　　回正力矩取决于汽车轮胎的侧偏特性以及主销定位角。回正力矩反映了汽车回复到直线行驶的能力。因此转向回正性能是评价汽车操纵稳定性的一个重要参数。转向回正性能试验可以通过对转向盘施加一个力输入，再卸掉输入来记录汽车的运动特性。

　　一般的低速回正性能试验要求汽车沿半径为 15m 的圆周行驶，并调整车速使侧向加速度达到 $(4\pm0.2)\text{m/s}^2$，稳定住车速后突然松开转向盘。在回正力矩的作用下，汽车前轮将回复到直线行驶状态。试验过程中汽车的节气门位置保持不变。记录时间、车速、转向盘转角和横摆角速度等参数。可利用横摆角速度与时间曲线进行汽车转向回正能力的评价。

5. 转向盘转角脉冲输入试验（GB/T 6323—2014）

　　汽车的频率响应可以说明汽车在一定的输入下的真实响应程度，因此也可以用来对

汽车的性能进行评价。试验要求给转向盘正弦角输入，利用在此输入下汽车的横摆角速度频响特性作为评价的指标。图 6-53 所示为转向盘正弦角位移脉冲。在转向盘正弦角位移脉冲输入下汽车的横摆角速度响应曲线如图 6-54 所示。因为直接给汽车的转向盘正弦角位移是比较复杂的，所以经常用转向盘角位移脉冲试验来确定汽车的频率特性，如图 6-55 所示。

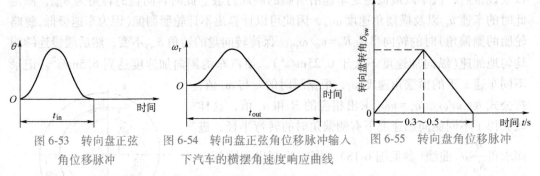

图 6-53　转向盘正弦　　　图 6-54　转向盘正弦角位移脉冲输入　　图 6-55　转向盘角位移脉冲
　　角位移脉冲　　　　　　　下汽车的横摆角速度响应曲线

转向盘转角脉冲输入试验在平坦的场地上进行，试验车速为最高车速的 70%。汽车以试验车速行驶，然后给转向盘一个三角脉冲转角输入，即向左或向右转动转向盘（图 6-55），转向盘转角输入脉宽为 0.3~0.5s，其最大转角应使汽车最大侧向加速度为 4m/s^2。输入转向盘转角脉冲时，汽车行驶方向发生摆动，经过不长时间回复到直线行驶。记录试验过程的时间 t、转向盘转角 δ_{sw}、车速 u、横摆角速度 ω_r 和侧向加速度 a_y。对试验结果进行处理，便得到汽车的频率特性。

思考题与习题

6-1　试述汽车操纵稳定性的基本内容以及相关的评价参数。

6-2　汽车稳态响应可分为哪几类？表征汽车稳态响应的参数有哪些？

6-3　汽车的空载和满载对其稳态转向特性是否有影响？

6-4　试分析下列因素对汽车转向特性的影响：

（1）汽车装载后质心前移或后移。

（2）前轮气压高于或低于标准气压。

（3）后轮气压高于或低于标准气压。

6-5　某客车的总重力为 20.105kN，轴距 $L = 3.2\text{m}$，静止条件下前轴的重力分配为 53.5%，后轴为 46.5%。

（1）每个前轮的侧偏刚度是 38.92kN/rad，每个后轮是 38.25kN/rad，试确定该车的稳态转向特性。

（2）若后轮轮胎保持不变，前轮轮胎为子午线轮胎，每个子午线轮胎的侧偏刚度为 47.82kN/rad，试确定该车的稳态转向特性。

（3）求汽车的特征车速或临界车速。

6-6　表征汽车瞬态响应特性的参数有哪些？具体怎样评价这些参数的作用？

6-7　试述特征车速以及临界车速的含义以及与表征汽车稳态响应参数的关系。

6-8　汽车的参数如质心的高度对汽车抗侧翻的能力是否有影响？

6-9　简述用直接横摆力偶矩控制来提高汽车操纵稳定性的基本原理。

第七章　汽车行驶平顺性

汽车行驶时，由于干扰力的作用而产生振动。引起振动的振源主要有两个：一个是由地面不平引起的随机干扰力。这种干扰力的变化规律除与地面的几何形状有关外，还与行驶速度、车轮直径、轮胎的弹性等有关。另一个是由发动机力矩不均匀造成的干扰力矩，以及发动机旋转质量、往复运动质量不平衡引起的惯性干扰力和力矩等而产生的较高频率的规则振动。

汽车的行驶平顺性，是指汽车能吸收行驶时所产生的各种冲击和振动的能力，保持汽车在行驶过程中产生的振动和冲击环境对乘员舒适性的影响在一定界限之内。它是评价汽车使用性能的一项重要指标。由于平顺性主要是根据驾驶人的舒适程度来评价，所以它有时又称为乘坐舒适性。

汽车的平顺性可由图 7-1 所示的"路面-汽车-人"系统的框图来分析。

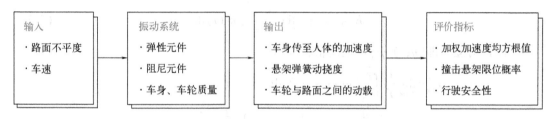

图 7-1　"路面-汽车-人"系统的框图

振动系统由轮胎、悬架、座椅等弹性、阻尼元件和悬挂、非悬挂质量构成。路面不平度和车速形成了对汽车振动系统的"输入"，振动系统的"输入"经过振动系统的传递，得到系统的"输出"——悬挂质量或进一步经座椅传至人体的加速度。此加速度通过人体对振动的反应——舒适性程度来评价汽车的平顺性。振动系统的"输出"还分别影响行驶安全性和撞击悬架限位块的概率。因此作为优化的目标时，通常还要综合考虑车轮与路面间的动载和悬架弹簧的动挠度。

按照振动传递的路线，本章首先介绍路面的统计特性，分析几种基本的汽车振动模型及单自由度振动模型在随机路面输入下的振动响应，然后分析人体对振动的反应、平顺性评价指标等基本内容。并讨论有关汽车结构参数对振动响应统计特性的影响，最后介绍平顺性的试验和数据处理。

第一节　路面的统计特性

汽车行驶平顺性的好坏主要取决于由路面不平度引起的低频随机振动强度的大小。通常把路面相对基准平面的高度 q 沿道路走向 l 的变化 $q(l)$ 称为路面纵剖面曲线或路面不平度函数，如图 7-2 所示。

作为车辆振动输入的路面不平度函数，可以看成是平稳随机过程的样本函数。平稳随机过程的样本函数不同于确定性函数（周期性函数、准周期性函数、瞬变函数等），它的特点是不能用确定的数学表达式来预测其瞬时值，但可以用概率统计方法描述其数量规律。

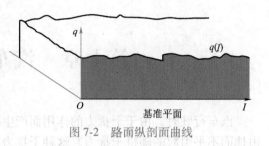

图 7-2　路面纵剖面曲线

一、随机过程统计特性的基础知识

路面不平度函数 $q(I)$ 是一个平稳随机过程，此过程也可计为时间的函数，即 $q(t)$。其数字特征如下：

（1）均值或数学期望

$$E[q(t)] = \mu_q = \lim_{T \to \infty} \frac{1}{T} \int_{-\frac{T}{2}}^{\frac{T}{2}} q(t)\,dt \tag{7-1}$$

（2）均方值　即 $q^2(t)$ 的均值，为

$$E[q^2(t)] = \lim_{T \to \infty} \frac{1}{T} \int_{-\frac{T}{2}}^{\frac{T}{2}} q^2(t)\,dt \tag{7-2}$$

（3）方差　即 $[q(t) - \mu_q]^2$ 的均值，为

$$\sigma_q^2 = \lim_{T \to \infty} \frac{1}{T} \int_{-\frac{T}{2}}^{\frac{T}{2}} [q(t) - \mu_q]^2\,dt$$

$$= \lim_{T \to \infty} \frac{1}{T} \int_{-\frac{T}{2}}^{\frac{T}{2}} q^2(t)\,dt - 2\mu_q \lim_{T \to \infty} \frac{1}{T} \int_{-\frac{T}{2}}^{\frac{T}{2}} q(t)\,dt + \mu_q^2 \tag{7-3}$$

$$= E[q^2(t)] - 2\mu_q^2 + \mu_q^2 = E[q^2(t)] - \mu_q^2$$

则

$$E[q^2(t)] = \mu_q^2 + \sigma_q^2 \tag{7-4}$$

方差 σ_q^2 的正平方根 σ_q 称为标准差。当均值 $\mu_q = 0$ 时，均方值 $E[q^2(t)]$ 就等于方差 σ_q^2，均方根值就等于标准差 σ_q。

（4）自相关函数　均值和方差是刻划随机过程在各个孤立时刻统计特性的重要数字特征，但不能描述随机过程两个不同时刻状态之间的联系。自相关函数可以描述随机过程本身在两个不同时刻状态之间的线性依从关系，即

$$R_q(\tau) = \lim_{T \to \infty} \frac{1}{T} \int_{-\frac{T}{2}}^{\frac{T}{2}} q(t)q(t + \tau)\,dt \tag{7-5}$$

式中，τ 为时间延迟量；$R_q(\tau)$ 为时间延迟量为 τ 时随机过程的自相关函数值。

由式（7-5）可见，当 $\tau = 0$ 时 $R_q(\tau)$ 等于平稳随机过程的均方值；当 $\tau > 0$ 时取决于 $q(t)$ 和 $q(t+\tau)$ 两个不同时刻状态之间的线性依赖（关联）的程度。

（5）谱密度函数　根据傅里叶理论，如果一个平稳随机过程的样本函数的时间历程为 $q(t)$，则它的自相关函数为 $R_q(\tau)$。如果满足 $\int_{-\infty}^{\infty} |R_q(\tau)|\,dt < \infty$ 的条件，即绝对可积，则可以利用傅里叶变换来确定时间函数的频率结构。$R_q(\tau)$ 的傅里叶变换 $S_q(f)$ 为

$$S_q(f) = \int_{-\infty}^{\infty} R_q(\tau) e^{-j2\pi f\tau} d\tau \tag{7-6}$$

$$R_q(\tau) = \frac{1}{2\pi} \int_{-\infty}^{\infty} S_q(f) e^{j2\pi f\tau} df \tag{7-7}$$

式(7-7)表示 $S_q(f)$ 的傅里叶逆变换为 $R_q(\tau)$。即 $S_q(f)$ 和 $R_q(\tau)$ 是一对傅里叶变换对。$S_q(f)$ 称为 $q(t)$ 的自功率谱密度函数。因为 $R_q(\tau)$ 是实偶函数，由傅里叶变换的性质可知，$S_q(f)$ 也必然为实偶函数，如图 7-3 所示。

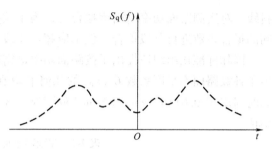

图 7-3　自谱密度函数曲线

当 $\tau=0$ 时，由式(7-7)可得

$$R_q(0) = \frac{1}{2\pi} \int_{-\infty}^{\infty} S_q(f) df$$

又

$$R_q(0) = E[q^2(t)]$$

所以

$$E[q^2(t)] = \int_{-\infty}^{\infty} S_q(f) df \tag{7-8}$$

由式(7-8)可见，自功率谱密度函数曲线下的面积，即为平稳过程的均方值 $E[q^2(t)]$，所以 $S_q(f)$ 也称为均方谱密度函数。若 $q(t)$ 为振幅，$q^2(t)$ 则代表能量，$\lim\limits_{T\to\infty} \frac{1}{T} \int_{-\frac{T}{2}}^{\frac{T}{2}} q^2(t) dt$ 则代表 $q(t)$ 在 $(-\infty, +\infty)$ 上的平均功率。因而，$S_q(f)$ 代表单位频带上所具有的平均功率，亦即平均功率密度。$S_q(f)$ 又是 f 的函数，故称为自功率谱密度函数，简称自谱密度或自谱。其量纲为均方值的单位除以频率的单位。

二、路面不平度的自功率谱密度函数——路面谱

路面不平度在测量时，可以用标尺和水准仪进行逐点测量；也可以用专门的路面轮廓仪来测量。还可用标杆法测量，标杆的结构是：两端固定的横杆上插有等距离排列的直立杆，当直立杆的下端与地面接触时，上端便显示出地面的轮廓曲线，即得到了路面纵剖面上的不平度值。测量获得的大量随机数据用概率统计方法在计算机上处理，可得到路面不平度的功率谱密度 $G_q(n)$ 或方差 σ^2 等统计特性参数。

当用频率响应法计算与研究汽车振动时，路面不平度的功率谱密度成为最有用的参数，因为在频域中线性系统的随机输入与响应之间存在简明关系。国际标准化组织在文件 ISO/TC 108/SC2N67 中提出的"路面不平度表示方法草案"和我国国家标准 GB 7031—2005《机械振动—道路路面谱测量数据报告》均建议路面不平度的路面功率谱密度 $G_q(n)$ 用下式拟合：

$$G_q(n) = G_q(n_0) \left(\frac{n}{n_0}\right)^{-W} \tag{7-9}$$

式中，n 为空间频率 (m^{-1})，它是波长 λ 的倒数，表示每米长度中包括几个波长；n_0 为参考空间频率，$n_0 = 0.1 m^{-1}$；$G_q(n_0)$ 为参考空间频率 n_0 下的路面功率谱密度值，称为

路面不平度系数，单位为 $m^2/m^{-1}=m^3$；W 为频率指数，为双对数坐标上斜线的斜率，它决定路面功率谱密度的频率结构。

对式(7-9)两边取对数，即 $\lg G_q(n)=\lg G_q(n_0)-W\lg\left(\dfrac{n}{n_0}\right)$，该式在双对数坐标上为一斜线。对实测路面功率谱密度拟合时，为了减少误差，在不同空间频率范围可以选用不同的拟合系数进行分段拟合，但不应超过 4 段。

国际标准化组织还提出了按路面功率谱密度将路面的不平程度分为 8 级。表 7-1 列出了各级路面不平度系数 $G_q(n_0)$ 的几何平均值，分级路面谱的频率指数 $W=2$。表上还同时列出了 $0.011m^{-1}<n<2.83m^{-1}$ 范围路面不平度相应的均方根值 $q_{rms}(\sigma_q)$ 的几何平均值。

表 7-1 路面不平度 8 级分类标准

路 面 等 级	$G_q(n_0)/(10^{-6}m^3)(n_0=0.1m^{-1})$	$\sigma_q/(10^{-3}m)(0.011m^{-1}<n<2.83m^{-1})$
	几何平均值	几何平均值
A	16	3.81
B	64	7.61
C	256	15.23
D	1024	30.45
E	4096	60.90
F	16384	121.80
G	65536	243.61
H	262144	487.22

由式(7-9)和表 7-1 画出路面不平度分级图如图 7-4 所示。由图 7-4 可以看出，路面功率谱密度 $G_q(n)$ 随空间频率 n 的提高或波长 λ 的减小而变小。当 $W=2$ 时，$G_q(n)$ 与 λ^2 成正比，$G_q(n)$ 是不平度幅值的均方值谱密度，故 $G_q(n)$ 又与不平度幅值的平方成正比，所以不平度幅值 q_n 大致与波长 λ 成正比。图上影线面积为原联邦德国 1983 年公路路面谱分布范围，可以看出主要集中在 A 级，部分延伸到 B、C 级之内。据统计，我国高等级公路路面谱也基本上在 A、B、C 三级范围之内，只是 B、C 级路面占的比重较大。

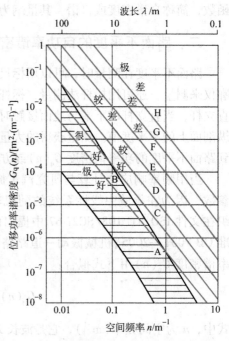

图 7-4 路面不平度分级图

例 7-1 某路面符合我国国家标准关于路面不平度的路面功率谱密度的建议，路面为 A 级，路面波长范围为 $0.5m\leqslant\lambda\leqslant50m$，求该路面不平度的均方值。

解： 不平度路面的波长 λ 与空间频率 n 的关

系为 $n=\dfrac{1}{\lambda}$，故与波长范围 $0.5\text{m} \leqslant \lambda \leqslant 50\text{m}$ 相应的空间频率范围为 $2\text{m}^{-1} \leqslant n \leqslant 0.02\text{m}^{-1}$。

我国国家标准建议路面不平度的功率谱密度的拟合方程为 $G_\text{q}(n)=G_\text{q}(n_0)\left(\dfrac{n}{n_0}\right)^{-W}$，且 A 级路面 $G_\text{q}(n_0)=16\times10^{-6}\text{m}^3$，$n_0=0.1\text{m}^{-1}$，$W=2$。

功率谱密度是单位频率内的均方值，故路面不平度的均方值为

$$\sigma^2=\int G_\text{q}(n)\,\text{d}n=\int_{0.02}^{2} G_\text{q}(n_0)\left(\dfrac{n}{n_0}\right)^{-2}\text{d}n=G_\text{q}(n_0)n_0^2\left(\dfrac{1}{-2+1}\right)\left(\dfrac{1}{2}-\dfrac{1}{0.02}\right)=7.92\times10^{-6}\text{m}^2$$

三、空间频率功率谱密度 $G_\text{q}(n)$ 化为时间频率功率谱密度 $G_\text{q}(f)$

对汽车振动系统的输入除了路面不平度外，还要考虑车速这个因素。因此，需要根据车速 u，将空间频率功率谱密度 $G_\text{q}(n)$ 换算为时间频率功率谱密度。

空间频率 $n(\text{m}^{-1})$ 表示每米长度中包括几个波长，时间频率 $f(\text{s}^{-1})$ 表示每秒时间内包括几个波长。因此，当汽车以一定车速 $u(\text{m/s})$ 驶过空间频率为 n 的路面时，输入的时间频率 f 是 n 和 u 的乘积，即

$$f=un \tag{7-10}$$

时间频率带宽 Δf 与相应的空间频率带宽 Δn 的关系为 $\Delta f=u\Delta n$，可以看出，当空间频率 n 或带宽 Δn 一定时，时间频率 f 和带宽 Δf 随车速 u 成正比变化。

功率谱密度的定义是单位频率内的"功率"（均方值），故空间频率功率谱密度可以表示为 $G_\text{q}(n)=\lim\limits_{\Delta n\to0}\dfrac{\sigma_{\text{q}\sim\Delta n}^2}{\Delta n}$，式中 $\sigma_{\text{q}\sim\Delta n}^2$ 为路面功率谱密度在频带 Δn 内包含的"功率"。

在某一车速 u 下，与空间频带 Δn 相应的时间频带 Δf 内所包含的路面不平度 q 的谐量成分相同，其"功率"仍为 $\sigma_{\text{q}\sim\Delta n}^2$，因此换算的时间频率功率谱密度可表示为 $G_\text{q}(f)=\lim\limits_{\Delta f\to0}\dfrac{\sigma_{\text{q}\sim\Delta n}^2}{\Delta f}$。

所以，把以空间频率表示的路面谱 $G_\text{q}(n)$ 转换成以时间频率表示的路面谱 $G_\text{q}(f)$ 时，两者的转换关系即为

$$G_\text{q}(f)=\dfrac{1}{u}G_\text{q}(n) \tag{7-11}$$

式中，u 为行驶速度（m/s）。

第二节　汽车振动系统的简化

汽车是一个复杂的多质量振动系统，在汽车质心处建立的三轴空间坐标系上，汽车有垂直（z 向）、纵向（x 向）和横向（y 向）的直线振动，有绕 y 轴线的颠簸（φ）、绕 x 轴线的摇摆（β）以及绕 z 轴线的横摆（γ）角振动，所以座位上的驾驶人也承受此六个自由度的振动。研究者们建立了各种多自由度的"质量—弹簧—阻尼"系统的力学模型，用以预测汽车振动对座位及驾驶人的影响，并已取得成果。由于六个自由度或更多个自

由度的振动系统的分析相当复杂，为了突出主要的研究目的而略去次要因素的影响，选择自由度时需要根据研究的具体情况进行简化。

图 7-5 所示为一经过简化的立体模型。汽车的悬挂质量为 M，它由车身、车架及其上的总成构成。该质量绕通过质心的横轴 y 的转动惯量为 I_y，悬挂质量通过减振器和悬架弹簧与车轴、车轮相连。车轮、车轴构成的非悬挂质量为 m。车轮再经过具有一定弹性和阻尼的轮胎支承在不平的路面上。

若假定：左、右车轮遇到的不平度函数 $q(I_1)=q(I_2)$，而且汽车对称于纵向轴线，此时汽车没有横向角振动，只有垂直振动 z 和绕 y 轴纵向角振动 φ。这两种振动对汽车平顺性影响最大。在此情况下，汽车振动系统可简化为图 7-6 所示的四自由度平面模型。在这个模型中又因轮胎的阻尼较小可忽略，同时把悬挂质量 M 分解为前轴上的质量 M_1、后轴上的质量 M_2 以及质心 C 上的质量 M_3。这三个集中质量由无质量的刚性杆连接，它们的大小由下述三个条件决定：

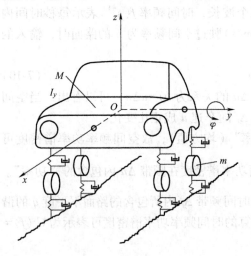

图 7-5　四轮汽车的简化模型

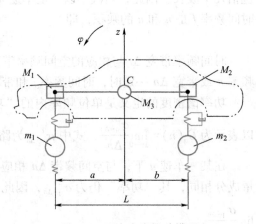

图 7-6　四自由度振动模型

1）总质量保持不变

$$M_1+M_2+M_3=M \tag{7-12}$$

2）质心位置不变

$$M_1a-M_2b=0 \tag{7-13}$$

3）转动惯量 I_y 的值保持不变，即

$$I_y=M\rho_y^2=M_1a^2+M_2b^2 \tag{7-14}$$

式中，ρ_y 为绕横轴 y 的回转半径；a、b 为车身质心至前、后轴的距离。

由式（7-12）、式（7-13）、式（7-14）得出三个集中质量的值为

$$M_1=M\frac{\rho_y^2}{aL}$$

$$M_2=M\frac{\rho_y^2}{bL}$$

$$M_3 = M\left(1 - \frac{\rho_y^2}{ab}\right) \qquad (7\text{-}15)$$

式中，L 为轴距。

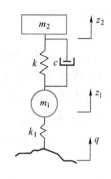

图 7-7　两自由度轮胎
悬架振动模型

由式(7-15)可以看出，当悬挂质量分配系数 $\varepsilon = \rho_y^2/(ab)$ 等于1时，联系质量 $M_3 = 0$。根据测量，大部分汽车 $\varepsilon = 0.8 \sim 1.2$，即接近 1。在 $\varepsilon = 1$ 的情况下，前、后轴上集中质量 M_1、M_2 的垂直方向运动是相互独立的。亦即当前轮遇到路面不平度而引起振动时，质量 M_1 运动而质量 M_2 不运动，反之亦然。故在这种特殊情况下，可以分别讨论图 7-6 中 M_1 和前轮轴以及 M_2 和后轮轴所构成的两个双质量系统的振动。双质量系统(两自由度)振动模型如图 7-7 所示。在分析车身振动时，如对图 7-6 所示的双轴汽车简化的平面模型进一步忽略了车轮部分质量与轮胎刚度的影响，即变为图 7-8 所示的两自由度车身振动模型。

对于图 7-7 所示的双质量系统的振动模型，在远离车轮固有频率 f_t(10~16Hz)的较低激振频率范围(如 5Hz 以下)内，轮胎动变形很小，忽略其弹性与车轮质量，得到分析车身垂直振动的最简单的单质量系统，如图 7-9 所示。

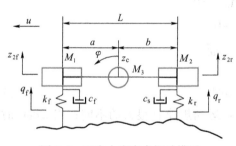

图 7-8　两自由度车身振动模型

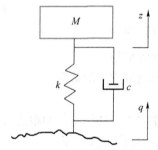

图 7-9　单自由度振动模型

以上四种简化力学模型只作为举例，汽车及其列车机组的力学模型用几个自由度是由输出自由度的数目和研究目的确定的。

第三节　单质量系统的振动

一、单质量系统的自由振动

图 7-9 所示为分析车身振动的最简单的单质量振动系统。它由悬挂质量 M 和弹簧刚度 k、减振器阻力系数为 c 的悬架组成。q 是输入的路面不平度函数。

坐标 z 的原点取在静力平衡位置，即已考虑了重力 Mg 引起的弹簧静挠度。受力分析如图 7-10 所示，根据牛顿第二定律，其动力学方程为

$$M\ddot{z} = -F_t - F_c \qquad (7\text{-}16)$$

式中，F_t 为弹簧力；F_c 为阻尼力。

$$F_t = k(z-q) \tag{7-17}$$

$$F_c = c(\dot{z}-\dot{q}) \tag{7-18}$$

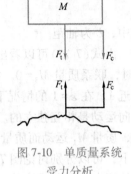

将式(7-17)、式(7-18)代入式(7-16)就得到此系统运动微分方程为

$$M\ddot{z}+c\dot{z}+kz = c\dot{q}+kq \tag{7-19}$$

式(7-19)为受迫振动微分方程的标准形式,是二阶常系数非齐次线性微分方程。此方程的解由两部分组成:一个是当右边为零时的齐次方程的解;另一个是当右边不为零时的非齐次方程的特解。

图 7-10　单质量系统受力分析

先讨论描述自由振动的齐次方程的解。齐次方程为

$$M\ddot{z}+c\dot{z}+kz = 0$$

令

$$2n = \frac{c}{M}, \quad \omega_0^2 = \frac{k}{M}$$

其中,n 称为系统的阻尼系数,ω_0 称为系统的固有频率,上式可改写为

$$\ddot{z}+2n\dot{z}+\omega_0^2 z = 0 \tag{7-20}$$

令这个线性齐次方程的解为 $z = A_0 \mathrm{e}^{st}$。代入上式,得

$$(s^2+2ns+\omega_0^2)A_0 \mathrm{e}^{st} = 0$$

其特征方程为

$$s^2+2ns+\omega_0^2 = 0$$

特征方程的根是

$$s_{1,2} = -n \pm \sqrt{n^2-\omega_0^2}$$

由此求得微分方程的解为

$$z = A_1 \mathrm{e}^{s_1 t} + A_2 \mathrm{e}^{s_2 t} \tag{7-21}$$

上述解中,特征方程的根为实数或复数时,运动规律有很大的不同;当 $n<\omega_0$ 时,特征方程的根为复数,即

$$s_{1,2} = -n \pm \mathrm{j}\sqrt{\omega_0^2-n^2}$$

将此复数根代入式(7-21),微分方程的解则为

$$z = A_1 \mathrm{e}^{-nt+\mathrm{j}\sqrt{\omega_0^2-n^2}\,t} + A_2 \mathrm{e}^{-nt-\mathrm{j}\sqrt{\omega_0^2-n^2}\,t}$$

由欧拉公式可知

$$\mathrm{e}^{\pm\mathrm{j}\sqrt{\omega_0^2-n^2}\,t} = \cos\sqrt{\omega_0^2-n^2}\,t \pm \mathrm{j}\sin\sqrt{\omega_0^2-n^2}\,t$$

经整理后得出

$$z = \mathrm{e}^{-nt}(a_1\cos\sqrt{\omega_0^2-n^2}\,t + a_2\sin\sqrt{\omega_0^2-n^2}\,t) = A\mathrm{e}^{-nt}\sin(\sqrt{\omega_0^2-n^2}\,t+\alpha) \tag{7-22}$$

这个解说明,有阻尼自由振动时,质量 M 以有阻尼固有频率 $\sqrt{\omega_0^2-n^2}$ 振动,其振幅按 e^{-nt} 衰减,如图 7-11 所示。

阻尼对运动的影响取决于 n 和 ω_0 的比值 ζ,ζ 称为阻尼比。

$$\zeta = \frac{n}{\omega_0} = \frac{c}{2\sqrt{Mk}} \tag{7-23}$$

阻尼比 ζ 对衰减振动有两方面的影响,分别如下:

（1）影响有阻尼固有频率 ω_r

$$\omega_r = \sqrt{\omega_0^2 - n^2} = \omega_0\sqrt{1-\zeta^2} \qquad (7\text{-}24)$$

由式（7-24）可知，ζ 增大，ω_r 下降。当 $\zeta = 1$ 时，$\omega_r = 0$，此时运动失去振动特性。汽车悬架系统阻尼比 ζ 约为 0.25，ω_r 比 ω_0 下降了 3% 左右，在工程上可以近似认为 $\omega_r \approx \omega_0$，车身振动的固有圆频率 ω_0（单位为 rad/s）、固有频率 f_0（单位为 s^{-1} 或 Hz）为

$$\omega_0 = \sqrt{\frac{k}{M}} \qquad (7\text{-}25)$$

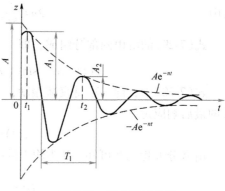

图 7-11　振动衰减曲线

$$f_0 = \frac{\omega_0}{2\pi} = \frac{1}{2\pi}\sqrt{\frac{k}{M}}$$

（2）决定振幅的衰减程度　图 7-11 上两个相邻的振幅 A_1 和 A_2 之比称为减幅系数，以 d 表示，即

$$d = \frac{A_1}{A_2} = \frac{Ae^{-nt_1}}{Ae^{-n(t_1+T_1)}} = e^{nT_1} = e^{\frac{2\pi\zeta}{\sqrt{1-\zeta^2}}} \qquad (7\text{-}26)$$

其中，$T_1 = \dfrac{1}{f}$。

对式（7-26）取自然对数

$$\ln d = \frac{2\pi\zeta}{\sqrt{1-\zeta^2}} \qquad (7\text{-}27)$$

减幅系数 d 可以由实测的衰减振动曲线得到，故可以用式（7-27）求出阻尼比，即

$$\zeta = \frac{1}{\sqrt{1+\dfrac{4\pi^2}{\ln^2 d}}}$$

二、单质量系统的受迫振动

现在再来讨论在路面不平度函数 q 的作用下，单质量系统运动微分方程（7-19）的解。它是上面讨论的阻尼自由振动齐次方程的解与非齐次方程特解之和。由于阻尼振动是衰减振动，它只在振动刚开始的过渡过程起作用，过一段时间后就衰减掉了，所以在分析稳定的强迫振动时，系统的响应由特解确定。它取决于激励和系统的频率响应特性。

将式（7-19）改写为

$$M\ddot{z} + c\dot{z} + kz = q(t) \qquad (7\text{-}28)$$

设

$$q(t) = Q\sin\omega t$$

则式（7-28）可以写为

$$\ddot{z} + 2n\dot{z} + \omega_0^2 z = q\sin\omega t \qquad (7\text{-}29)$$

式中
$$2n=\frac{c}{M}, \quad \omega_0^2=\frac{k}{M}, \quad q=\frac{Q}{M}$$

式(7-29)的解由两部分组成，即

$$z(t)=Ae^{-nt}\sin(\sqrt{\omega_0^2-n^2}\,t+\varphi_0)+B\sin(\omega t-\varphi) \qquad (7-30)$$

式(7-30)中，前一项是衰减振动，经过一定时间即行消失。后一项是受迫振动，系统的最后响应是

$$z(t)=B\sin(\omega t-\varphi) \qquad (7-31)$$

由微分方程的解可知，B 为输出的振幅，φ 为输出与输入的相位差。且

$$B=\frac{q}{\sqrt{(\omega_0^2-\omega^2)^2+4n^2\omega^2}} \qquad (7-32)$$

$$\tan\varphi=\frac{2n\omega}{\omega_0^2-\omega^2} \qquad (7-33)$$

就是说，系统虽然有阻尼存在，受 $q\sin\omega t$ 简谐激振作用的受迫振动系统仍然是谐振动，其振动频率 ω 仍等于激振频率，其振幅不仅与激振的振幅 q 有关，还与激振的频率以及振动系统的参数 m、k、c 等有关。

即对于一个振动系统，响应和激励的幅值比 B/Q 以及相位角 φ，实际上反映了系统的动态特性。且系统的动态特性都取决于系统固有的参数。

三、单质量系统的频率响应特性

一个复数具有模和相角两个参数。

当 $q(t)$、$z(t)$ 为简谐函数时，可用复指数表示为

$$q(t)=\boldsymbol{q}e^{j\omega t} \qquad z(t)=\boldsymbol{z}e^{j\omega t} \qquad (7-34)$$

式中，$\boldsymbol{q}=q_0e^{j\phi_1}$、$\boldsymbol{z}=z_0e^{j\phi_2}$，称为复振幅；$q_0$、$z_0$ 为输入、输出谐量的幅值；ϕ_1、ϕ_2 为输入、输出谐量的相角。

通常把输出、输入谐量复振幅 $\boldsymbol{z}$ 与 $\boldsymbol{q}$ 的比值称为频率响应函数，记为 $H(j\omega)_{z-q}$

$$H(j\omega)_{z-q}=\frac{\boldsymbol{z}}{\boldsymbol{q}}=\frac{z_0e^{j\phi_2}}{q_0e^{j\phi_1}}=\frac{z_0}{q_0}e^{j(\phi_2-\phi_1)} \qquad (7-35)$$

在推广到一般情况时，$z(t)$、$q(t)$ 为任意的时域函数，它们可以用傅里叶积分表示为

$$z(t)=\frac{1}{2\pi}\int_{-\infty}^{\infty}Z(\omega)e^{j\omega t}d\omega, \quad q(t)=\frac{1}{2\pi}\int_{-\infty}^{\infty}Q(\omega)e^{j\omega t}d\omega$$

式中，$Z(\omega)$、$Q(\omega)$ 为 $z(t)$、$q(t)$ 的傅里叶变换。

傅里叶积分式表明 $z(t)$、$q(t)$ 是由无数个复振幅为 $\boldsymbol{z}=Z(\omega)d\omega$、$\boldsymbol{q}=Q(\omega)d\omega$ 的简谐分量所组成，将它们代入式(7-35)得

$$H(j\omega)_{z-q}=\frac{\boldsymbol{z}}{\boldsymbol{q}}=\frac{Z(\omega)d\omega}{Q(\omega)d\omega}=\frac{Z(\omega)}{Q(\omega)}$$

此式说明频率响应函数 $H(j\omega)$ 为各个频率 ω 下，输出与输入谐量复振幅之比，同

时也等于输出量与输入量傅里叶变换之比。此比值随频率 ω 而变，所以 $H(j\omega)$ 是频率 ω 的复函数，它在频域里描述了一个系统输入量与输出量之间的关系，即系统的动态特性。由它可以方便地求出系统在各种输入下的响应。

当把频率响应函数 $H(j\omega)_{z-q}$ 写成指数形式时，它的模和相角也都是 ω 的函数，即

$$H(j\omega)_{z-q} = \left| H(j\omega) \right|_{z-q} e^{j\phi(\omega)} \tag{7-36}$$

比较式(7-35)和式(7-36)可以看出 $H(j\omega)_{z-q}$ 的模 $\left| H(j\omega) \right|_{z-q} = z_0/q_0$，它表示 $z(t)$、$q(t)$ 中频率为 ω 谐量的幅值比，称为幅频特性。$\phi(\omega) = (\phi_2 - \phi_1)$，它表示频率为 ω 时，输出谐量比输入谐量领先的角度（即相位差），称为相频特性。若 $\phi(\omega)$ 为负值，即 $\phi_2 < \phi_1$，说明输出谐量滞后于输入谐量。

为了求图 7-9 所示单质量系统的频率响应函数 $H(j\omega)_{z-q}$，令 z、q 为频率 ω 的谐量，其复指数式如式(7-34)所示，即

$$z = z e^{j\omega t} \qquad q = q e^{j\omega t}$$

它们的一、二阶导数为

$$\dot{z} = j\omega z e^{j\omega t} \qquad \dot{q} = j\omega q e^{j\omega t}$$

$$\ddot{z} = -\omega^2 z e^{j\omega t} \qquad \ddot{q} = -\omega^2 q e^{j\omega t}$$

z、q 的一、二阶导数的复振幅为

$$\dot{z} = j\omega z \qquad \dot{q} = j\omega q$$

$$\ddot{z} = -\omega^2 z \qquad \ddot{q} = -\omega^2 q \tag{7-37}$$

将各复振幅代入微分方程式(7-19)，得

$$-M\omega^2 z + cj\omega z + kz = cj\omega q + kq$$

这是一个复数方程，对它可以进行四则运算，经整理得

$$z(-M\omega^2 + jc\omega + k) = q(jc\omega + k)$$

$$H(j\omega)_{z-q} = \frac{z}{q} = \frac{k + jc\omega}{(-M\omega^2 + k) + jc\omega}$$

用 M 除此分子、分母，然后把频率比 $\lambda = \omega/\omega_0$（$\omega_0 = \sqrt{k/M}$）和阻尼比 $\zeta = c/(2\sqrt{kM})$ 代入上式，则得

$$H(j\omega)_{z-q} = \frac{1 + j2\zeta\lambda}{1 - \lambda^2 + 2j\zeta\lambda} \tag{7-38}$$

把此式分子、分母分为实部、虚部两部分，再进一步写成(7-36)所示的指数形式，可以求出幅频特性 $\left| H(j\omega) \right|_{z-q}$ 和相频特性 $\phi(\omega)$。

$$\left| H(j\omega) \right|_{z-q} = \left| \frac{z}{q} \right| = \left[\frac{1 + (2\zeta\lambda)^2}{(1-\lambda^2)^2 + (2\zeta\lambda)^2} \right]^{\frac{1}{2}} \tag{7-39}$$

$$\phi(\omega) = \arctan\left[\frac{-2\zeta\lambda^3}{1 - \lambda^2 + (2\zeta\lambda)^2} \right] \tag{7-40}$$

由上面二式可以看出，幅频特性与相频特性只与阻尼比 ζ 及频率比 λ 等无因次量有关，它们的图形表示在图 7-12 上。

下面把频率响应特性曲线分成三个区域加以讨论。

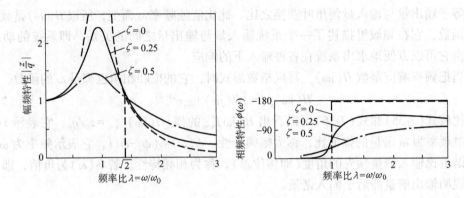

图 7-12　单自由度振动系统位移输入和位移输出的频率响应特性

(1) 低频区($0 \leqslant \lambda \leqslant 0.75$)　在这个区内振幅比 $\dfrac{z}{q}$ 稍大于 1，即车身垂直位移各频率分量的幅值 z_0 比路面不平度同频率分量幅值 q_0 略大一些。在这个区内车身位移与路面不平度谐量的相位差接近于零。

(2) 共振区($0.75 \leqslant \lambda \leqslant \sqrt{2}$)　当 λ 接近 1 时，$\left|\dfrac{z}{q}\right|$ 急速增大出现峰值，这种情况称为"共振"。在共振区悬架系统把路面不平度的输入放大了，车身位移的幅值很大。

(3) 高频区($\lambda \geqslant \sqrt{2}$)　不论 ζ 多大，振幅比 $\left|\dfrac{z}{q}\right|$ 都小于 1，悬架系统起减振作用。当 λ 值很大时车身几乎不动。

由图 7-12 幅频特性曲线还可以看出阻尼比 ζ 对共振区和高频区的影响是截然不同的，在共振区 ζ 增大则使振幅比 $\left|\dfrac{z}{q}\right|$ 相应减小，所以加大 ζ 是减小共振振幅的有效措施，但在高频区 ζ 增大时，振幅比 $\left|\dfrac{z}{q}\right|$ 却稍有增大。ζ 无限增大则悬架成为刚体，在整个频率范围振幅比 $\left|\dfrac{z}{q}\right| = 1$。悬架系统最佳的 ζ 值要根据路面输入的谱特性来确定，这在后面分析路面随机输入下的响应谱时将具体讨论。

四、单质量系统对路面随机输入的响应

车身加速度 $\ddot{z}$ 是评价汽车平顺性的主要指标，另外悬架动挠度 f_d 与其限位行程 $[f_d]$ 有关，它们配合不当时会经常撞击限位块，使平顺性变坏。还有车轮与路面间的动载 F_d 影响车轮与路面的附着效果，影响操纵稳定性。在进行平顺性分析时，要在路面随机输入下对汽车振动系统这三个振动响应(输出)量进行统计计算，以综合选择悬架系统设计参数。

由于我们讨论的汽车振动系统近似为线性系统，当路面只经一个车轮对系统输入时，振动响应的功率谱 $G_x(f)$ 与输入的路面功率谱 $G_q(f)$ 有如下简单关系：

$$G_x(f) = |H(f)|^2_{x\text{-}q} G_q(f) \qquad\qquad (7\text{-}41)$$

式中，$|H(f)|$ 为系统响应 x 对输入 q 的频率响应函数 $H(f)$ 的模，即幅频特性；x 为车身振动加速度 $\ddot{z}$ 或者悬架动挠度 f_d 和车轮与路面间的动载 F_d。

由于振动响应量 $\ddot{z}$、f_d、F_d 的均值为零。所以这些量的统计特征值—方差等于均方值，并可由其功率谱密度对频率进行积分求得

$$\sigma_x^2 = 2\int_0^\infty G_x(f)\,\mathrm{d}f = 2\int_0^\infty |H(f)|_{x\text{-}q}^2 G_q(f)\,\mathrm{d}f \tag{7-42}$$

式中，σ_x 为标准差。

进行平顺性分析时，通常是根据路面与车速确定的路面输入谱 $G_q(f)$ 和由悬架系统参数求出的频率响应函数 $H(f)_{x\text{-}q}$，按式（7-41）、式（7-42）计算振动响应的功率谱 $G_x(f)$ 和标准差 σ_x，由此可以分析悬架系统参数对振动响应的影响，并根据平顺性评价指标的要求确定设计参数。

1. 车身加速度 $\ddot{z}$ 对路面不平度 q 的幅频特性

由式（7-37）可知，车身加速度的复振幅 $\ddot{z} = -\omega^2 z$。车身加速度 $\ddot{z}$ 对路面输入 q 的频率响应函数为

$$\frac{\ddot{z}}{q} = -\omega^2\,\frac{z}{q}$$

此式说明加速度的频率响应函数为位移频率响应函数的 ω^2 倍，而相位相反。其幅频特性由式（7-39）可得

$$\left|\frac{\ddot{z}}{q}\right| = \omega^2\left|\frac{z}{q}\right| = \omega^2\left[\frac{1+4\zeta^2\left(\dfrac{\omega}{\omega_0}\right)^2}{\left[1-\left(\dfrac{\omega}{\omega_0}\right)^2\right]^2+4\zeta^2\left(\dfrac{\omega}{\omega_0}\right)^2}\right]^{\frac{1}{2}} \tag{7-43}$$

图 7-13a 是在 $\zeta = 0.3$ 的情况下，固有角频率 $\omega_0 = 2\pi$、4π、$6\pi(\mathrm{rad/s})$ 时，车身加速度 $\ddot{z}$ 对 q 的幅频特性。

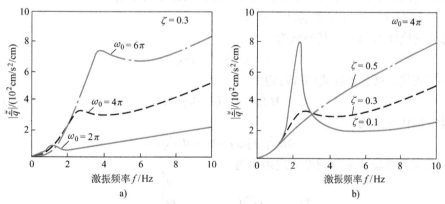

图 7-13 $\ddot{z}$-q 幅频特性曲线

a）$\zeta = 0.3$，$\omega_0 = 2\pi$、4π、6π 的情况　　b）$\omega_0 = 4\pi$、$\zeta = 0.1$、0.3、0.5 的情况

可以看出随 ω_0 值提高，车身比加速度 $\left|\dfrac{\ddot{z}}{q}\right|$ 在共振区和高频区都急剧升高。在共振时，将 $\omega = \omega_0$ 代入式（7-43）得

$$\left|\frac{\ddot{z}}{q}\right|_{\omega=\omega_0}=\omega_0^2\sqrt{\frac{1}{4\zeta^2}+1}$$

可见在共振点，比加速度与 ω_0^2 成正比。

图 7-13b 是 $\omega_0=4\pi$，阻尼比 $\zeta=0.1$、0.3、0.5 时，$\ddot{z}$ 对 q 的幅频特性。在 $\zeta=0.1$ 时，幅频特性曲线有明显的共振峰，而在高频区幅值比较小。$\zeta=0.5$ 时，没有共振峰，但在高频区幅值随激振频率 ω 提高而急剧增大。$\omega=0.3$ 介于二者之间，在整个频率范围内曲线比较平缓。

2. 车轮与路面间相对动载 F_d/G 功率谱的计算分析

车轮与路面间的动载 F_d 是弹簧力 F_K 与阻尼力 F_c 之和，由式(7-16)得

$$F_d=M\ddot{z} \tag{7-44}$$

F_d 与车轮作用于地面的静载 G（悬挂部分的重力 $G=Mg$）之比称为相对动载。当相对动载 $F_d/G>1$ 时，动载 F_d 变化的幅值大于静载 G，会出现法向载荷小于零的情况。此时车轮跳离地面。

将复振幅代入式(7-44)得

$$F_d=m\ddot{z}$$

并由 $G=Mg$ 可以得到 F_d/G 对路面不平度 q 的频率响应函数

$$\frac{\dfrac{F_d}{G}}{q}=\frac{\dfrac{\ddot{z}}{g}}{q}=\frac{1}{g}\frac{\ddot{z}}{q}$$

此式与车身加速度频率响应函数 $\dfrac{\ddot{z}}{q}$ 只差一个系数 $1/g$（g 为重力加速度）。因此振动系统的参数 ω_0、ζ 对相对动载 F_d/G 的频率响应函数以及功率谱的影响与上面讨论的对车身加速度的影响，二者的变化趋势完全一样，所以不再重复。

3. 悬架动挠度 f_d 功率谱的计算分析

悬架动挠度 $f_d=z-q$，其导数为

$$\dot{f}_d=\dot{z}-\dot{q}\;;\;\ddot{f}_d=\ddot{z}-\ddot{q}$$

将上面三式代入微分方程式(7-19)得

$$M\ddot{f}_d+c\dot{f}_d+kf_d+M\ddot{q}=0 \tag{7-45}$$

将各复振幅代入上式，得

$$-M\omega^2f_d+\mathrm{j}\omega cf_d+kf_d-M\omega^2q=0$$

动挠度 f_d 对路面输入 q 的频率响应函数为

$$\frac{f_d}{q}=\frac{\omega^2M}{-M\omega^2+\mathrm{j}c\omega+k}=\frac{\dfrac{\omega^2}{\omega_0^2}}{1-\dfrac{\omega^2}{\omega_0^2}+\dfrac{\mathrm{j}2\zeta\omega}{\omega_0}}$$

挠度 f_d 对路面不平度 q 的幅频特性为

$$\left|\frac{f_d}{q}\right|=\left[\frac{\lambda^4}{(1-\lambda^2)^2+4\zeta^2\lambda^2}\right]^{\frac{1}{2}} \tag{7-46}$$

其图形如图 7-14 所示。

在低频区 $\left|\dfrac{f_d}{q}\right|$ 趋于零，此时弹簧变形

很小，高频区 $\left|\dfrac{f_d}{q}\right|$ 趋于 1，此时车身基本

不动，弹簧随路面起伏而变形。在共振区
弹簧变形比路面不平度变化大，此时阻尼
起很大作用。当 $\zeta = 0.5$ 时，由图 7-14 可以

看出 $\left|\dfrac{f_d}{q}\right|$ 已基本上不呈现峰值。

将 $\lambda = 1$ 代入式（7-46），求得共振点
的动挠度幅频特性为

$$\left|\frac{f_d}{q}\right|_{\omega=\omega_0} = \frac{1}{2\zeta}$$

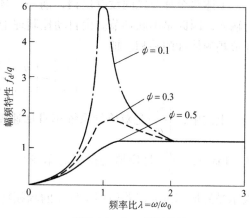

图 7-14　f_d/q 幅频特性

可见，在共振点动挠度的幅频特性只与阻尼比 ζ 有关，而与固有角频率 ω_0 无关。

在一定的固有频率 f_0 下，动挠度 f_d 取决于路面的等级，路面越差，输入 q 的幅值
越大，f_d 就相应增大，限位行程 $[f_d]$ 就得大些。

在固有频率 f_0 较低、路面又比较差的情况下，动挠度 f_d 会相当大。为了减小 f_d 的
共振峰值，减少撞击限位块的概率，阻尼比 ζ 应取偏大值。

第四节　"人体—座椅"系统参数对振动的影响

一、"人体—座椅"系统的传递特性

为了计算座椅传至人体的振动，要在图 7-7 所示
车身与车轮两自由度的汽车振动模型上再附加一个
"人体—座椅"子系统，这样就变成图 7-15 所示的
三自由度振动系统。

三自由度振动系统的微分方程为

$$m_s\ddot{p} + c_s(\dot{p} - \dot{z}_2) + k_s(p - z_2) = 0 \tag{7-47}$$

$$m_2\ddot{z}_2 + c(\dot{z}_2 - \dot{z}_1) + k(z_2 - z_1) + m_s\ddot{p} = 0 \tag{7-48}$$

$$m_1\ddot{z}_1 + k(z_1 - z_2) + k_1(z_1 - q) = 0 \tag{7-49}$$

由于人体的质量 m_s 比车身质量 m_2 小得多，故
可以忽略人体运动对车身运动的影响，即不考虑式
（7-48）中 $m_s\ddot{p}$ 这一项，这样，三自由度系统可分为
两个环节：一个是图 7-7 所示的二自由度系统［见式
（7-48）、式（7-49）］；另一个是式（7-47）所示的单质
量系统。它的运动方程与第三节讨论的单质量系统

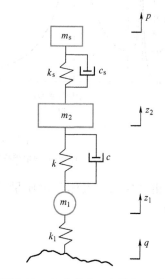

图 7-15　在"车身—车轮"双质量
系统上附加"人体—座椅"
子系统的振动模型

运动方程式(7-19)相同。

上述两个环节之间没有反馈，前一个环节的输出，即车身垂直振动 z_2 是后一环节的输入，因此是串联环节。由自动控制理论知，串联环节构成的系统其幅频特性是两个环节幅频特性的乘积。即

$$\left|\frac{\ddot{p}}{q}\right| = \left|\frac{\ddot{p}}{\ddot{z}_2}\right|\left|\frac{\ddot{z}_2}{q}\right| = \left|\frac{p}{z_2}\right|\left|\frac{\ddot{z}_2}{q}\right| \tag{7-50}$$

上式中，$\left|\dfrac{\ddot{z}_2}{q}\right|$ 是双质量系统车身加速度 $\ddot{z}_2$ 对路面不平度 q 的幅频特性，它表示在图7-16a中；$\left|\dfrac{p}{z_2}\right|$ 是座椅的位移对车身垂直位移 z_2 的幅频特性，它表示在图 7-16b 中；人承受的加速度 $\ddot{p}$ 对路面不平度 q 的幅频特性 $\left|\dfrac{\ddot{p}}{q}\right|$，即上述两个串联环节幅频特性的乘积表示在图 7-16c 中。图 7-16 中，ω_s、ζ_s 是座椅的固有角频率和阻尼比，ω_t 是轮胎的固有角频率，ω_0 是车身振动系统的固有角频率。

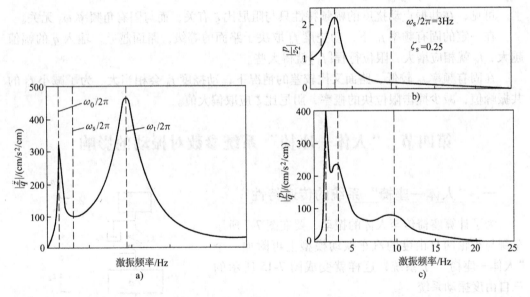

图 7-16 "人体—座椅"系统的振动特性

a) $\ddot{z}-q$ 的幅频特性 b) $p-z_2$ 的幅频特性 c) $\ddot{p}-q$ 的幅频特性

由"座椅—人体"单质量系统的运动方程式(7-47)可以得到该系统的固有角频率为

$$\omega_s = \sqrt{\frac{k_s}{m_s}}$$

系统的阻尼比

$$\zeta_s = \frac{c_s}{2\sqrt{k_s m_s}}$$

二、"人体—座椅"系统参数对振动的影响

由图 7-16 可以看出,"人体—座椅"系统在其固有频率 $f_s = \omega_s/(2\pi)$ 附近,对车身底板的振动输入有一定放大;在激振角频率 ω 超过 $\sqrt{2}f_s$ 后,对地板振动输入起减振作用。

在确定"人体—座椅"系统的固有角频率 ω_s 时,要避免它和车身部分固有角频率 ω_0 重合。当 ω_s 与 ω_0 重合时,会使人体承受的加速度 $\ddot{p}$ 对 q 的幅频特性出现突出的共振尖峰,这对舒适性很不利。目前,汽车车身部分的固有频率 $f_0 = \omega_0/(2\pi)$ 多在 1.2~1.5Hz 范围内。座椅系统的固有频率 $\omega_s/(2\pi)$ 要低于 3Hz,又要避免与车身固有频率 $\omega_0/(2\pi)$ 重合,所以 $\omega_s/(2\pi)$ 通常在 2~3Hz 范围内。一般不使 ω_s 低于 ω_0,只有当车身部分固有频率很高的情况,如 $f_0 = \omega_0/(2\pi) > 2.5Hz$ 时,$\omega_s/(2\pi)$ 可以考虑低于 $\omega_0/(2\pi)$,选择 2Hz 左右,而且此时要有足够大的阻尼。

为了减小共振振幅,座椅系统选择适当的阻尼也很重要。一般认为座椅的阻尼比 $\zeta_s = 0.25$ 左右比较合适,这样在共振区共振振幅不会太大,而高频区又能保持良好的减振效果。但实际上大部分坐垫都达不到这个数值。在有些大型载重汽车上为了改善驾驶人的乘坐舒适性,在座椅下面设置了由弹簧和液力减振器构成的悬架机构,这样可以得到足够大的阻尼。

第五节 人体对振动的反应以及平顺性的评价

一、人体对振动的反应

机械振动对人体的影响,取决于振动的频率、强度、作用方向和持续时间。因每个人的心理与身体素质各不相同,故对振动的敏感程度有很大差异。因此,尽管从 20 世纪 30 年代以来在这一方面进行了许多试验研究工作,但仍难以得到公认的评价方法和指标。直到 1974 年,国际标准化组织(ISO)在综合大量有关人体全身振动研究成果的基础上,制定了国际标准 ISO 2631《人体承受全身振动评价指南》。1997 年又公布了 ISO 2631—1:1997(E)《人体承受全身振动评价—第一部分:一般要求》,此标准对于评价长时间作用的随机振动和多输入点多轴向振动环境对人体的影响时,能与主观感觉更好地符合。许多国家都参照它进行汽车平顺性的评价,我国参照相应标准,制定了 GB/T 4970—2009《汽车平顺性随机输入行驶试验方法》。

ISO 2631—1:1997(E)标准规定了图 7-17 所示的人体坐姿受振模型。模型表明在进行舒适性评价时,它除了考虑座椅支承面处输入点 3 个方向的线振动,还考虑了该点 3 个方向的角振动($\gamma_x, \gamma_y, \gamma_z$)以及座椅靠背和脚支承面两个输入点各 3 个方向的线振动;共 3 个输入点 12 个轴向的振动。

此标准认为人体对不同频率振动的敏感程度不同,在图 7-18 上给出了各轴向 0.5~80Hz 的频率加权函数(渐进线),又考虑不同输入点、不同轴向的振动对人体影响的差异,还给出了各轴向振动的轴加权系数 k。表 7-2 给出了三个输入点 12 个轴向,分

别选用哪一个频率加权函数和相应的轴加权系数 k。

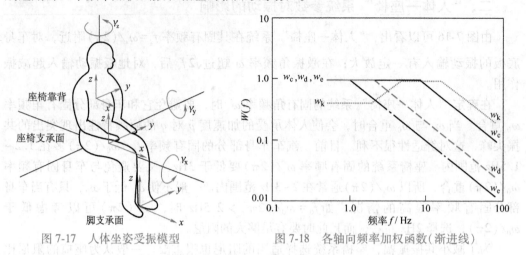

图 7-17　人体坐姿受振模型　　　　图 7-18　各轴向频率加权函数（渐进线）

表 7-2　频率加权函数、轴加权系数

位　　置	坐标轴名称	频率加权函数	轴加权系数 k
座椅支承面	x_s	w_d	1.00
	y_s	w_d	1.00
	z_s	w_k	1.00
	γ_x	w_e	0.63
	γ_y	w_e	0.40
	γ_z	w_e	0.20
靠背	x_b	w_c	0.80
	y_b	w_d	0.50
	z_b	w_d	0.40
脚	x_f	w_k	0.25
	y_f	w_k	0.25
	z_f	w_k	0.40

由表 7-2 上各轴向的轴加权系数可以看出，座椅面输入点 x_s、y_s、z_s 三个线振动的轴加权系数 $k=1$，是 12 个轴向中人体最敏感的，其余各轴向的轴加权系数均小于 0.8。另外，ISO 2631—1：1997（E）标准还规定，当评价振动对人体健康的影响时，就考虑 x_s、y_s、z_s 这三个轴向，且 x_s、y_s 两个轴向的轴加权系数 $k=1.4$，比垂直轴向更敏感。标准还规定靠背水平轴向 x_b、y_b 可以由座椅面 x_s、y_s 水平轴向代替，此时，轴加权系数取 $k=1.4$。我国的相应标准 GB/T 4970—2009《汽车平顺性随机输入行驶试验方法》规定，评价汽车平顺性就考虑 x_s、y_s、z_s 这三个轴向。

由图 7-18 可见，座椅面垂直轴向 z_s 的频率加权函数 ω_k 最敏感频率范围标准规定为 4~12.5Hz。试验表明，在 4~8Hz 这个频率范围，人的内脏器官产生共振，而 8~12.5Hz 频率范围的振动对人的脊椎系统影响很大。座椅面水平轴向 x_s、y_s 的频率加权系数 ω_d 最敏感频率范围为 0.5~2Hz。大约在 3Hz 以下，水平振动比垂直振动更敏感，且汽车车身部分系统在此频率范围产生共振，故应对水平振动给予充分重视。

二、平顺性的评价方法

以前，有关标准及文章对人体的评价，采用疲劳——降低工作效率界限 T_{fd}、舒适降低界限 T_{cd} 以及加权加速度均方根值 σ_w 等指标；对货车车厢振动的评价，采用加速度均方根值 σ_w 和加速度功率谱密度函数。ISO 2631—1：1997(E)标准规定，当振动波形峰值系数<9(峰值系数是加权加速度时间历程 $a_q(t)$ 的峰值与加权加速度均方根值 a_w 的比值)时，用基本的评价方法——加权加速度均方根值来评价振动对人体舒适和健康的影响。根据测量，这一方法对各种汽车在正常行驶工况下均适用。

1. 单轴向加权加速度均方根值 a_w

加权加速度均方根值是按振动方向，根据人体对振动频率的敏感程度而进行计算的。对于记录的加速度时间历程 $a(t)$，可由等带宽频谱分析得到的加速度自功率谱密度函数 $G_a(f)$ 计算 a_w。

先按下式计算 1/3 倍频带宽加速度均方根值

$$a_j = \left[\int_{f_{lj}}^{f_{uj}} G_a(f)\,\mathrm{d}f \right]^{\frac{1}{2}} \tag{7-51}$$

式中，a_j 为中心频率为 f_j 的第 $j(j = 1,2,3,\cdots,20)$ 个 1/3 倍频带加速度均方根谱值（m/s^2）；f_{uj}，f_{lj} 分别为 1/3 倍频带的中心频率为 f_j 的上、下限(Hz)。带宽 $\Delta f = f_u - f_l$，f_u 为上限频率，f_l 为下限频率。若每个频带上、下限频率的比值 $f_u/f_l = 2$，这样确定的频带就称为"倍频带"。1/3 倍频带是将上述"倍频带"按等比级数再分成三个频带，此时，$f_u/f_l = 2^{\frac{1}{3}} = 1.26$，因此，中心频率 $f_c = \sqrt{f_u f_l} = 2^{\frac{1}{6}} f_l$；$G_a(f)$ 为等带宽的加速度自功率谱密度函数。

然后，按下式计算 a_w：

$$a_w = \left[\sum (w_x(f_j) a_j)^2 \right]^{\frac{1}{2}} \tag{7-52}$$

式中，a_w 为单轴向加权加速度均方根值（m/s^2）；$w_x(f_j)$ 为第 j 个 1/3 倍频带的加权系数。f_j 是第 j 个频带的中心频率(Hz)；下标 x 的具体符号根据加速度坐标轴名称，由表 7-2 确定，并有

$$w_k(f_j) = \begin{cases} 0.5 & (0.5 < f < 2) \\ \dfrac{f}{4} & (2 < f < 4) \\ 1 & (4 < f < 12.5) \\ \dfrac{12.5}{f} & (12.5 < f < 80) \end{cases}$$

$$w_d(f_j) = \begin{cases} 1 & (0.5 < f < 2) \\ \dfrac{2}{f} & (2 < f < 80) \end{cases}$$

$$w_c(f_j) = \begin{cases} 1 & (0.5 < f < 8) \\ \dfrac{8}{f} & (8 < f < 80) \end{cases}$$

$$w_e(f_j) = \begin{cases} 1 & (0.5 < f < 1) \\ \dfrac{1}{f} & (1 < f < 80) \end{cases}$$

对于记录的加速度时间历程 $a(t)$，也可通过相应频率加权函数 $w(f)$ 的滤波网络得到加权加速度时间历程函数 $a_w(t)$，再按下式计算加权加速度均方根值

$$a_w = \left[\frac{1}{T} \int_0^T a_w^2(t)\,dt \right]^{\frac{1}{2}} \tag{7-53}$$

2. 总加权加速度均方根值 a_{wo}

当同时考虑座椅面 x_s、y_s、z_s 这三个轴向振动时，三个轴向的总加权加速度均方根值由下式计算：

$$a_{wo} = \left[(1.4a_{xw})^2 + (1.4a_{yw})^2 + a_{zw}^2 \right]^{\frac{1}{2}} \tag{7-54}$$

式中，a_{xw} 为前后方向（即 x 轴方向）加权加速度均方根值；a_{yw} 为左右方向（y 轴方向）加权加速度均方根值；a_{zw} 为垂直方向（z 轴方向）加权加速度均方根值。

3. 加权振级与加权加速度均方根值的换算

目前在具体测量时，有些"人体振动测量仪"采用加权振级 L_{aw}，加权振级表明振动的量级，可以理解为用分贝值表示的加权加速度均方根值。它与加权加速度均方根值 a_w 的换算按下式进行

$$L_{aw} = 20\lg\left(\frac{a_w}{a_0}\right) \tag{7-55}$$

式中，a_0 为参考加速度均方根值，$a_0 = 10^{-6}\,\text{m/s}^2$；$L_{aw}$ 为加权振级（dB）。

ISO 2631—1：1997（E）标准给出了在 $1\sim80\text{Hz}$ 振动频率范围内人体对振动的主观感觉（见表 7-3）；由以上计算得到的加权加速度均方根值与表 7-3 比较，可得知人的主观感觉程度，即可评价汽车的平顺性优劣。

表 7-3 L_{aw} 和 a_w 与人的主观感觉之间的关系

加权加速度均方根值 $a_w/(\text{m/s}^2)$	加权振级 L_{aw}/dB	人的主观感觉
<0.315	110	没有不舒适
0.315~0.63	110~116	有一些不舒适
0.5~1.0	114~120	相当不舒适
0.8~1.6	118~124	不舒适
1.25~2.5	112~128	很不舒适
>2.0	126	极不舒适

目前，为符合国际标准新的发展趋势，我国关于平顺性的评价也仅采用加权加速度均方根值评价方法。

例 7-2 设通过座椅支撑面传至人体垂直加速度的谱密度为一白噪声，$G_a(f) = 0.1\text{m}^2 \cdot \text{s}^{-3}$。求 $0.5\sim80\text{Hz}$ 频率范围加权加速度均方根值 a_w 和加权振级 L_{aw}，判断人的主观感觉。

解： $1/3$ 倍频带是指带宽 $\Delta f = f_u - f_1$ 中，$f_u/f_1 = 2^{1/3} = 1.26$ 倍。其中该带宽的中心频率

$f_c = \sqrt{f_u f_1} = 2^{1/6} f_1 = 1.12 f_1$，而 f_u 为带宽的上限频率，f_1 为带宽的下限频率。因此，中心频率对应的带宽 $\Delta f = f_u - f_1 = 2^{1/6} f_c - 2^{-1/6} f_c = 0.23 f_c$。由上述 1/3 倍频程法可将 0.5~80Hz 范围分为 22 个频带，计算出各频带的上、下限频率 f_{ui}、f_{li} 及其对应的中心频率 f_{ci}。

由 $a_i = \left[\int_{f_{li}}^{f_{ui}} G_a(f) \mathrm{d}f\right]^{\frac{1}{2}}$ 可计算出各频带的加速度均方根值，各频带的加权加速度 $a_{wi} = w_k(f_i) a_i$，各频带的加权系数 $w_k(f_i)$ 由表 7-2 或图 7-18 得出。总垂直加速度的加权加速度均方根值 $a_w = \left[\sum_{i=1}^{22} a_{wi}^2\right]^{1/2} = \left[\sum_{i=1}^{22} w_k^2(f_i) a_i^2\right]^{1/2}$。计算结果见表 7-4。

表 7-4 计算结果

中心频率/Hz	下、上限频率/Hz	加权系数	频带加速度均方根值/(m/s²)	频带加权加速度均方根值/(m/s²)
0.56	(0.5, 0.63)	0.5	0.114	0.0039
0.71	(0.63, 0.79)	0.5	0.126	0.003969
0.8	(0.79, 1.0)	0.5	0.145	0.0049
1.12	(1, 1.26)	0.5	0.161	0.0064
1.4	(1.26, 1.6)	0.5	0.184	0.0085
1.8	(1.6, 2.0)	0.5	0.2	0.01
2.3	(2.0, 2.5)	0.575	0.224	0.017
2.8	(2.5, 3.2)	0.7	0.265	0.035
3.6	(3.2, 4.0)	0.9	0.283	0.065
4.5	(4.0, 5.0)	1.0	0.316	0.1
5.6	(5.0, 6.3)	1.0	0.36	0.13
7.1	(6.3, 7.9)	1.0	0.4	0.16
9.0	(7.9, 10.0)	1.0	0.458	0.21
11.2	(10.0, 12.6)	1.0	0.51	0.26
14.2	(12.6, 16.0)	0.88	0.58	0.26
18.0	(16.0, 20.2)	0.69	0.65	0.2
22.7	(20.2, 25.5)	0.55	0.73	0.16
28.6	(25.5, 32.0)	0.44	0.81	0.13
35.6	(32.0, 40.0)	0.35	0.89	0.1
44.7	(40.0, 50)	0.28	1.0	0.08
56.0	(50.0, 63.0)	0.22	1.14	0.06
71.0	(63.0, 79.4)	0.18	1.28	0.05
0.5~80Hz 频率范围加权加速度均方根值 a_w				1.43

加权振级 $$L_{aw} = 20\lg\left(\frac{a_w}{a_0}\right) = 123.1\text{dB}$$

按照表 7-3 评价，驾驶人员主观感觉不舒适。

第六节　影响汽车平顺性的结构因素

影响汽车平顺性的结构因素可分成四个方面，即悬架结构、轮胎、非悬挂质量和"人体—座椅"系统参数。

1. 悬架结构

悬架结构影响平顺性的主要因素有三个，弹簧刚度 k、悬架弹性特性、减振器阻尼系数 c。

悬架刚度 k 决定的悬架系统固有频率 $f_0(f_0 = 2\pi\omega_0)$ 对平顺性影响最大，降低 f_0 可以明显减小车身加速度 $\ddot{z}$，这是改善平顺性的一个基本措施。但随着 f_0 降低，动挠度 f_d 增大，限位行程 $[f_d]$（见图 7-19）也就必须与 f_0 成反比而相应增大；但 $[f_d]$ 受结构布置限制，不能太大。所以降低 f_0 是有限度的。

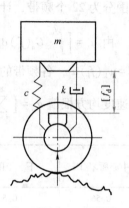

图 7-19　限位行程 $[f_d]$ 的示意图

表 7-5 列出了目前大多数汽车悬架系统的固有频率 f_0、静挠度 f_s、限位行程 $[f_d]$ 的实用范围。

表 7-5　悬架系统 f_0、f_s、$[f_d]$、ζ 值的实用范围

车　型	$f_0/(c/s)$	f_s/cm	$[f_d]/cm$	ζ
轿车	1.2~1.1	15~30	7~9	
货车	2~1.5	6~11	6~9	
公共汽车	1.8~1.2	7~15	5~8	0.2~0.4
越野汽车	2~1.3	6~13	7~13	

前后悬架系统刚度的匹配对汽车平顺性也有较大影响。一般希望前、后悬架系统的固有频率接近相等，这可以通过选择前、后悬架刚度使 $k_1/k_2 \approx b/a$ 来实现。为了减小车身纵向角振动，一般将前悬架的固有频率选得略低于后悬架的固有频率。

悬架系统的弹性特性是指悬架变形与所受载荷之间的对应关系，分为线性与非线性两种。具有线性弹性特性的悬架刚度 k 为常数。其车身振动固有频率 f_0 将随装载质量多少而改变，尤其是后悬架装载质量变化较大的货车和大客车。这种变化使汽车空载或部分载荷时前、后悬架振动固有频率过高或失配，导致车身猛烈颠簸，平顺性变差。为此，可采用具有非线性弹性特性的悬架，即悬架的刚度 k 可随载荷的改变而变化，以保持汽车各种载荷情况下，f_0 基本不变或变化不大，从而达到改善平顺性的目的。这种悬架也称为变刚度悬架。悬架的非线性弹性特性可以通过下述办法来实现：

1）在线性弹性特性悬架中加入辅助弹簧、复合弹簧，采用适当的导向机构以及与车架的支承方式等。

2）选用具有非线性弹性特性的弹簧，如空气弹簧、油气弹簧、橡胶弹簧和硅油弹簧。

为衰减车身的自由振动和抑制车身的共振，以减小车身振动加速度，汽车悬架系统中应有适当的阻尼。正确选择阻尼比 ζ 对汽车平顺性至关重要，ζ 取值大，能使振动迅

速衰减，但会将较大的路面冲击传递到车身。反之，ζ 取值小，振动衰减缓慢，受一次冲击后振动持续时间长，使乘客感到不舒适。为使减振的阻尼效果好，又不传递较大的冲击力，常把压缩行程的阻尼和伸张行程的阻尼取得不同。压缩行程中，为减少传递的路面冲击力，ζ 应选择小些；而伸张行程中，为迅速衰减振动，ζ 应选择大些。

对于不同的悬架固有频率 f_0 和不同的使用条件，满足平顺性要求的阻尼比 ζ 值大小应有所不同。当 f_0 较低，路面又较差时，动挠度 f_d 会相当大，为减少悬架撞击限位块的概率，ζ 应取偏大值。

2. 轮胎

轮胎由于本身的弹性在很大程度上吸收了因路面不平所产生的振动，故而它和悬架共同保证了汽车的平顺性。近年来随着车速提高，希望轮胎的缓冲性能越来越好。提高轮胎缓冲性能的方法如下：

1）增大轮胎断面、轮辋宽度和空气容量，并相应降低轮胎气压。

2）改变轮胎结构形式，如采用子午线轮胎，它因胎体的径向弹性大，可以缓和不平路面的冲击并吸收大部分冲击能量使平顺性得到改善。

3）提高帘线和橡胶的弹性，采用较柔软的胎冠。

车轮旋转质量的不平衡会引起汽车振动，影响平顺性和行驶稳定性。这在高速时尤为突出，因此必须对每一车轮（含装好的轮胎）进行静平衡和动平衡，以保证高速行驶时的舒适性。

3. 非悬挂质量

非悬挂质量的振动对悬挂质量振动加速度有较显著的影响，减小非悬挂质量，可以减小传给悬挂质量（即车身）的冲击力。因此，提高悬挂质量与非悬挂质量的比值，有利于改善汽车的平顺性。另外，悬挂质量的布置应尽量使悬挂质量分配系数 $\varepsilon \approx 1$，以减少前、后悬挂质量振动的联系。

4. "人体—座椅"系统的参数选择

为了改善汽车平顺性，使传至人体的振动比较小。在选择"人体—座椅"系统参数时，首先要保证人体垂直方向最敏感的频率范围 4~8Hz 处于减振区。按"人体—座椅"构成单质量系统来考虑，其固有频率 $f_s \le 4\text{Hz}/\sqrt{2} \approx 3\text{Hz}$（参见图 7-14）。在选择 f_s 时，还要避开与车身固有频率 f_0 重合，防止传至人体的振动加速度谱出现突出的尖峰。车身的固有频率 f_0 一般在 1.2~2Hz 之间，于是"人体—座椅"单自由度系统的固有频率 f_s 一般可选在 3Hz 左右。"人体—座椅"系统的阻尼比 ζ 一般达到 0.2 以上才能有较好的减振效果。顺便指出，若考虑人体自身的减振效果实际衰减的频率范围向低频扩展，因此 f_s 值可以选得高一些，目前泡沫成形坐垫的 f_s 值有的达到 5~6Hz，在适当 ζ_s 配合下，仍可保证 4~8Hz 处于减振区。

第七节　汽车平顺性试验和数据处理

汽车平顺性试验主要是为汽车平顺性评价提供依据。同时，还要测定影响平顺性的汽车结构参数和特性参数，探索改善汽车平顺性的各种途径。

一、平顺性试验的主要内容

1. 汽车悬架系统的刚度、阻尼和惯性参数的测定

通过测定轮胎、悬架、坐垫的弹性特性(载荷与变形的关系曲线),可以求出在规定载荷下轮胎、悬架、坐垫的刚度。由加、卸载曲线包围的面积,可以确定这些元件的阻尼。另外,还要测量悬挂(车身)质量、非悬挂(车轮)质量、车身质量分配系数等。

2. 悬架系统部分固有频率(偏频)和阻尼比的测定

将汽车前轮、后轮分别从一定高度抛下,记录车身和车轮质量的衰减振动曲线,如图7-20所示。由图上曲线可以得到车身质量振动周期 T 和车轮质量振动周期 T',然后按下式算出各部分固有频率:

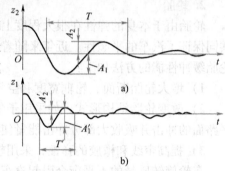

图 7-20 悬架系统衰减振动曲线
a) 车身振动 b) 车轮振动

车身部分固有频率 $f_0 = \dfrac{\omega}{2\pi} = \dfrac{1}{T}$

车轮部分固有频率 $f_1 = \dfrac{\omega_t}{2\pi} = \dfrac{1}{T'}$

由车身和车轮部分的衰减率 $\tau = A_1/A_2$、$\tau' = A'_1/A'_2$,按下式求出阻尼比 ζ、ζ':

$$\zeta = \frac{1}{\sqrt{1 + \dfrac{4\pi^2}{\ln^2 \tau}}} \quad , \quad \zeta' = \frac{1}{\sqrt{1 + \dfrac{4\pi^2}{\ln^2 \tau'}}}$$

用同样方法也可以求出"人体—座椅"系统的部分固有频率 f_s 和阻尼比 ζ_s。

3. 汽车振动系统的频率响应函数的测定

在实际随机输入的路面上或在电液振动台上,给车轮 0.5~30Hz 范围的振动输入,记录车轴、车身、坐垫上各测点的振动响应;然后由数据统计分析仪处理,按车轴/输入、车身/车轴、坐垫/车身可相应得到车轮、悬架、坐垫各环节的频率响应函数。其幅频特性的峰值所在频率即为各环节的固有频率,峰值幅值可用于近似求出各环节的阻尼比 $\zeta\left(\zeta = \dfrac{1}{2\sqrt{A^2-1}}\right)$。

4. 实际路面随机输入行驶试验

此项试验是评定汽车平顺性的最主要试验。按照 GB/T 4970—2009《汽车平顺性试验方法》进行。

各种车辆因工作条件不相同、试验要求的路况、车速、传感器安装位置等也有所不同。

平顺性随机输入试验主要以总加权加速度均方根值 a_{wo} 来评价。根据试验中记录的振动加速度时间历程,通过数据处理设备得到加速度功率谱密度,并可计算各 1/3 倍频程带宽中心频率 f_{ci} 的加速度均方根 σ_i,进而可求得 a_w。这些评价指标随车速的变化曲线称为"车速特性",可用于整个使用车速范围内全面地评价汽车平顺性。

5. 脉冲输入试验

汽车行驶时偶尔会遇到凸块或凹坑，其冲击会影响汽车平顺性，严重时会损害人体健康，破坏运载的货物。此项试验按 GB/T 4970—2009《汽车平顺性试验方法》进行，汽车以一定车速驶过规定尺寸的三角形凸块得到脉冲输入。评价指标用坐垫上和地板上的加速度最大值或加权加速度最大值。

二、平顺性试验数据的采集和处理

平顺性试验要采集各种振动与冲击信号，特别是大量随机振动信号，然后以计算机为主体，配以采样、模-数转换以及各种软硬件的数据处理系统，进行平顺性评价指标、频谱及频率响应函数的处理。

1. 测试仪器系统

测试仪器系统包括加速度传感器、前置放大器和磁带记录仪或数据采集器。图 7-21 所示为测试仪器系统框图。

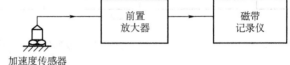

图 7-21　测试仪器系统框图

测试仪器系统的频率范围应为 0.1～300Hz，动态范围不小于 60dB。传感器一般采用压电式加速度计。测量坐垫上的加速度时，要把传感器安装在一个半刚性的垫盘内，盘的最大厚度为 12mm，盘的直径为 (200±0.5)mm，如图 7-22 所示。

为了保证记录信号的精度和适应以后处理，在测试时要满足以下要求：

(1) 记录电平　磁带记录仪一般有 10mV 左右的噪声电压，记录的信号电压保持在 1V 左右比较合适，这样可以保证信噪比在 40dB 以上。

(2) 记录时间　根据实测得到的有限长度记录，在数据处理设备上计算出的功率谱等参数只是所研究参数的估计值。以功率谱为例，其估计值波动的大小用标准化随机误差 ε_r 表示，它与分析带宽 Δf 以及记录时间 T 有关。

$$\varepsilon_r = \frac{1}{\sqrt{\Delta f T}}$$

在工程上，一般满足 $\varepsilon_r \leqslant 0.2$ 即可，当选择分析带宽 $\Delta f = 0.2$Hz 时，可以求出需要的记录时间 $T = 125$s。

2. 数据处理设备

数据处理设备引进了快速傅里叶变换 (FFT)，采用相应的软件可以快速、

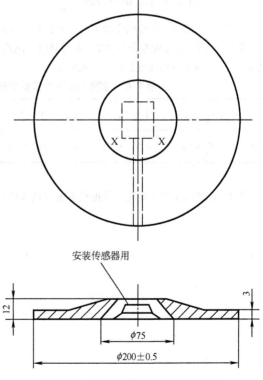

图 7-22　安装传感器的半刚性垫盘

精确地进行自谱、互谱、传递函数、相干函数和概率统计等各种数据处理。图 7-23 所示为数据处理设备框图。

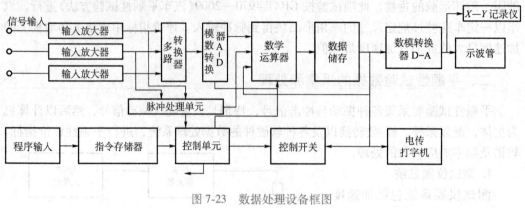

图 7-23 数据处理设备框图

思考题与习题

7-1 汽车平顺性如何评价？

7-2 当把汽车简化为单自由度线性模型时，已知 $m_2 = 338.1 \text{kg}$，$k = 41160 \text{N/m}$，$c = 1813 \text{N/(m·s)}$，试求：1）无阻尼固有频率 f_0、阻尼比 ζ。

2）共振时，系统的幅频特性值 $\left| \dfrac{z}{q} \right|_{\lambda=1}$。

3）若路面输入速度谱密度 $G_q(f) = 2 \times 10^{-7} (\text{ms}^{-1})^2/\text{Hz}$，求共振时的车身加速度值 $\ddot{z}|_{\lambda=1}$。

7-3 某汽车在水泥路面以 80km/h 行驶时，测得驾驶人座椅上垂直振动加速度均方根值分析结果见表 7-6，试确定总加速度加权均方根值 σ_w。

表 7-6 驾驶人座椅上垂直振动加速度均方根值分析结果

$\frac{1}{3}$倍频程 f_{ci}/Hz	1.0	1.25	1.6	2.0	2.5	3.15	4.0	5.0	6.3	8.0	10.0	12.5	16
座椅上 σ_{si}/(m·s^{-2})	0.13	0.25	0.43	0.56	0.71	0.76	0.45	0.38	0.31	0.25	0.48	0.45	0.31

7-4 评价汽车平顺性时，其振动系统包括哪些？

参 考 文 献

[1] 余志生. 汽车理论[M]. 5版. 北京：机械工业出版社，2009.

[2] 冯健璋. 汽车发动机原理与汽车理论[M]. 北京：机械工业出版社，1999.

[3] 吉林工业大学汽车教研室. 汽车理论[M]. 北京：机械工业出版社，1962.

[4] 《汽车工程手册》编辑委员会. 汽车工程手册·试验篇[M]. 北京：人民交通出版社，2000.

[5] 吴光强. 汽车理论[M]. 北京：人民交通出版社，2007.

[6] 喻凡，林逸. 汽车系统动力学[M]. 北京：机械工业出版社，2005.

[7] 张毅. 汽车理论与运用实验教程[M]. 北京：中国电力出版社，2007.

[8] 张树强. 汽车理论[M]. 合肥：安徽科学技术出版社，2000.

[9] 司利增. 汽车防滑控制研究——ABS与ASR[M]. 北京：人民交通出版社，1996.

[10] 肖盛云，徐中明. 汽车运用工程基础[M]. 重庆：重庆大学出版社，1994.

[11] 龚微寒. 汽车现代设计制造[M]. 北京：人民交通出版社，1995.

[12] 丁能根，连小珉，张耿，等. 考虑汽车档位使用率的传动比优化设计[J]. 汽车工程，1997，19 (3)：143-147.

[13] 张京明，周金宝. 汽车动力性燃油经济性的综合评价[J]. 汽车工程，1996，18(1)：51-54.

[14] 李冀荣，李以盛. 解放公共汽车动力性及燃油经济性的计算机模拟与传动系参数的优化[J]. 汽车运输研究，1988(3).

[15] 余煜华. 车速与车辆功率配备[J]. 重型汽车，1994(4)：7-16.

[16] 李遂亮，李冠峰，史景钊. 汽车主减速器传动比的优选方法[J]. 河南农业大学学报，1997，31 (3)：288-291.

[17] 潘公宇. 汽车加速工况燃油消耗量的计算方法[J]. 专用汽车，1996(3)：15-18.

[18] 张大壮，唐志强，刘永军，等. 汽车燃料经济动力性模拟程序及动力系统合理匹配[J]. 汽车技术，1988(6)：5-9.

[19] 常绿，姜战平. 矿用自卸汽车动力性和燃油经济性虚拟试验技术研究[J]. 金属矿山，2008，386(8)：92-95.

[20] 葛安林. 车辆自动变速理论与设计[M]. 北京：机械工业出版社，1993.

[21] 黄英，石献磊，徐世利，等. 基于动力性和经济性的轿车换档规律设计与试验研究[J]. 汽车技术，2004(11)：28-33.